DORNIER VLIEGBOOT DO X - D 1929
9 NOVEMBER 1930
SCHELLINGWOUDE
Flugschiff
1932 Do. X 1982
Vor 50 Jahren
Do X
Schrittmacher des Interkontinentalen Luftverkehrs
KONZEPTION: 1926
BAUBEGINN: 1927 in ALTENRHEIN
ERSTFLUG: 12. JULI 1929
BESATZUNG: 14 MANN
FLUGGÄSTE: 60–100 PERS.
TRIEBWERK: 12×CURTISS CONQUEROR-7320PS
SPANNWEITE: 48,00m
HÖCH-TGESCHWINDIGKEIT: 210 Km/h
LÄNGE: 40,00m
REICHWEITE: 2800 Km
FLUGDAUER: 16h
German Giant Air Liner
Dornier DO-X
Arrives at New York City
The Mecca of America
Erinnerungskarte
DO. X
1932
Mit Flugschiff Do X
Seconda Traversata Aerea delle Alpi
con DO-X
Altenrhein-La Spezia
CLAUDE DORNIER
PIONIER DER LUFTFAHRT
1884 – 1984
Flugschiff
Do X
Deutschlandflug 1932
Flugschiff
Do X
Europa-Flug 1932
DOX
PRIMEIRO VÔO
EUROPA-AMERICA DO SUL
ESTADOS UNIDOS
1931
VOLO DI COLLAUDO
DOX 2°
Lago di Constanza-Mar Tirreno
EXTRA LUCHTPOST VERZENDING
UIT SURINAME
PER
Do X
10. 8. 31.
ERSTER ÜBERSEEFLUG
AMERIKA
EUROPA
DES DORNIER-FLUGSCHIFFS DO X
CORREIO AEREO
22 VI 31
RIO DE JANEIRO
FLUGSCHIFF
DORNIER Do X"
D 1929.
DOX
SPECIAL FLIGHT
PAN AMERICAN AIRWAYS
CO-OPERATING SPECIAL AGENT
TRINIDAD, B.W.I.
Flug mit Do X
Passau-Budapest
wurde nicht ausgeführt.
Postamt Passau.
FROM SURINAME
SPECIAL FLIGHT DO-X
PAN-AMERICAN AIRWAYS
COOPERATING AS SPECIAL AGENTS

Jörg-Michael Hormann

Ein Schiff

fliegt in die Welt

75 Jahre
Dornier-Flugschiff
Do X D-1929

Original-Briefmarken

Sonderpostwertzeichen, Motiv: „Do 24 TT amphibious seaplane flying over sea"
Entwurf und Gestaltung: Iren T. Dornier, Capt. Rioklyn P. Toledo, Alfonso V. Divina
Erstausgabetag: 17. Dezember 2003

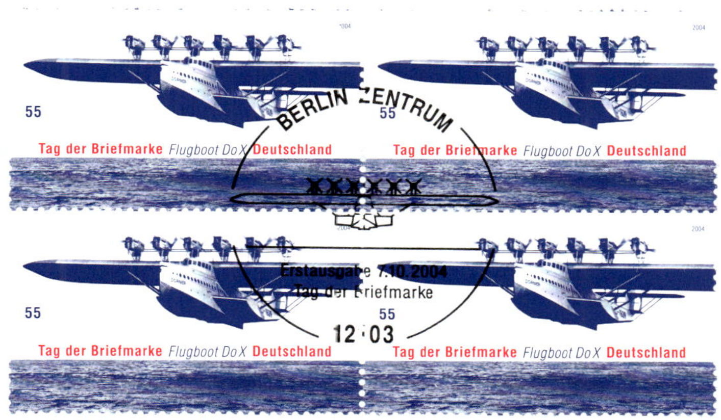

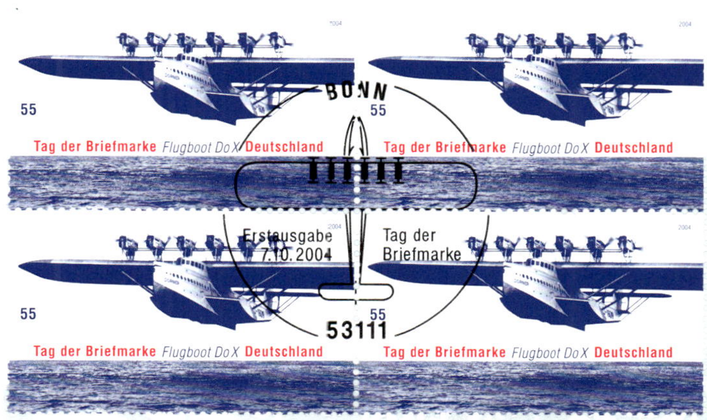

Sonderpostwertzeichen-Serie „Tag der Briefmarke", Motiv: „Flugboot Do X"
Entwurf: Klein und Neumann, Iserlohn
Erstausgabetag: 7. Oktober 2004

Der Weg des Flugschiffs „Do X" auf seiner Reise von Amerika nach Berlin

Impressum

Herausgeber:
Deutsche Post AG, Bonn

Konzeption:
Hofbauer Design Prozesse, Heidelberg

Text:
Jörg-Michael Hormann, Reinhard Hofrichter

Redaktion und Gestaltung:
Michael Hofbauer, Peter Schmelzle

Lektorat:
Rüdiger Drews, Dr. Brigitte Kazenwadel-Drews

Silberschnitt:
Richard Mayer GmbH, Esslingen

Gesamtherstellung:
Hofbauer & Partner, Heidelberg

ISBN 3-00-014367-X

Inhalt

VORWORT
Iren T. Dornier, South East Asian Airlines 6

GRUSSWORT
Camilo Dornier, Mitglied des Kuratoriums, Deutsches Museum, München 7

KAPITEL 1:
Visionen werden Wirklichkeit – Ein Schiff hebt ab 8

KAPITEL 2:
Edles Geschirr, zerknautschte Mützen – Vom Innenleben eines Flugschiffs 24

KAPITEL 3:
Ein Schiff fliegt in die Welt – Reise mit Hindernissen 50

KAPITEL 4:
Posthilfsstelle auf Flugschiff Do X – Wilhelm Niemann und die Bordpost 118

KAPITEL 5:
Deutschland staunt – Die Do X auf Besichtigungstour 152

KAPITEL 6:
Auf den Spuren des Großvaters – Iren Dornier auf Weltflug mit Do 24 ATT 184

ANHANG:
Danksagungen, Quellenangaben und Literatur 190

Vorwort

FLUG FÜR DIE ZUKUNFT

Die meisten Menschen finden es wohl abenteuerlich und halsbrecherisch, mit einem Flugboot, dessen Konstruktion aus den 1930er Jahren stammt, um die Welt zu fliegen, wenn es zudem noch ein bewegtes und einsatzreiches Leben hinter sich hat. Doch dem ist nicht so.

Anders als zu Zeiten meines Großvaters Claude sind die technischen Möglichkeiten heute bis in jedes Detail hinein erforscht und erprobt. Erneuert und mit modernster Technik versehen, steht mit der Do 24 ATT ein Flugboot vor uns, das in seiner genialen Grundidee des eigenstabilen Rumpfes als Schwimmkörper bis in die Gegenwart Bestand hat. Die Do 24 ist – wie einst die Do X – ein Teil der Seele unserer Familie und sie steht bis zum heutigen Tage für Engagement, Qualität und Klasse. In diesem Flugboot lebt der Geist meines Großvaters weiter.

So entwickelte ich die Idee, die bis 2002 im Luftfahrtmuseum Oberschleißheim stehende Maschine umzubauen und mit neuem Leben zu füllen. Mit meinem Flug möchte ich der Jugend Mut machen, die Begeisterung, Inspiration und Kreativität aufzunehmen, mit der die Pioniere der Technik in die Zukunft blickten.

Gerade in unserer hochtechnisierten Welt ist es notwendig, die damit verbundenen Schwierigkeiten und Herausforderungen aktiv in das Bewusstsein zu rücken, um humanitäre und ökologische Lösungsansätze zu finden. Das Kinderhilfswerk UNICEF hat die Schirmherrschaft für mein Projekt übernommen, und ich hoffe, dass möglichst viele Jugendliche aus allen Erdteilen sich bewusst der Probleme unserer Zeit annehmen und wie mein Großvater voller Visionen in die Zukunft blicken. Er hat immer versucht, das Unmögliche möglich zu machen, und ich wünsche mir, es ihm nach zu tun, im Sinne einer lebenswerten Zukunft für uns und alle nachfolgenden Generationen.

Im vorliegenden Buch wird diese Vergangenheit wieder wach und lebendig. Auch wenn es um ein einzigartiges Flugschiff geht, das beim Betrachter damals wie heute großen Eindruck hinterlässt, wurde der Aspekt der menschlichen Schicksale nicht vernachlässigt.

Obwohl das Unternehmen Do X aufgrund der schwierigen wirtschaftlichen Lage nicht den erhofften Erfolg gebracht hat, kann dessen Bedeutung für die Entwicklung der Flugverbindungen zwischen den Kontinenten nicht hoch genug eingeschätzt werden. Die Ehre, die dem Werk meines Großvaters heute zuteil wird, zeigt, dass dies auch geschieht.

So blicke ich persönlich heute in ähnlich schwierigen Zeiten und dem Wissen um die Veränderungen in unserem Familienunternehmen mit Zuversicht nach vorn und ohne Wehmut zurück, und wünsche der Jugend, es ebenso zu tun.

Viel Spaß beim Lesen oder Entdecken wünscht Ihnen

Iren T. Dornier
South East Asian Airlines

GROSSES, STARKES UND SCHÖNES

„Glaub mir, wenn du etwas Starkem, Schönem, Großem begegnest, steckt viel Arbeit dahinter!“ Worte, die mein Großvater Claude Dornier seinem Bruder Marcel auf den Weg gab, als sie 1912 ein Wochenende beim Ausflug in den Bregenzerwald erlebten. Seit zwei Jahren arbeitete mein Großvater in der Versuchsabteilung des Grafen Zeppelin, dem Schöpfer der Luftschiffe. Claude hatte gerade meine Großmutter Olga kennen gelernt, und die Zukunft der beiden erschien vielversprechend. Für meinen neun Jahre jüngeren Großonkel Marcel eine beneidenswerte Lebenssituation. Als Kunststudent in bescheidenen Verhältnissen lebend, mag er sich nach dem Erfolgsrezept seines Bruders gefragt haben.

Die folgenden Jahre meines Großvaters waren geprägt von Höhen und Tiefen. Nach ersten beruflichen Erfolgen führte ihn der Tod seiner geliebten Olga 1918 in eine tiefe Krise. Mit zwei kleinen Söhnen allein und nach verlorenem Weltkrieg ohne berufliche Perspektive, nahm er die Herausforderung des Schicksals an. Mit Energie und Arbeitsdisziplin, kreativ und sparsam, stets fürsorglich für alle Nöte der ganzen Familie, schuf er in den nächsten Jahrzehnten zusammen mit seinen hervorragenden und treuen Mitarbeitern „Großes, Starkes und Schönes“.

Groß ist sein schöpferisches Werk. Seine Forschung und die daraus folgenden zahlreichen technischen Innovationen bildeten eine wesentliche Grundlage für die Entwicklung des modernen Leichtmetallflugzeugbaus. Er sagte einmal: *„Kunst ist es, den besten Kompromiss zu finden. Wenn ich mir irgendein Verdienst in technischer Hinsicht beimessen darf, ist es die Fähigkeit, den jeweils besten Mittelweg zwischen dem idealen Projekt und dem bei dem jeweiligen Stand der Technik ‚Möglichem‘ gefunden zu haben.“* Diese Kunst war das Geheimnis der Do X.

Stark ist sein Lebenswerk, da es das 20. Jahrhundert, mit zwei Weltkriegen und Wiederaufbau, Teilung und Wiedervereinigung Deutschlands überdauerte und schließlich seinen Weg in die EADS, das führende europäische Unternehmen der Luft- und Raumfahrt, gefunden hat. Erfindergeist und Leistung als Unternehmer sichern Claude Dornier dabei einen festen Platz in der Geschichte der Luftfahrt.

Verbleibt das Schöne. Trotz aller technischen Zwänge war das Bemühen um die Schönheit der Form für meinen Großvater, der allem was mit Kunst zusammenhing schon als Jugendlicher zugetan war, stets ein wichtiges Anliegen. Sein Flugschiff Do X ist ein Beispiel dafür, wie Form und Funktion zur ästhetischen Einheit gelangten.

Heute, wenige Monate vor dem Erstflug des neuen Airbus A 380, stehen wir vor einem vergleichbaren Meilenstein in der Geschichte der Luftfahrt, wie vor 75 Jahren, als die Do X, der erste „Jumbo“ der Lüfte, vom Bodensee abhob. Beide Flugzeuge symbolisieren in ihrer Zeit die Spitze des technologischen Fortschritts und haben als primäres Ziel ihres Entwurfs, die Wirtschaftlichkeit und den Komfort des Luftverkehrs durch eine neue Dimension nachhaltig zu verbessern.

Möge dieses Buch dazu beitragen auch einer jungen Generation die Begeisterung für die Luftfahrt zu vermitteln, deren historische Meisterwerke in unseren Museen so manchen Besucher zu neuen Ideen inspiriert haben.

Camilo Dornier
Mitglied des Kuratoriums
Deutsches Museum, München

ORNIER

Visionen werden Wirklichkeit – Ein Schiff hebt ab

Luftfahrtpioniere – Zeppelin und Dornier

Claude Dornier – Pionier der Flugzeugzelle aus Metall

Aerodynamik

Projekt P 1106

Innovation und Sicherheit

Richard Wagner – Einflieger der Do X

Stapellauf und Erstflug

Flug mit 169 Passagieren

Südfunk an Bord

Wasser kühlt besser als Luft

Kapitel 1

Frühe Riesenflugboote wie dieser Caproni-Dreidecker aus dem Jahr 1919 waren oftmals nicht praxistauglich. Im Vergleich mit der Stromlinienform der Do X machen diese Veteranen die Fortschritte der aerodynamischen Forschung der 1920er Jahre deutlich.

Der Flugzeug- und Luftschiffbau kann in Deutschland auf eine lange und bewegte Geschichte zurückblicken. Zur gleichen Zeit, als Ferdinand Graf von Zeppelin und Theodor Kober im Jahr 1892 ihr erstes starres Luftschiff nach dem Prinzip „leichter als Luft" konstruierten, erhob sich Otto Lilienthal mit einem Tragflügelgleiter erstmals in die Luft und bewies, dass auch Flüge mit Geräten „schwerer als Luft" möglich sind. Bereits wenige Jahre nach dem ersten motorisierten Flug der Brüder Wright im Dezember 1903, der weltweit Flugbegeisterung auslöste und Konstrukteuren zum Ansporn geriet, hatte sich in Deutschland eine prosperierende Luftschiff- und Flugzeugindustrie gebildet. Auch die Idee des Flugboots, die erstmals der Franzose Henri Fabre im Jahr 1910 praktisch umgesetzt hatte, wurde von deutschen Konstrukteuren interessiert aufgenommen. Nachdem Prinz Heinrich im Jahr 1912 die Nationalflugspende ins Leben rief, konnte der Motorflug großzügig gefördert werden und zahlreiche Flugzeugfabriken und Flugplätze entstanden. Ebenfalls auf das Jahr 1912 datieren die ersten deutschen Versuche, Post mit Flugzeugen zu befördern. Der Ausbruch des Ersten Weltkriegs im Jahr 1914 sorgte für weiteren Auftrieb bei Luftschiffbauern und Flugzeugkonstrukteuren, da sich das Militär von den verschiedenartigen Fluggeräten auch strategische Vorteile erhoffte und deren Entwicklung deshalb unterstützte.

Die Dornier-Werftanlage nahe der Mündung des Rheins am Bodensee in Altenrhein. Gut ist die Schienenanlage zu erkennen, mit der Flugschiffe auf dem Bootswagen zu Wasser gebracht wurden.

Eine Schlüsselstellung unter den Herstellern kriegstauglichen Fluggeräts nahm dabei die Luftschiffbau Zeppelin GmbH in Friedrichshafen ein, deren Luftschiffe bei Kriegsbeginn bereits weit entwickelt waren und wo seit 1910 der junge Konstrukteur Claude Dornier beschäftigt war. Seitdem Graf Zeppelin 1914 seinen Mitarbeiter Dornier beauftragte, große Flugboote aus Metall zu entwickeln, forschte dieser an geeigneten Formen des Bootskörpers und der konstruktiven Anordnung der Tragflächen und des Antriebs. Im Laufe von zehn Erprobungsjahren mit noch während des Ersten Weltkriegs realisierten Flugbootentwürfen hatte sich eine Negativliste konstruktiver Elemente ergeben, die bei kommenden Entwürfen eliminiert wurden, z. B. ein extrem breiter oder Doppelrumpfbootskörper für die Seitenstabilität,

Das Holzmodell der Do X in Originalgröße musste in einer Zeppelinhalle in Friedrichshafen gebaut werden, da sonst kein Platz für ein dermaßen großes Modell zur Verfügung stand.

Dr.-Ing. Claude Dornier

– PIONIER DER FLUGZEUGZELLE AUS METALL –

„Die Erfindung bezieht sich auf Hohlkörper, die ... geringes Gewicht mit großer Festigkeit vereinigen sollen und bei denen möglichst große Innenräume angestrebt werden ... Den Erfindungsgegenstand bildet ein ... Hohlkörper, bei dem eine Spantenschar mit einem ... als gemeinschaftliche Gurtung dienenden kräftigen Blechmantel zu einem einheitlichen Gesamtkörper vereinigt ist.“ Was sich hier sehr technisch liest, ist aus Patentschrift Nr. 310181 zitiert, eines der über 200 Patente, die mit dem Namen Claude Dornier verbunden sind. Es ist das Patent der Schalenbauweise, einer Erfindung, die den Bau von Flugzeugkörpern revolutionierte und bis heute maßgeblich beeinflusst.

Claude Honoré Désiré Dornier wurde als ältester Sohn von Dauphin Dornier am 14. Mai 1884 in Kempten im Allgäu geboren. Sein Vater hatte sich nach dem deutsch-französischen Krieg von 1870/71 in Bayern niedergelassen und versuchte als Sägewerksbesitzer, Weinhändler, Sanatoriumsbetreiber und Sprachlehrer seinen acht Kindern aus zwei Ehen eine erträgliche Jugend zu sichern. Dies gelang ihm jedoch nicht. Finanzielle Not, resultierend aus zwei Konkursen, und fortschreitende körperliche Hinfälligkeit des Vaters aufgrund dessen Gichtleiden hinterließen bei allen Kindern bittere Erinnerungen an ihre Kindheit und Jugend. Claude Dornier bekam dies als junger Maschinenbaustudent in München zu spüren. Sein Vater eröffnete ihm, dass er für die Kosten des Studiums nicht mehr aufkommen könne. Für Claude, der in München Bergsteigen und das gesellige Leben in der Studentenvereinigung Corpus Guestphalia besonders schätzte, brach eine Welt zusammen. Übrigens für den Vater genauso, der erfuhr, dass sein Ältester die letzten Semester seines Studiums verbummelt hatte. *„Abbruch der Studien, geistiger Tod, Vernichtung!“*, dies vor Augen fand Claude einen Gönner, der ihm 3.000 Mark bis zur Beendigung seines Studiums auslieh.

In einem Kraftakt holte er in kürzester Zeit Versäumtes nach. Er legte 1907 erfolgreich seine Diplomprüfung an der Technischen Hochschule in München ab und nahm eine Stelle als Konstrukteur an. So konnte er fortan zum Unterhalt der Familie beitragen, und so gut er konnte, half er sowohl den Geschwistern als auch den Eltern, über die Runden zu kommen.

Nach drei Konstrukteursstellen in Karlsruhe, Illingen und Kaiserslautern bewarb sich Claude Dornier bei der Luftschiffbau Zeppelin GmbH in Friedrichshafen. Nach Monaten kam die erlösende Aufforderung zum Vorstellungsgespräch *„Ich sah Licht in der Dunkelheit meines Daseins ...“* Ab dem 2. November 1910 gehörte er zur Belegschaft des Grafen Zeppelin mit seinen innovativen Unternehmen.

Dornier-Riesenflugboot Rs II von 1915/16. Im Gegensatz zu seinem Vorgängermodell kam dieses Flugboot erstmals ohne Schwimmer aus. Das Prinzip des eigenstabilen Rumpfes sollte auch bei der Do X Anwendung finden.

Die erste Station am Beginn eines stetigen Aufstiegs war für den damals 26-jährigen Diplom-Ingenieur die Versuchsabteilung der Luftschiffbau Zeppelin unter der Leitung von Graf Soden-Fraunhofen. Untersuchungen zur Biege- und Knickfestigkeit von Metallprofilen waren ein Arbeitsgebiet, das den Grundstein für sein Interesse an der Luftfahrzeugzelle aus Metall legte. Graf Zeppelin erkannte sehr schnell die technischen Fähigkeiten und das konstruktive Genie in Claude Dornier, und bald bekam dieser sein eigenes Arbeitsfeld mit der so genannten Abteilung „Do". Einige Konstrukteure und Techniker und das „Carbonium", ein Gebäude am Rand des Firmengeländes der Luftschiffbau Zeppelin Gesellschaft, wurden die Keimzelle des späteren Dornier-Konzerns.

Mit Beginn des Ersten Weltkriegs wurde besonders dem Grafen Zeppelin sehr schnell klar, dass Luftschiffe nur bedingt für Kriegseinsätze geeignet waren. Deshalb ließ er nun auch Landflugzeuge von bislang nicht gekannten Dimensionen entwickeln. Diese „R-Flugzeuge" (Riesen-Flugzeuge) sollten Ende des Krieges noch eine Rolle spielen. Zeppelin nahm sich 1914 seinen jungen Ingenieur Dornier beiseite und beauftragte ihn, Flugboote aus Metall zu konstruieren. Im Dezember 1914 verließ Claude Dornier mit seiner Abteilung „Do" das Zeppelin-Gelände und zog mit einem kleinen Stab von Mitarbeitern ein paar Kilometer weiter nach Seemoos bei Friedrichshafen-Manzell.

Am Seemooser Horn direkt am Ufer des Bodensees entstand eine geräumige, 50 Meter breite Holzhalle, die hoch genug für einen Dreidecker war und über eine Ablaufbahn zum See verfügte. Direkt neben der Halle befand sich das Konstruktionsbüro. Die „Baracke" wird heute noch nahezu unverändert vom Württembergischen Yacht-Club als „Jugendheim Claude Dornier" genutzt. Hier entstanden die ersten, von Anfang an groß dimensionierten Flugboote (Rs I bis IV), die nach dem Ende des Krieges sofort das Interesse der interalliierten Kontrollkommission auf sich zogen und verschrottet oder versenkt werden mussten.

Im Januar 1917 wurde Claude Dorniers Abteilung eine eigenständige Gesellschaft im Zeppelin-Konzern. Inzwischen verheiratet und Vater zweier Söhne traf ihn 1918 ein schwerer Schicksalsschlag. Seine 23-jährige Frau Olga starb während einer verheerenden Grippeepidemie. Er stand mit seinen kleinen Kindern Claudius und Peter allein da. Der Versailler Vertrag beschränkte bzw. verbot zudem nach Kriegsende die Produktion von Flugzeugen. Doch Claude Dornier ließ sich nicht entmutigen. Aufgrund des alliierten Flugzeugbauverbots wich er nach Italien aus, und dort, in Marina di Pisa, entstand der legendäre Dornier WAL, ein Flugboottyp, der Geschichte machte. Parallel dazu entstanden Planungen für neue Riesenflugschiffe, die jedoch vorerst nicht gebaut wurden.

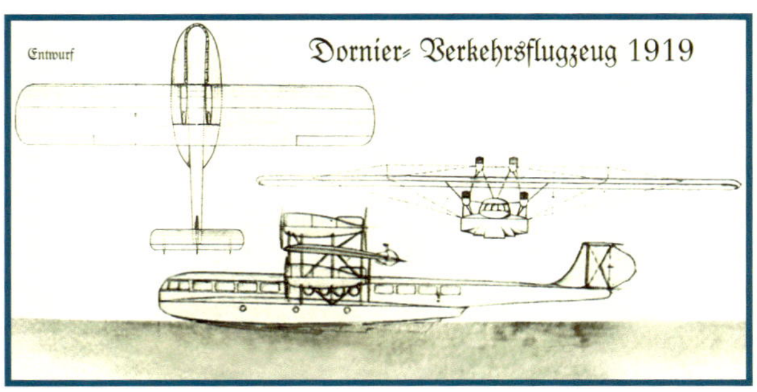

Der erste Entwurf eines mehrmotorigen Dornier-Verkehrsflugboots aus dem Jahr 1919.

1923 zog die inzwischen umbenannte Dornier Metallbauten GmbH von Seemoos einen Kilometer weiter nach Manzell auf das Gelände, das einst der König von Württemberg dem Grafen Zeppelin für erste Flugversuche zur Verfügung gestellt hatte. Dort entstanden Flugzeuge des Typs Komet II und Komet III. Dies gab dem Werk einen spürbaren Aufschwung, wenngleich die Produktion wegen der Nachkriegsbeschränkungen noch fast ausschließlich ins Ausland ging.

Bald war die Zeit reif, um das Wissen und die Erfahrungen der vergangenen Jahre zu bündeln und mit mehrmotorigen Flugbooten einen großen Wurf zu wagen. Ab 1924 verwirklichte Claude Dornier seinen seit langem gehegten Traum von einem Riesenverkehrsflugschiff. Für ihn waren Flugschiffe viele Jahre eine Größe X, die mathematische Unbekannte, gewesen. „Flugschiff Dornier Do X" war anfangs auch nur eine Verlegenheitsbenennung, bevor die Bezeichnung zum Synonym für den Luftfahrtgiganten seiner Zeit wurde.

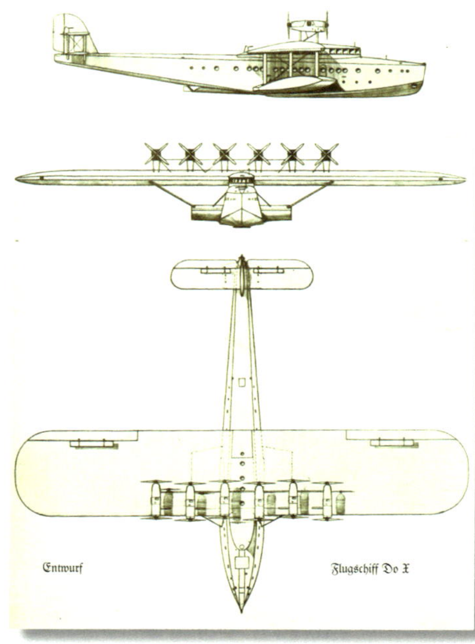

Die Projektzeichnung P 51223 der Do X vom 21. Juni 1926 sieht bereits ein 12-motoriges Flugschiff vor.

Ein sehr interessantes Geschehen wurde von Claude Dorniers Bruder Marcel in dessen Memoiren „Palette meiner Jugend" berichtet: „*Ein weiter zurückliegendes Vorkommnis will ich erwähnen, über das mein Bruder sich ausschwieg. Die vielen Unfälle, denen die Luftschiffe ausgesetzt waren, ließen Graf Zeppelin auf den Gedanken kommen, Flugzeuge und Flugboote konstruieren zu lassen. Dazu gründete er eine Versuchsabteilung, zu deren Leiter er meinen Bruder wählte. Die alten Mitarbeiter mußte das verdrießen. Mein Bruder erkannte sofort, daß mit der bisher üblichen Holzkonstruktion keine Flugtüchtigkeit zu erreichen war. Er bestimmte den Grafen, es mit Metallbau zu versuchen, unter Verwendung von viel Leichtmetall. Der Graf vertraute ihm, aber bei der alten Garde erregte der Gedanke Spott und heftigen Widerstand. In einer verlassenen Fabrik, dem Carboniumwerk, begann der Bruder Profile zu bauen, die leicht waren und durch geeigneten Profilquerschnitt doch solides Baumaterial ergaben. Wiederholt wurde mittels Nachschlüssel im Carboniumwerk eingebrochen und der Fortgang der Arbeiten bespitzelt. Warner lagen dem Grafen in den Ohren, er verschleudere mit diesen Versuchen nutzlos Geld. Sie brachten es dahin, daß der Graf, um die Klagen zu entkräften, einen Experten zur Begutachtung zuzog. Er wählte Hugo Junkers, der in Dessau eine wohleingerichtete Metallwerkstätte betrieb; ich glaube er baute Badeöfen oder ähnliches. Hugo Junkers kam. Mein Bruder, um seine Versuche zu rechtfertigen, zeigte ihm seine Profile und trug ihm seine Ideen vom Metallflugzeugbau vor. Junkers schwieg, besah sich alles aufmerksam, fuhr heim nach Dessau und begann selbst mit dem Bau eines Metallflugzeuges. Da er eine geschulte Arbeiterschaft an der Hand hatte, die mein Bruder sich erst heranbilden mußte, brachte Junkers seine Maschine vor der des Bruders heraus.*"

Dornier-Werkshalle in Friedrichshafen, im Vordergrund ist eine Do 26 zu sehen und im Hintergrund eine Do 24 K mit der Werks-Nr. 764 X-4.

In den dreißiger und frühen vierziger Jahren des letzten Jahrhunderts erarbeiteten sich die Unternehmen der deutschen Luftfahrtindustrie die technologische Weltspitze des Flugzeugbaus, und zwar in jeder Hinsicht. Gigantische Rüstungsaufträge beflügelten die Forschung. Mit dem Ende des Zweiten Weltkriegs kam dann jedoch für viele deutsche Flugzeugbauer das Aus. Nach 1945 konnte sich allein der Name Dornier in Verbindung mit praktischer Technik für Luft- und Raumfahrt halten. Als Claude Dornier am 5. Dezember 1969 in Zug in der Schweiz starb, strebte sein Unternehmen, nun in der Hand seiner Familie, bereits zu neuen Zielen und neuen technologischen Höhepunkten. Heute gehört Dornier zur European Aeronautic Defence and Space Company (EADS).

Prof. Ludwig Prandtl (2. von links) mit Jakob Ackeret, Albert Betz und Reinhold Seiferth in Göttingen bei der Arbeit am Flettner-Rotorschiff.

geteilte Tragflächen sowie die Verwendung von Holz für konstruktive Teile. Auch entfielen die Antriebswellen und Getriebe zwischen Motor und Schraube zur Reduzierung von Gewicht und Störungsanfälligkeit. All diese Erfahrungen flossen in den Entwurf zu Dorniers ehrgeizigstem Projekt ein, einem Flugschiff für 170 Passagiere.

Claude Dornier forschte insbesondere an der Verbesserung der Reibungswiderstände der Flugschiffszelle und einem idealen Tragflächenprofil. Er wollte es nicht auf den Versuch ankommen lassen, ob seine Do X, nach der Bezeichnung „X" für „Unbekannte", denn auch wirklich flog, sondern er wollte es zuvor wissenschaftlich belegt haben. Professor Ludwig Prandtl in Göttingen war für Dornier in Fragen der Aerodynamik die richtige Adresse.

AERODYNAMIK

Ergebnisse aus aerodynamischen Forschungen flossen auch in den Rumpler-„Tropfenwagen" ein.

Ludwig Prandtl war zum „Vater der Aerodynamik" avanciert, nachdem ihn die Suche nach Verbesserungsmöglichkeiten für eine Spanabsauganlage eher durch Zufall mit der Strömungsforschung in Berührung brachte. Es wurde das ureigene Forschungsgebiet des promovierten Maschinenbauers, nachdem er nach Abschluss des Studiums für kurze Zeit als Ingenieur bei der Maschinenfabrik Augsburg-Nürnberg tätig war und 1901 als Professor für Mechanik an die Technische Hochschule Hannover wechselte. Dort erreichte ihn 1904 der Ruf als außerordentlicher Professor für technische Physik an die Universität Göttingen. Auf dem Heidelberger Mathematikerkongress im gleichen Jahr war der 29-jährige Wissenschaftler mit seiner Aufsehen erregenden Grenzschichttheorie hervorgetreten. Diese erwies sich später als wichtiges Bindeglied zwischen der „klassischen" reibungslosen Hydrodynamik und den realen Strömungen. Erste Erkenntnisse über Strömungsbilder verschiedener Körper erlangte er aus unmittelbarer Anschauung. Einen Nachbau seines sehr einfachen, handbetriebenen Wasserumlaufkanals von damals kann man heute im Deutschen Museum in München besichtigen.

Rumpf der Do X im Bau. Sehr gut ist die aerodynamische Form und die dreifache Unterteilung der Decks zu erkennen.

Mit den Forschungsergebnissen der darauf folgenden Jahre wurde Ludwig Prandtl zum Begründer der modernen Strömungslehre. Seine Untersuchungen zur Überschallströmung von 1907 konnte er bereits als ordentlicher Professor für angewandte Mechanik an der Universität Göttingen durchführen. Mit seiner so genannten „Luftschiff-Professur“ und der bahnbrechenden Einführung des Modellversuchs im Windkanal der „Luftschiffmodell-Schleppanstalt“ entstand in Göttingen ein brauchbarer Windkanal, der die flugphysikalische Grundlagenforschung erst ermöglichte. Seit 1909 entwickelte Prandtl als Leiter der Modellversuchsanstalt, die sich ab 1919 Aerodynamische Versuchsanstalt (AVA) nannte, die Theorie der turbulenten Strömung mit der Prandtl-Zahl als Kenngröße und 1918/19 die Tragflügeltheorie, die bedeutende Auswirkungen auf den Flugzeugbau haben sollte. Das Angebot der Kaiser-Wilhelm-Gesellschaft, zusätzlich zur AVA ein Kaiser-Wilhelm-Institut für Strömungsforschung unter seiner Leitung einzurichten, veranlasste Prandtl, in Göttingen zu bleiben, nachdem er zwischenzeitlich mit München geliebäugelt hatte. Bis zu seiner Emeritierung 1946 blieb er Direktor des Kaiser-Wilhelm-Instituts, das unmittelbar neben der AVA entstand und im Jahr 1925 seine Eröffnung feierte. Heute gehören die Einrichtungen zur Deutschen Forschungs- und Versuchsanstalt für Luft- und Raumfahrt.

In dieser Versuchseinrichtung, mit der man die damals noch unbekannte Beanspruchung der Holme erforschte, wurde ein eigens gefertigter Probeholm mit über 42 Tonnen belastet.

Blick durch ein Mannloch ins noch nicht ausgebaute Innere des Flugschiffs.

Im großen Windkanal der AVA, der am 7. März 1917 in Betrieb genommen wurde, erfolgten in den 20er Jahren zahlreiche Untersuchungen zum Strömungsverhalten unterschiedlichster Körper mit und ohne Stromlinienverkleidung wie Automobile, Lokomotiven oder Flugzeuge. Auf der Suche nach niedrigeren Widerstandswerten, um Antriebsenergie zu sparen, offenbarte in Göttingen auch ein Metallmodell des Flugschiffs Do X 1a mit Siemens-Jupiter-Motoren und Zwischenflügeln sowie verkleideten Motorträgern seine angenäherte, aber sicherlich nicht überall ideale Stromlinie. Für Claude Dornier immens wichtige Erkenntnisse auf seinem Weg zum zukunftsweisenden Flugobjekt.

PROJEKT P 1106

Die Erstellung der Projektzeichnung P 1106 am 27. September 1924 gilt als Geburtsstunde der Do X. Claude Dornier arbeitete unermüdlich weiter an seinem Entwurf, so dass die Zeichnungen vom 22. Dezember 1926 bereits die typischen Grundstrukturen des späteren Flugschiffs zeigen: einen relativ schlanken, scharf gekielten Bootskörper mit einer Querstufe etwa in der Mitte des Schiffes. Zwei ausladende Seitenstummel zur Stabilisierung des Bootes dienen gleichzeitig als Auf-

Ausnieten der Holme, von denen sich jeweils drei in jedem Flügel der Do X befanden.

Durch die Einteilung in drei Decks innerhalb des geschlossenen Körpers ähnelte die Do X mehr einem Schiff als einem Boot.

triebskörper. Bereits der Entwurf sah drei Decks vor, womit die spätere Do X nach seemännischer Definition als Schiff galt; unten ein Betriebsdeck, in der Mitte ein Fluggastdeck und ganz oben das Kommandodeck. Auf der durchgehenden, mit den Stummeln verstrebten Tragfläche des so genannten Schulterdeckers befand sich die Antriebsanlage. Sechs stromlinienförmig verkleidete Träger mit Triebwerksgondeln hielten je zwei luftgekühlte Motoren. Zwischen diesen war ein Zusatzflügel montiert.

Claude Dorniers Erfahrung aus der Berechnung und Erprobung seiner bisherigen Flugboote hatte die Modelle von Typ zu Typ immer größer werden lassen. Neben den stetig anwachsenden Dimensionen der Typen LIBELLE, WAL und SUPERWAL konnten die Boote natürlich auch kontinuierlich mehr Nutzlast aufnehmen. Dazu zählten nicht nur Besatzung und Passagiere, sondern auch Instrumente für verbesserte Sicherheit sowie Treibstoff zur Überwindung immer weiterer Strecken.

Die fast fertige Do X in der Werfthalle in Altenrhein.

INNOVATION UND SICHERHEIT

Ein entscheidender Teil der Philosophie Claude Dorniers blieb stets die Ökonomie der Nutzlasten. Für ihn galt der Grundsatz, dass nur große Flugzeuge wirtschaftlich sein können. Im Jahr 1930 schüttelten viele Zeitgenossen ungläubig den Kopf, als Dornier die Möglichkeiten seines Flugschiffs vorrechnete: „*Die obere Grenze für den wirtschaftlichen Einsatz liegt bei dem derzeitigen Brennstoffverbrauch der Motoren bei etwa 1.500 bis 2.000 Kilometern ... Zwischen Buenos-Aires und Montevideo können beispielsweise 12 Tonnen Nutzlast befördert werden, entsprechend 100 Personen und 2.000 kg Post oder Fracht. Die Flugzeit beträgt dabei anderthalb Stunden. Zwischen Hamburg und Southampton oder Marseille und Algier können 9 Tonnen Nutzlast oder 90 Personen, zwischen Travemünde und Southampton beinahe 8 Tonnen Nutzlast befördert werden. Brindisi–Alexandria kann mit 45 Passagieren in etwa 6 Stunden zurückgelegt werden.*“

Mit einem elektrischen Wagen wurde die Do X aus der Werkshalle über eine Ablaufbahn zu Wasser gebracht.

Schon dieser kurze Auszug zeigt die wichtigsten Intentionen Claude Dorniers: Nutzlasttransport und Internationalität.

Richard Wagner

– EINFLIEGER DER DO X UND DORNIER-CHEFPILOT –

Was sich am 11. März 1932 auf dem Oberwiesenfeld in München abspielte, war in jeder Hinsicht einmalig. D-1422, der berühmteste Dornier WAL, den Amundsen, Courtney und von Gronau für ihre Aufsehen erregenden Flüge benutzt hatten, setzte zur Landung an. Der verschneite Landeplatz war genau jener Platz, an dem im Oktober die Bierzelte stehen. Am Steuer der D-1422 befand sich Dornier-Chefpilot Richard Wagner. Zusammen mit Maurice Dornier, dem Pressesprecher der Firma, flog er das berühmteste Flugboot der Zeit zu seinem letzten „Liegeplatz", dem Deutschen Museum in München.

Nach vierjähriger Lehrzeit im Maschinen- und Explosionsmotorenbau meldete sich der am 22. Juni 1893 in Kiel geborene und aufgewachsene Richard Wagner mit Beginn des Ersten Weltkriegs am 7. August 1914 als Freiwilliger bei der 1. Seefliegerabteilung seiner Heimatstadt. Schnell wurde sein Fliegertalent erkannt, und nach entsprechenden Erfolgen blieben die Auszeichnungen nicht aus. Er wurde Fluglehrer und erlebte die letzten beiden Kriegsjahre 1917 und 1918 im Einsatz am Ägäischen Meer. Im April 1919 entließ ihn die 1. Seefliegerabteilung ins Zivilleben. Als die Dornier Metallbauten GmbH im Jahr 1923 einen Einflieger für ihre Lizenzfirma in Marina di Pisa suchte, war Richard Wagner als einer der besten deutschen Seeflieger noch in Erinnerung. Nach knapp zwei Jahren in Italien kam er als Dornier-Chefpilot in das Stammwerk nach Friedrichshafen.

Seine Serie fliegerischer Weltrekorde begann im September 1924. Mit einem WAL flog Richard Wagner die Strecke Marina di Pisa–Melilla (1.700 km) ohne Zwischenlandung in zehn Stunden ab. Damit übertraf er den damals bestehenden Entfernungsrekord für Wasserflugzeuge. Im Juli/August 1927 stellte er zusammen mit den Dornier-Piloten Georg Zinsmaier und Egon Fath auf dem bulligen Wasserflugzeug Dornier D in Altenrhein acht neue Weltrekorde auf. Ein Erprobungserfolg, den er mit dem viermotorigen Dornier SUPERWAL (D.R.142) ein halbes Jahr später noch toppen konnte. An drei Tagen, am 20. und 23. Januar sowie am 5. Februar 1928, brach er zwölf bestehende Weltrekorde oder definierte neue Bestleistungen mit dem kraftvollen Flugboot.

Sein erster „unfreiwilliger" Flug mit der Do X 1 am 12. Juli 1929 blieb ihm in ständiger Erinnerung. Nachdem das Flugschiff erstmals zu Wasser gebracht worden war, sollte zunächst nur das Rollverhalten erprobt werden. Das ging besser als vermutet. Alle Motoren erreichten ihre Betriebstemperatur, und Wagner ging mit der Do X „auf Stufe", das heißt die Startgeschwindigkeit wurde so lange erhöht, bis sich das Flugschiff ohne zu fliegen mit dem Bug aus dem Wasser hob. Der Sog hinter der markanten Querstufe etwa in der Mitte des Bootskörperbodens hielt das Flugschiff bei dieser Geschwindigkeit noch auf dem Wasser. Ein spannender Augenblick. Wagner zog das Steuer nur noch ganz wenig, und plötzlich war das Flugschiff aus dem Wasser und flog wenige Meter über dem Bodensee dahin. Aus den vorgesehenen Rollversuchen war ein Erstflug geworden.

Es folgten die intensive Erprobungsphase der Do X 1 unter der Regie von Richard Wagner und später die fliegerischen Meisterleistungen der Überführungsflüge der Do X 2 am 28. August 1931 und der Do X 3 am 13. Mai 1932 über die Alpen nach Italien. Bei der Überführung eines WAL-Flugboots nach Jugoslawien ereilte ihn das Fliegerschicksal. Am 28. März 1935 musste er auf dem Simssee bei Rosenheim notlanden und verunglückte dabei tödlich.

Bei den Flugtagen in Altenrhein im August 1929 konnte die Do X erstmals von der breiten Öffentlichkeit besichtigt werden.

Claude Dorniers weiteres Kalkül bei der Planung und Produktion der Do X war ein ausgeprägter Sicherheitsanspruch. Hinsichtlich der verwendeten Materialien, Teile und Verfahren durfte nur Erprobtes und Bewährtes verwendet werden, Experimente beim Bau des Schiffes waren tabu. „Errechnen und Erproben über 100 % hinaus", so lautete seine Devise. Dazu gehörten zwei für die Zeit durchaus ungewöhnliche Aspekte. Zum einen die intensiven Windkanaluntersuchungen in Göttingen und zum anderen der Bau eines Holzmodells in Originalgröße in einer Zeppelin-Luftschiffhalle in Friedrichshafen, die als einzige Halle genügend Platz für eine so riesige Konstruktion bot. An diesem Modell konnten die Techniker Maß nehmen, um die ungewohnten Dimensionen bei der Herstellung der Bauelemente zu bewältigen. Dort kamen auch die ersten wenigen Besucher ins Staunen über die Abmessungen des Riesenflugschiffs. Dies galt besonders für eine Delegation der Reichsmarine, welche die Attrappe der Do X im Juli 1927 in Augenschein nahm. Allerdings fehlten den Marineoffizieren jegliche Ideen für einen militärischen Einsatzbereich, und so schwand das Interesse der Reichsmarine an der Do X sehr schnell.

STAPELLAUF UND ERSTFLUG IN ALTENRHEIN

Mit Planung und Konstruktion des Flugschiffs war die Arbeit des Unternehmers Dornier jedoch nicht getan. Aufgrund der einschränkenden Bestimmungen der Versailler Verträge und der damit verbundenen wirtschaftlichen Schwächung Deutschlands nach dem Ersten Weltkrieg hätte der Bau auf deutscher Seite nicht erfolgen können, und so machte sich Claude Dornier auf die Suche nach einem passenden und preiswerten Platz am Bodenseeufer jenseits der Grenze, wo eine Produktionsstätte für künftig erwartete Stückzahlen an Flugschiffen gebaut werden konnte.

Auf der Friedrichshafen gegenüberliegenden Schweizer Seite des Sees fand er eine geeignete Fläche in Altenrhein. Dem Unternehmer standen ausreichend finanzielle Mittel zur Verfügung. Wie wir heute wissen, stammten diese Gelder aus dem Reichshaushalt. Es verwundert deshalb nicht, dass das Deutsche Reich Mehrheitsaktionär der neu gegründeten Aktiengesellschaft für Dornier-Flugzeuge, kurz „Do-Flug" in Altenrhein wurde.

Zum 60-jährigen Jubiläum des Erstflugs der Do X wurde während der Fachmesse AERO im Jahr 1989 ein Sonderstempel abgeschlagen.

Mit der Baufreigabe des Flugschiffs begannen am 19. Dezember 1927 auch die Ausführungsarbeiten. In einer Bauzeit von genau 570 Tagen entstand in der neuen Werft mit zwei Werkstatt-, einer Fertigungs- und einer Montagehalle das erste Flugschiff des Typs Do X. Im Sommer 1929 fand der Stapellauf am Bodensee statt. Ein zeitgenössischer Bericht schildert, wie der Stapellauf auch unfreiwillig zum Erstflug geriet: „*Am 12. Juli 1929 konnte der Stapellauf des fertigen Flugschiffes stattfinden. In den frühen Morgenstunden des denkwürdigen Tages wurde das Schiff auf dem extra dafür konstruierten Bootswagen zu Wasser gelassen. Sofort ging es mit Erprobungsflugzeugführer Richard Wagner am Steuerrad an die Rollversuche, die so zufriedenstellend ausfielen, daß man sich entschloß, das Flugschiff mit Vollgas auf Stufe laufen zu lassen. Dabei hob es sich unbeabsichtigt aus dem Wasser und flog. Eine Leistung, die viel zu wenig berücksichtigt wurde. Es ist ein hervorragendes Zeugnis für die gewissenhafte Arbeit der Ingenieure und Konstrukteure; es ist die beste Anerkennung für den Schöpfer, daß ein solcher Koloß, eine solche gewaltige Flugmaschine, beim ersten Versuch das leistete, was die Erbauer erwartet hatten. Ja das Schiff übertraf zum Teil die Erwartungen. Die Welt war begeistert und überrascht, aber nicht überzeugt.*“

Aus allen Bullaugen schauen einige der 169 Passagiere, die sich beim Flug am 21. Oktober 1929 an Bord befanden.

Eine zeitgenössische Gedenkmünze feierte den Start der Do X mit 169 Passagieren als „Triumph deutscher Technik“.

Die Kritiker waren tatsächlich nicht überzeugt und unkten zudem, das Flugschiff könne höchstens sich selbst in die Luft heben und schon gar keine Nutzlast transportieren.

FLUG MIT 169 PASSAGIEREN

Claude Dornier war über die ignorante Haltung gegenüber der errechneten und umgesetzten Größe seines Modells derart verärgert, dass er sich zu einer spektakulären Aktion entschloss. Zum 70. Erprobungsflug am 21. Oktober 1929 ließ er das Flugschiff mit leichtem Korbgestühl ausstatten und bat 169 Werksangehörige mit ihren Frauen und Kindern zu einem Rundflug an Bord. Diese nahmen erwartungsvoll und durchaus bequem in der Passagierkabine Platz. Zusammen mit 10 Mann Besatzung, dem Flugversuchspersonal, einigen Pressevertretern und zwei damals natürlich nicht bemerkten blinden Passagieren war dies ein nie zuvor erreichter Passagierrekord, der über 20 Jahre Bestand haben sollte. Mit einem Fluggewicht von 44,768 Tonnen flog die Do X 40 Minuten lang

Start zum Flug mit 169 Passagieren am 21. Oktober 1929.

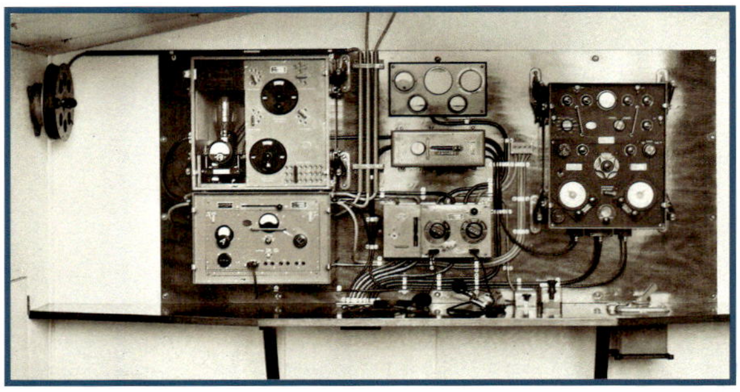

Die Funkanlage der Do X.

ihren Kurs über den Bodensee. Das mutige Unternehmen überzeugte seine Kritiker, obgleich sich Claude Dornier über die Tatsache hinweggesetzt hatte, dass noch keine behördliche Genehmigung für den Flugverkehr mit Passagieren vorlag. Die Kennung D-1929 wurde der Do X auch erst im Oktober 1930 zugeteilt.

Der Beweis der Nutzlast war erbracht. Doch mit den zunächst eingebauten Siemens-Motoren war ein umfassender Flugbetrieb über weite Strecken und vor allem über den Atlantik nicht möglich. Diese bittere Erkenntnis hatte Claude Dornier spätestens bis zum 77. Erprobungsflug gewinnen können. Natürlich war diese Information nicht für die Öffentlichkeit bestimmt und schon gar nicht für die Presse.

SÜDFUNK AN BORD

Für den 17. November 1929 hatte sich der „Südfunk“ angesagt, um über das Flugschiff zu berichten. Die Herren des Rundfunksenders hatten sich etwas Besonderes einfallen lassen. Sie brachten einen Tages-Bordstempel und einen Sonderstempel mit, um den Flug zu dokumentieren. Der Flug dauerte 38 Minuten und ging 98 Kilometer über Land. In dieser Zeit waren die Herren eifrig damit beschäftigt, über Gaissau und Rorschach gestempelte Postkarten abzuwerfen.

Ein DKW-Hilfsmotor mit einer Leistung von 12,5 PS versorgte die Licht- und Funkanlagen mit Strom.

Die Presse berichtete natürlich auch über technische Details. Viele innovative Ideen Dorniers und seiner Konstrukteure haben bis heute generelle Auswirkungen auf die Konstruktion von mehrmotorigen Flugzeugen. Hierzu zählt insbesondere die Verlagerung der Maschinenkontrolle aus dem direkten Überwachungsbereich des Flugzeugführers in eine separate Maschinenzentrale. Dabei überwacht ein Maschineningenieur alle Motoren von einem separaten Überwachungsstand aus. Erstmals waren bei der Do X im Cockpit für alle zwölf Motoren nur zwei Gashebel nötig, und für jeden Motor gab es dort nur eine Anzeige, an der der Pilot ablesen konnte, ob der Motor lief oder nicht. Nur in der hinter dem Navigationsraum befindlichen Maschinenzentrale konnten die Motoren einzeln angesteuert werden. Die dadurch gewonnene Entlastung des Flugzeugführers mehrmotoriger Maschinen würde bis ins digitale Zeitalter üblich bleiben.

Der Einstieg ins Flugschiff befand sich über dem Stummel. Passagiere wurden mit Booten zum Flugschiff gebracht.

Aus Erfahrungen des Luftschiffbetriebs hatte man übernommen, dass ein Monteur jeweils für die Wartung und Kontrolle von zwei Motoren einer Motorengondel zuständig

Südfunk-Belege

Die Masse der Südfunkbelege kam in Friedrichshafen am 17. November 1929, dem Tag des Abwurfs der Karten durch Rundfunkreporter, zur Auflieferung. Den Sonderstempel „Südfunk an Bord Do X" gab es als Abschlag in schwarzer und in roter Stempelfarbe, wobei die roten Stempel seltener sind. Diese Belege sind die ersten Flugpostbelege der Do X überhaupt. Um offizielle Bordpost handelt es sich allerdings nicht. Die Bordpost des Flugschiffs Do X wurde erst ein knappes Jahr später eingerichtet.

Luftgekühlter Siemens-Motor.

Wassergekühlter Curtiss-Motor.

war. Bei der Do X hatten die Monteure ihren Platz unterhalb der Gondeln in der Tragfläche, den sie durch einen Kriechgang erreichen konnten. Damals waren Motoren und die Triebwerksanlagen ständiges Sorgenkind der Konstrukteure und Betreiber. Es fehlte an Erfahrungen über die Standfestigkeit bei Dauerbetrieb, und die Zuverlässigkeit der Maschinen blieb unberechenbar. Ein Umstand, der dem sicherheitsbewussten Dornier ständig Sorgen bereitete.

Das Prinzip der horizontalen Aufteilung der Flugzeugzelle war damals noch ein Novum, das erst 40 Jahre später beim Jumbo-Jet wieder auftauchen sollte. In der Do X saßen die Piloten erhöht, unter ihnen saßen die Passagiere, und im untersten Deck konnte das Gepäck verstaut werden. Ebenfalls neu und bis heute einmalig war der großzügige Kommandobereich mit separatem Flugzeugführer-, Navigations- und Funkraum.

Die Do X legte zwar die meisten Strecken im Flug zurück, war aber in vielerlei Hinsicht gleichartig ausgestattet wie ein Seeschiff. Auf dem Wasser allerdings „rollte" die Do X entsprechend der Landflugzeuge auf der Piste, wohingegen Schiffe in ihrem Element bekanntlich „fahren". Bezüglich der Ausstattungsmerkmale wiederum sollte beim Flugschiff gelten: drei Decks und der Luxus der Passagierdampfer. Die Hierarchie der Besatzung entsprach der auf Seeschiffen, obwohl sich Piloten in ihrer Mitte befanden. Mancher begriffliche Klimmzug sorgt so in der relativ kleinen Welt der Flugschiffe wegen der Zwitterrolle zwischen Flugzeug und Schiff immer wieder für Irritation.

WASSER KÜHLT BESSER ALS LUFT

Nach 103 Erprobungsflügen mit zwölf luftgekühlten Jupiter-Sternmotoren, die Siemens als Lizenznehmer der englischen Bristolwerke gefertigt hatte, zeichnete sich ein erstes finanzielles Desaster ab. Es hatte im Vorfeld für diese Triebwerke keine gesicherten Leistungsdaten gegeben, und entgegen aller Erwartungen stellten sie sich während der Erprobung für den nötigen Dauerbetrieb und hinsichtlich der geforderten Höchstleistungen als zu schwach heraus. Weiterhin ergaben sich bei der hinteren Motorenreihe erhebliche Kühlprobleme, welche durch die Techniker nicht in den Griff zu bekommen waren. Dies war deshalb ein Fiasko, weil keine weiteren Mittel für Ersatztriebwerke zur Verfügung standen. Eingeplante Gelder für die Motorenanlage waren bereits zu Siemens geflossen. Zudem standen zu diesem

Beim Einbau der Curtiss-Motoren gaben die geöffneten Motorgondeln ohne obere Verkleidung den Blick ins Innere der Motoren preis.

Montage der Motorgondeln der wassergekühlten Curtiss-Conqueror-Triebwerke.

Zeitpunkt in Deutschland noch keine wesentlich stärkeren und vor allem flüssigkeitsgekühlten Triebwerke zur Verfügung. Nachdem sich die Engländer einer kulanten Lösung verweigerten, erklärte sich schließlich die amerikanische Firma Curtiss damit einverstanden, zwölf ihrer neuen Conqueror-Reihenmotoren leihweise zur Verfügung zu stellen.

Zwischen den Vertragsparteien Do-Flug und Curtiss wurde eine Chartergebühr von 10 $ pro Motor und Betriebsstunde vereinbart. Mit den Motoren wurde auch der werkseigene Curtiss-Motoreningenieur Harvey Brewton gechartert, der umgehend nach Altenrhein reiste, um den Einbau der wertvollen Aggregate zu beaufsichtigen, und der auch später die Flüge der Do X begleiten sollte. Am 4. August 1930 startetet der erste Probeflug mit der neuen Antriebsanlage. Die untereinander angeordneten Motoren standen jetzt auf unverkleideten Böcken mit seitlichen Verstrebungen. Trotz des finanziell bedingten Verzichts auf die aerodynamische Verkleidung wurde der Motortausch als Erfolg gewertet. Mit den Curtiss-Conqueror-Motoren hatte Claude Dornier also eine gute Wahl getroffen. Wie sich später herausstellen sollte, würden die wassergekühlten Curtiss-Motoren beim bevorstehenden Überführungsflug in die USA auch unter höchster Belastung völlig störungsfrei arbeiten.

Wartung eines der wassergekühlten Curtiss-Motoren. Deutlich ist der unter der Motorgondel angebrachte Zusatz-Wasserkühler erkennbar.

DO

Kapitel 2

Edles Geschirr, zerknautschte Mützen – Vom Innenleben eines Flugschiffs

Inneneinrichtung der Do X

Flugschiff mit Ambiente

Steuerung der Do X

Luxus wie im Zeppelin

Edles Geschirr und Gläser ohne Stiel

Marcel Dornier –
Grafische Entwürfe für den Bruder

Motivintermezzo im Luftmeer

Claus Bergen –
Marinemaler auf Abwegen

Bekleidung der Do-X-Besatzung

INNENEINRICHTUNG DER DO X

Das unverkleidete Fluggastdeck mit den Rohrgeflechtbänken beim Rekordflug vom 21. Oktober 1929. Die Anordnung der Sitze war durch die Trägerkonstruktion vorgegeben.

Die Mitarbeiter im Dornier-Archiv in Friedrichshafen staunten nicht schlecht, als ihnen August Rist junior, über achtzig Jahre alt und bis Oktober 1945 selbst Dornier-Mitarbeiter, im Februar 1998 bei einem Besuch des Archivs eine überraschende Neuigkeit präsentierte: Wochenlang sei sein Vater in Altenrhein beschäftigt gewesen, denn die Firma Karl Nachbaur aus Ravensburg, bei der August Rist senior (1882–1955) als Schreiner arbeitete, fertigte die Wandvertäfelungen des Flugschiffs. Außerdem habe er als begnadeter Luftschiff-Schreiner diverse Einbauten in der Do X hergestellt.

Bis dahin war man bei Dornier der Meinung gewesen, dass allein die Firma J. Keller & Co. aus Zürich für die Inneneinrichtung zuständig gewesen war, zumal es auch in der zeitgenössischen Reklame hieß: *„Die überall bewunderte, elegante und zweckmäßige Kabinenausstattung des ersten Flugschiffes Dornier Do X wurde entworfen und ausgeführt durch J. Keller & Co. Zürich, Innendekoration, Möbelfabrik, St. Peterstraße 16 und Bahnhofstraße.“*

Jetzt stellte sich heraus, dass die Möbelfabrik Keller, die noch heute besteht, die Ausstattung des Flugschiffs nicht allein vorgenommen hatte.

Ein zeitgenössischer Text „Das Dornier-Flugschiff Do X“ des Journalisten Erich Tilgenkamp aus dem Sonderdruck der Schweizer „AERO REVUE“ von 1931 beschreibt neben dem technischen Aufbau insbesondere den Passagierbereich des Flugschiffs vor dem Überführungsflug in die USA sehr anschaulich. Die Beschreibung beginnt vorne mit dem Kollisionsraum und dem abschließenden Kollisionsschott, der seit der Dampfschiffzeit ein Merkmal eines jeden größeren Schiffes ist und dessen Funktion am ehesten mit der Knautschzone an Autos zu vergleichen ist. Dort verstaute man die Seeausrüstung, dort hatten Ankerleine, Gummiboote, Paddel usw. ihren Platz. Der Einstieg in diesen Bereich des Schiffes erfolgte von innen über ein Mannloch in der Bar oder über eine Luke von außen. In dieser Hinsicht war das Flugschiff wie ein normales Schiff gegen mögliche Gefahrensituationen auf dem Wasser gerüstet.

Blick vom Salon entlang der Längsachse in das Heck des Flugschiffs. Die zwei Perserteppiche hatte das Haus Dornier leihweise zur Verfügung gestellt; sie gehörten nicht zur regulären Ausstattung.

Die Aufteilung des Hauptdecks wurde so beschrieben: *„Über die ganze Länge des mittschiffs liegenden Hauptlängsträgers von 23,5 Meter verteilt sich eine Flucht von elf Räumen, deren Unterteilung im wesentlichen* *durch die Fachwerkspanten des Schiffskörpers gegeben ist.*

Ganz vorn im Bug ist eine kleine Bar mit eingebauten Schränken, kleinem Kühlraum, Abspültisch etc. eingerichtet, wo die Fluggäste bei ihrem Lieblings-Cocktail oder dem obligaten Whisky eine eventuell vorübergehende „Schwachheit" siegreich bekämpfen können. Anschließend befindet sich das mit Ledersesseln versehene aus Zedernholz gekleidete Rauchzimmer. Hier wurde durch elektrische Feueranzünder und gute Ventilation jede Feuergefahr ausgeschaltet. Nach dem Rauchzimmer folgen zwei Fluggasträume mit 16 Plätzen und vier Tischen, wovon einer nach Bedarf durch Portieren in einen Schlafraum verwandelt werden kann. Eine Tür schließt diese Räume gegen den Ausgang mit den beidseitigen Einstiegstüren über die Bootsstummel ab.

Salonseite mit eingedecktem Tisch und Sesseln. Zur Ausstattung im „Großen Salon" gehörten vier Bänke mit grünem Veloursbezug und 18 Fauteuils mit roten Bezügen.

Direkt verblüfft betritt der Fluggast einen eleganten, weiten, sieben Meter langen Gesellschaftsraum, eher ein gediegenes Restaurant als eine Flugzeugkabine. Die Fluggasträume von 24 Meter Länge bei 3,2 Meter mittlerer Breite und zwei Meter Höhe wurden in behaglicher und moderner Weise für rund 70 Fluggäste ausgestattet. Geht der Fluggast vom Einstieg in der Richtung nach hinten, so hat er zuerst Gelegenheit, in einem der beiden Garderobenräume abzulegen, und gelangt dann in den großen dreiteiligen Salon. Hier herrscht eine frohe Farbenstimmung. Ein französischer Craqueléstoff mit Chinoismuster belebt mit seinen Männekens die Wände, seine Farben wiederholen sich in den Pastelltönen des uni Velours der Sitzmöbel: im Mittelsalon rot, in den beiden äußeren grün. Türen und Brüstungsvertäfelung sind in poliertem Kirschbaumholz. Kokette grüne Vorhängchen lassen die Bullaugen (0,35 bzw. 0,23 Meter lichte Öffnung) etwas größer erscheinen als sie in Wirklichkeit sind. Die anschließenden zwei kleinen Kabinen sind für je acht Personen eingerichtet. Weiter hinten ist rechts die elektrische Küche mit Wasserbehälter, Boiler, Zurichte- und Abwaschtisch, Vorrats- und Geschirrschrank. Links daneben liegen zwei Toiletten und Waschräume."

Die Bar der Do X.

Dann beschrieb Tilgenkamp die Öffnungen und Klappen, die ahnen ließen, wie das „Restaurant" im Atlantikflugbetrieb aussehen würde, wenn zugunsten der Aufnahme von möglichst viel Treibstoff auf alle überflüssigen Einbauten verzichtet werden müsste. Hinter dem achteren Kollisionsschott konnte im Hauptdeck ein geräumiger Frachtraum mit 77 x 62 cm großen Bodenklappen geschaffen werden. Mehrere Öffnungen mit Maßen bis zu 1,30 x 1,50 Metern über dem Rauchsalon oder an der Steuerbordwand boten zusätzliche Möglichkeiten, Treibstoffbehälter im Passagierraum unterzubringen.

Zeitgenössische Broschüren wie diese von Claudius Dornier und Erich Tilgenkamp aus dem Jahr 1931 machten die Do X einem großen Publikum bekannt.

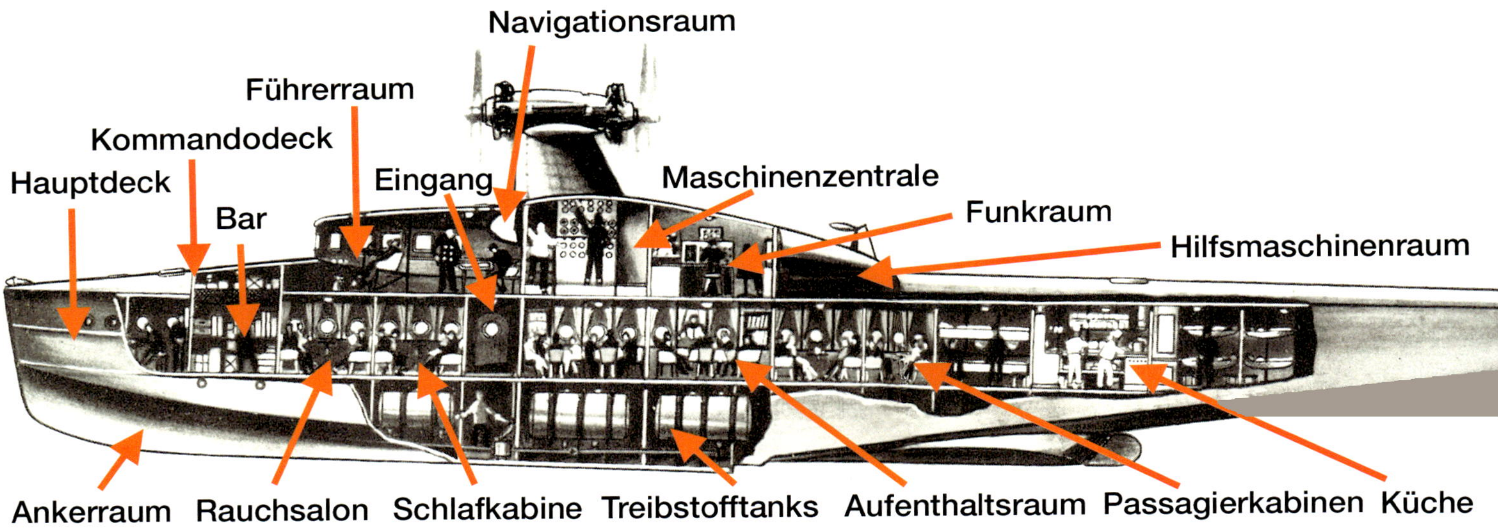

Besatzung:	14	Antrieb:	12 Curtiss Conqueror (Tandemanordnung in 6 Gondeln)
Passagierplätze:	66-170		
Länge:	40,05 m	Leistung:	je 600 PS/Motor bei 2400 U/min
Höhe:	10,10 m	Luftschraube:	4 Blatt Holz, vorne Zug, hinten Druck
Spannweite:	48 m	Geschw. max.:	220 km/h
Flügelfläche:	467,70 m^2	Reisegeschw.	175 km/h
Leergewicht:	32.675 kg	Gipfelhöhe:	3.200 m
Startgewicht max.:	57.500 kg	Kraftstoffvorrat:	24.600 l
Zuladung max.:	24.825 kg	Reichweite:	2.800 km

LEICHTBAUWEISE

Der Zugang zum Hauptdeck erfolgte über die Stummel und zwei Türen unmittelbar vor dem vorderen Hauptspant. Als Notausgang diente eine weitere Luke von 0,66 x 0,89 Metern im Achterdeck, unmittelbar vor dem Heckschott.

Auch ein Klepper-Faltboot gehörte zur Ausrüstung der Do X.

Bei der Innenverkleidung waren also sehr viele Konstruktionsdetails zu beachten, gleichzeitig musste das Gewicht der Einbauten berücksichtigt werden. Es war keine leichte Aufgabe, die die Firma Keller und ihre Partner bei der Einrichtung des Flugschiffs zu lösen hatten. Emil Rau, einer der Mitarbeiter von J. Keller & Co., hatte bereits Erfahrungen aus dem aeronautischen Leichtbaubereich mit Holz, ebenso August Rist. So führten viele Besprechun-

gen, Zeichnungen, Modelle, Holz- und Stoffvorlagen schließlich zu einem luxuriös und bequem eingerichteten Schiff.

Wie an Bord eines jeden Schiffes durften auch beim Flugschiff Do X die Rettungsboote nicht fehlen.

Erich Tilgenkamp vermerkt über die besondere Gewichtsproblematik: *„Wenn beim Bau einem Architekten die Bausumme, welche nicht überschritten werden darf, große Sorgen bereitet, so bestand hier, außer dieser, noch eine schwer zu lösende Aufgabe. Die verhältnismäßig niedrig angesetzte oberste Grenze des Baugewichtes. Was bei anderen Aufträgen die Franken sind, waren bei der Do X die Gramme. Wir sind sicher, daß es nicht nur den Unternehmer, sondern in eben solchem Maße den Bauherrn in Altenrhein gefreut hat, daß nach Erledigung des Auftrages die Gewichtsgrenzen strikt eingehalten waren.“*

Übrigens trugen Erich Tilgenkamps Beschreibungen und Buchveröffentlichungen, die meist die technische Raffinesse und luxuriöse Ausstattung der Do X zum Inhalt hatten, ihren Teil zu dem heute noch gegenwärtigen Image des Flugschiffs bei.

FLUGSCHIFF MIT AMBIENTE

Als die Do X im Jahr 1929 fertiggestellt wurde, gab es keine vergleichbaren Flugschiffe oder Flugzeuge, an deren Gestaltung und Ausstattung der Passagierräume man sich hätte orientieren können. Ein gewisses Erfahrungspotenzial war mit Betrieb und Ausstattung der Passagierräumlichkeiten auf Luftschiffen vorhanden, und auch von der Einrichtung der Luxusdampfer konnte man sich vage inspirieren lassen.

Nur wenig Raum für die Zubereitung von Speisen bot die kleine, aber funktionelle Bordküche.

Die mit der Gestaltung der Inneneinrichtung der Do X beschäftigten Kreativen hatten insbesondere eine kostengünstige Lösung zu finden. Das Flugschiff sollte kein „Luxusrestaurant“ werden, auch wenn in manchen zeitgenössischen Berichten dieser Eindruck nicht von der Hand zu weisen ist. Doch schon auf der ersten Etappe des so genannten Weltfluges war ganz schnell Schluss mit dem Restaurantgefühl. Zum einen war der größte Teil des Bordgeschirrs schon nahe Bordeaux bei einer Problemlandung auf der Gironde zu Bruch gegangen und die Scherben wurden in den Fluss geworfen. Zum anderen kamen zur Gewichtsreduzierung in Lissabon alle Möbel und Einbauten in großen Transportkisten von Bord, um durch Benzintanks ersetzt zu werden. Ein Frachtdampfer nach Südamerika nahm die Möbelkisten mit.

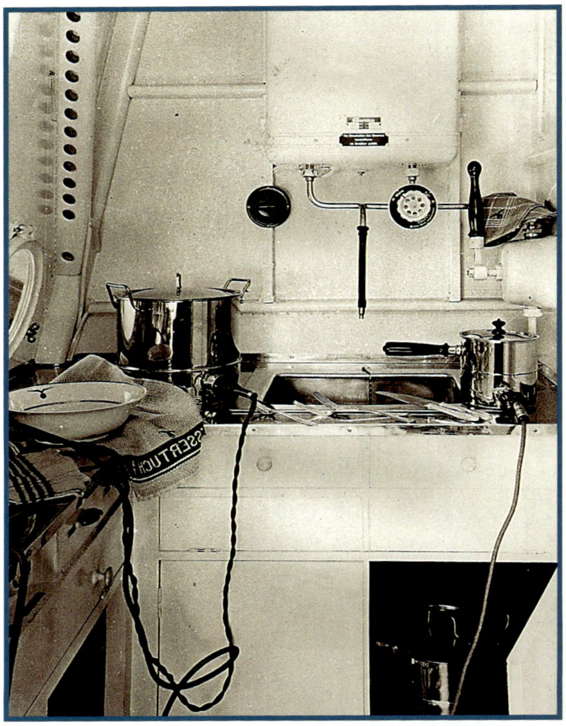

In der fest eingebauten Küche im Heck der Do X gab es einen Heißwasserboiler und weitere Elektrogeräte. Den Strom dafür lieferten die Hilfsaggregate des Flugschiffs. Vor dem eigentlichen Atlantikflug wurde die Bordküche allerdings in Bubaque zwecks Gewichtsreduzierung ausgebaut.

Horst Merz beschrieb später sehr zutreffend das „Hotelrestaurant" Do X aus der Perspektive eines Besatzungsmitgliedes: „*Die Nächte werden an Bord verbracht, alle Mann schlafen in Klepper-Schlafsäcken. Unter jedem Schlafsack liegt eine aufblasbare, ebenfalls von der Firma Klepper gelieferte Gummimatratze, die gleichzeitig als Rettungsfloß dienen kann. Gekocht wird mit Rücksicht auf den Stromverbrauch nicht an Bord. Im Hafen wird das warme Essen von Land bezogen. Für die Flüge werden belegte Brote, warmer Kaffee und Früchte mitgenommen. Der ‚Eiserne Proviant', bestehend aus Fleischkonserven, Sardinen, Hartbrot, Schokolade und Frischwasser, befindet sich bei allen Flügen in genügender Menge an Bord.*"

Für die Besatzung stellte sich die Do X folglich nicht als fliegendes Restaurant oder Luxushotel dar, und auch die meisten Fluggäste, z. B. während des Erprobungsfluges mit 169 Passagieren, bekamen nur eine einfache Möblierung mit Korbsesseln zwischen den funktionalen Duraluminiumspanten des Flugschiffs zu sehen, nicht aber die eigens angeschafften Ledersessel und edlen Teppiche. Wodurch entstanden eigentlich die besondere Aura und das bis heute verankerte, einprägsame Image als „Luxusflieger"? Sie sind dem Zeitgeist, einem Wunschdenken und der Projektion durch die illustrierte Presse entwachsen.

Die verschiedenen Sitzecken ließen fast vergessen, dass man sich in einem Flugschiff befand.

Über den Atlantik ging es in den zwanziger Jahren des letzten Jahrhunderts für Reisende mit dem Passagierdampfer. Diesen lukrativen Markt des Atlantikverkehrs hatten die Konkurrenten nach dem Prinzip „leichter als Luft" (Luftschiffe) und „schwerer als Luft" (Flugschiffe) im Visier.

Bevor sich Claude Dorniers jüngster Bruder Marcel an die Dekorationsentwürfe für die Do-X-Einrichtung setzte, liefen bei der Luft Hansa in Berlin bereits Planspiele und Rentabilitätsberechnungen für eine Verkehrslinie über den Atlantik mit Do-X-Flugschiffen. Schon im Mai 1927 unterbreitete man Luft-Hansa-Direktor Erhard Milch (1892–1972) Pläne, mit sechs Flugschiffen und entsprechendem Personal bei einem Aufwand von knapp 20 Millionen Reichsmark die Vision Wirklichkeit werden zu lassen. So ergab sich unter anderem auch die Forderung nach einer wettbewerbsfähigen Ausgestaltung der Inneneinrichtung.

Steuerung der Do X

Bild 1.

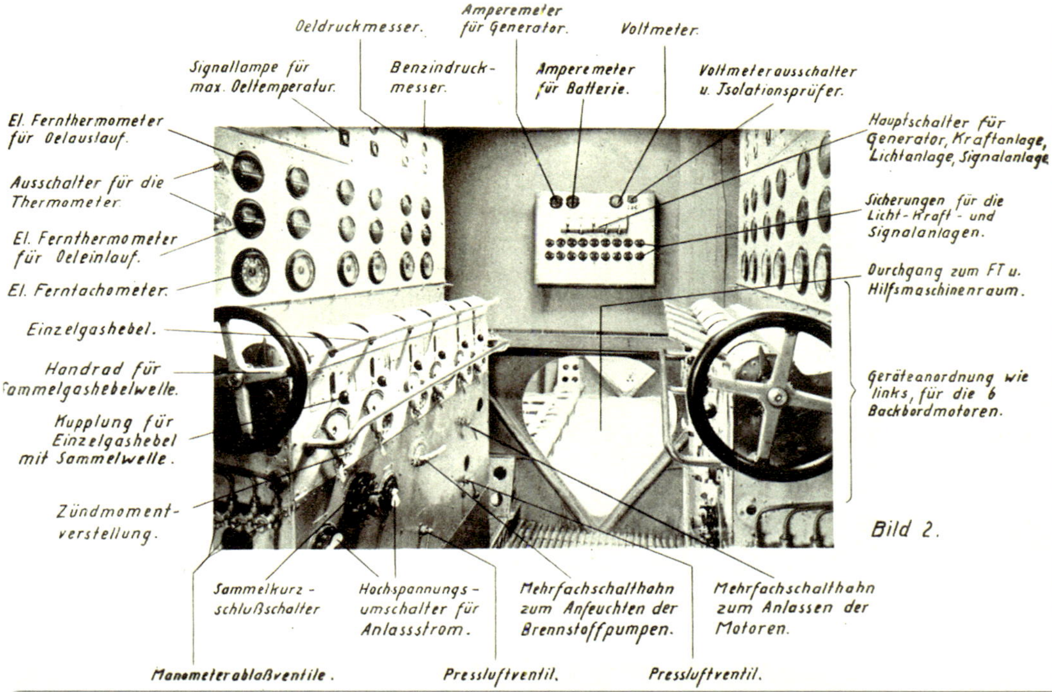

Bild 2.

Die Steuerorgane für Seiten-, Höhen- und Querruder der Do X ließen sich ohne Hilfsmotoren betätigen. Im Cockpit befanden sich neben Kompass und Wendezeiger auch Gyrorektor und Sperry-Horizont, zwei neu entwickelte Instrumente für den Blindflug. Das Cockpit ließ sich mit einer Schiebetür verschließen, die Verständigung erfolgte durch Sprachschlauchleitungen. Während die Piloten nur jeweils sechs Motoren gleichzeitig ein- oder abschalten konnten, war es vom Schaltraum aus möglich, die Motoren auch einzeln zu kontrollieren.

LUXUS WIE IM ZEPPELIN

Die Ausstattung der Zeppelin-Luftschiffe, hier das 1936 in Dienst gestellte LZ 129 „Hindenburg", setzte Maßstäbe im Hinblick auf Luxus bei der Passagierbeförderung in der Luft.

Noch war die Technik bei Dornier nicht für den Linienverkehr ausgereift, doch wollten die Dornier-Planer es sich nicht nehmen lassen zu zeigen, wie luxuriös entsprechende Flugschiffe ausgestattet werden könnten. Im mittleren Teil des dreistöckigen Rumpfes der Do X entstand so ein vergleichsweise edles Passagierdeck. Mindestens so elegant wie die Luftschiffkabinen durfte es schon lange sein.

Neben der Geschwindigkeit zeichnete sich eine Reise im Luftschiff (mehr als doppelt so schnell wie ein Passagierschiff) insbesondere durch den Reisekomfort aus. Dieser Luxus wurde kontinuierlich gesteigert. Während sich bei frühen Luftschiffen und auch noch 1928 bei LZ 127 „Graf Zeppelin" die Fahrgasträume in einer am Schiffskiel aufgehängten Gondel befanden, wurden diese bei dem Mitte der 30er Jahre gebauten LZ 129 „Hindenburg" in das Schiffsinnere verlegt. Die dort liegenden 35 Fahrgastkabinen konnten es bereits mit den Erste-Klasse-Schlafwagenabteilen der Reichsbahn aufnehmen. Spätestens aber die im modernen Bauhausstil eingerichteten Speise- und Gesellschaftsräume und der dazu gehörende erstklassige Service, nebst erlesenen Speisen und Getränken, machten die Reise mit LZ 129 „Hindenburg" zum unvergesslichen Erlebnis. Auf zwei Decks verteilten sich an Bord von LZ 129 die Passagierkabinen und Sanitärräume, ein Speisesaal und eine Küche mit hervorragenden Köchen, ein Schreib- und Lesezimmer sowie ein Gesellschaftsraum mit einem schweinslederbezogenen Konzertflügel aus Aluminium für die musikalische Unterhaltung. Zum Speise- und Gesellschaftsraum gehörte jeweils ein Promenadendeck, von wo aus die kleine Schar betuchter Passagiere die langsam dahingleitende Landschaft aus wenigen hundert Metern Höhe bewunderte.

Brand- und Explosionsgefahr zum Trotz: Rauchsalon an Bord von LZ 129 „Hindenburg".

Aber auch schon bei LZ 127 „Graf Zeppelin", das bei Fertigstellung der Do X bereits ein Jahr in Dienst war, war den Planern die Schaffung eines geräumigen und gemütlichen Fahrgastbereichs gelungen. Die Flugschiffbauer mussten also dem Luxus an Bord der Zeppeline zumindest

Obwohl ähnlich wie in Zeppelin-Luftschiffen ein luxuriöser Rauchsalon mit Ledersesseln geschaffen worden war, durfte aus versicherungstechnischen Gründen an Bord der Do X nicht geraucht werden.

optisch eine ebenbürtige Ausstattung der Do X entgegensetzen.

Bei Dornier hielt man die Einrichtung eines Rauchsalons für unabdingbar. Zwar hatten die Do-X-Reisenden nicht wie die Passagiere der Luftschiffe Explosives über dem Kopf, doch saßen sie im Fluggastdeck über den Ausdünstungen der Benzintanks, und es mussten Brandschutzvorkehrungen getroffen werden. Aus versicherungstechnischen Gründen wurde an Bord der Do X dann doch nicht geraucht. Streichhölzer und Feuerzeuge waren vor Beginn der Reise abzugeben.

Geraucht werden durfte dagegen ab 1936 auf LZ 129 „Hindenburg“, wo die Passagiere vor Reiseantritt zwar auch Streichhölzer und Feuerzeuge abgeben mussten, aber ein als Bar ausgestalteter Raum eine Luftschleuse zum Rauchsalon bildete, in dem leichter Überdruck gewährleistete, dass auf keinen Fall explosives Wasserstofftraggas eindringen konnte.

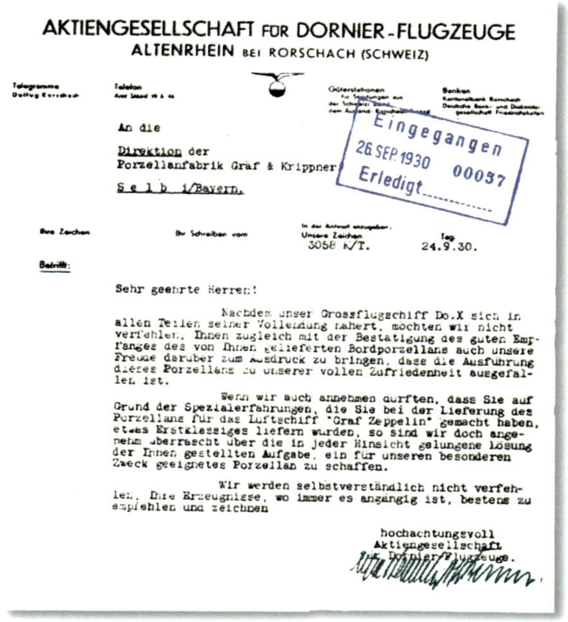

AKTIENGESELLSCHAFT FÜR DORNIER-FLUGZEUGE
ALTENRHEIN BEI RORSCHACH (SCHWEIZ)

Telegramme | Telefon | Güterstationen | Banken

An die

Direktion der
Porzellanfabrik Gräf & Krippner

Selb i/Bayern.

Eingegangen 26 SEP. 1930 00037 Erledigt

Ihre Zeichen | Ihr Schreiben vom | Unsere Zeichen 3058 K/T. | Tag 24.9.30.

Betrifft:

Sehr geehrte Herren!

Nachdem unser Grossflugschiff Do.X sich in allen Teilen seiner Vollendung nähert, möchten wir nicht verfehlen, Ihnen zugleich mit der Bestätigung des guten Empfanges des von Ihnen gelieferten Bordporzellans auch unsere Freude darüber zum Ausdruck zu bringen, dass die Ausführung dieses Porzellans zu unserer vollen Zufriedenheit ausgefallen ist.

Wenn wir auch annehmen durften, dass Sie auf Grund der Spezialerfahrungen, die Sie bei der Lieferung des Porzellans für das Luftschiff "Graf Zeppelin" gemacht haben, etwas Erstklassiges liefern würden, so sind wir doch angenehm überrascht über die in jeder Hinsicht gelungene Lösung der Ihnen gestellten Aufgabe, ein für unseren besonderen Zweck geeignetes Porzellan zu schaffen.

Wir werden selbstverständlich nicht verfehlen, Ihre Erzeugnisse, wo immer es angängig ist, bestens zu empfehlen und zeichnen

hochachtungsvoll
Aktiengesellschaft
für Dornier-Flugzeuge.

Dornier bedankt sich bei der Porzellanfabrik Gräf & Krippner in Selb für die „in jeder Hinsicht gelungene Lösung der ihr gestellten Aufgabe, ein für unsere besonderen Zwecke geeignetes Porzellan zu schaffen“.

Der bis heute in der Passagierluftfahrt nicht wieder erreichte Komfort und Luxus an Bord der Luftschiffe „Graf Zeppelin“ und „Hindenburg“ hatte seinen Preis. Mit 1.000 Mark entsprachen die Kosten für die 66 Stunden dauernde Fahrt über den Atlantik zwischen Frankfurt und New York dem halben Jahreslohn eines Luftschiffmaschinisten. Die Atlantiküberquerung in der Ersten Klasse eines Schnelldampfers war übrigens ebenso teuer.

EDLES GESCHIRR UND GLÄSER OHNE STIEL

Dornier ließ das Porzellan für die Do X nach den Entwürfen seines Bruders Marcel bei der der Porzellanfabrik Gräf & Krippner in Selb fertigen, die zuvor bereits das Geschirr für LZ 127 hergestellt hatte. In einem Dankesbrief von Dornier an die Direktion der Porzellanfabrik vom 24. September 1930 heißt es:

„Wenn wir auch annehmen durften, dass Sie auf Grund der Spezialerfahrungen, die Sie bei der Lieferung des Porzellans für das Luftschiff ‚Graf Zeppelin‘ gemacht haben, etwas Erstklassiges liefern würden, so sind wir doch angenehm überrascht über die in jeder Hinsicht gelungene

Porzellan aus dem Luftschiff „Graf Zeppelin“, hergestellt von Gräf & Krippner, wo später auch das von Marcel Dornier entworfene Geschirr für die Do X gefertigt wurde.

Eingedeckter Tisch mit Do-X-Essgeschirr und den markanten Kelchgläsern ohne Stiel, wie sie auch in den Passagierluftschiffen in Gebrauch waren. Servietten und Tischtuch waren farblich aufeinander abgestimmt.

Lösung der Ihnen gestellten Aufgabe, ein für unsere Zwecke geeignetes Porzellan zu schaffen.“ Die Lieferung des Bordporzellans musste erst kurz zuvor erfolgt sein, da der Brief in erster Linie den Empfang bestätigte.

Zur gleichen Zeit kamen auch die Trinkgläser an Bord, die sich, wie Fotos zeigen, durch eine Besonderheit auszeichneten. Die Weingläser hatten keinen bzw. einen ganz kurzen Stiel, ungewöhnlich für das Design und die Tischkultur der Zeit. Diese Gläser boten den Vorteil der erhöhten Standsicherheit, lösten aber auch ein Problem, das an Bord der Zeppelin-Luftschiffe aufgetreten war: Hohe Frequenzen der Motoren, vom Leichtmetallgerippe in jeden Winkel an Bord übertragen, ließen dünne Glasstiele zerbrechen. Kurzen Stielen konnten diese Schwingungen nichts anhaben. Der robuste Fahrgast nahm die Frequenzen übrigens gar nicht wahr.

Die Unterseite des Do-X-Geschirrs zeigt das Logo des Flugschiffs, das Signet der Manufaktur sowie einen Hinweis auf Marcel Dornier.

Während der deutschen Revolutionsunruhen 1918/19 bekam Claude Dornier, der gerade seine junge Frau durch die schlimme Grippeepidemie am Ende des Ersten Weltkriegs verloren hatte und mit zwei kleinen Jungen allein dastand, die Hilfe seines Bruders Marcel. Dieser konnte sich so ein wenig für die schützende Hand der letzten Jahre revanchieren. Marcel Dornier, Maler und Grafiker, der Jüngste der vier Dornier-Geschwister, musste seinem Bruder Maurice kurz vor dessen Tod 1932 versprechen, die Familiengeschichte aufzuzeichnen. Marcel hat sein Versprechen gehalten, und so sind viele Lebensdetails der Familie Dornier überliefert, die aufzuschreiben zum Beispiel Claude Dornier nie in den Sinn gekommen wäre.

Ganz im Stil des Art déco gestaltete Marcel Dornier das Bordporzellan nach dem Vorbild des luxuriösen Geschirrs der Zeppelin-Luftschiffe.

Auf eine noch unbeschwerte Kindheit Marcel Dorniers folgten harte Jugendjahre und eine eher frustrierende Ausbildungszeit zum „brotlosen Künstler“, was von Claude im Rahmen seiner Möglichkeiten gefördert wurde. Sein neues Wirkungsfeld beim Luftschiffbau Zeppelin brachte Bruder Claude den Aufstieg. „*Lern an der Münchner Akademie weiter!*“, sagte der stets Hilfsbereite zu

Marcel Dornier

– GRAFISCHE ENTWÜRFE FÜR DEN BRUDER –

„Halb verhungert suchte ich Zuflucht beim Bruder. Der Tod hatte ihm sein junges Weib geraubt. Kriegsende. Rückfluten der Armeen. Soldatenräte. Spartakusbund. Gewalttat. Nöte aller Art. Mit dämonischem Quirl wurde Deutschland von Süd bis Nord, von Ost bis West durcheinandergewirbelt.“

Sein erster Satz an dieser Stelle kann als Beschreibung der Jugendjahre von Marcel Dornier stehen. Geboren am 17. Juni 1893 besuchte er ab 1908 die Kunstgewerbeschulen in Zürich und Pforzheim, immer auf finanzielle Unterstützung angewiesen. Im Wintersemester 1913/14 begann er eine Ausbildung an der Akademie der bildenden Künste in München in der Klasse von Professor Peter Halm (1854–1923). Auf Grund seiner französischen Herkunft musste er die Akademie zu Beginn des Ersten Weltkriegs verlassen und wurde im Dezember 1914 verhaftet. Seine französische Staatsbürgerschaft reichte aus, um den Behörden suspekt zu erscheinen. Claude Dornier, der damals bereits die deutsche Staatsbürgerschaft und Beziehungen zum Grafen Zeppelin hatte, holte ihn nach drei Monaten aus dem Internierungslager Holzminden. Bis Kriegsende konnte er dann die Zeichen- und Malschule von Moritz Haymann in München besuchen, 1918 ging er zu seinem Bruder nach Friedrichshafen.

Ausgerechnet die technische Welt, mit gebrauchsgrafischen Arbeiten für die Dornier Metallbauten in Friedrichshafen und die Aktiengesellschaft für Dornier-Flugzeuge in Altenrhein, der sich die Motive seiner vorhergehenden und nachfolgenden Malerei verschlossen, sicherte Marcel Dornier sein Auskommen. Dieses Geld war umso wichtiger, als Marcel Dornier 1923 Margrit Eichenberger, die Kusine eines befreundeten Schweizer Kollegen, heiratete. Nach unbefriedigenden Wohnverhältnissen, die seine junge Frau bedrückten, sorgte Bruder Maurice für eine Wohnung in Langenargen, wo sie bis 1930 wohnten. *„Die Dachwohnung im Mauerhof war ein Traum! Margrit schuf am Seeufer ein entzückendes Gärtlein und für mich begann im Alter von 34 Jahren meine malerische Laufbahn. Ich trat in den Künstlerbund ‚Der Kreis‘ ein, dessen Signet ich entwarf, und beteiligte mich an den Ausstellungen rund um den Bodensee.“*

1930 endete dieser Lebensabschnitt: Marcel Dornier erahnte die heraufziehende Epoche des Dritten Reichs und emigrierte mit Margrit in die Schweiz. Die Stationen führten zunächst über Stein am Rhein und Braunwald, bis das Paar 1934 seinen endgültigen Wohnsitz gefunden hatte: In Uerikon am Zürichsee baute Marcel nach eigenen Plänen ein Wohnhaus mit Atelier. *„Nun, in der Mitte des Lebens, stand ich dem Sichtbaren gelöst gegenüber, befreit von germanischer Schwere. Luft, Licht, Farbe, Poesie suchte ich einzufangen.“* Über 50 Jahre künstlerischen Schaffens mit bemerkenswerten Erfolgen sollten ihm noch vergönnt sein, bis er drei Monate vor seinem 95. Geburtstag am 31. März 1988 als Letztes der Geschwister Dornier starb.

Der größte Teil des Do-X-Porzellans ging bereits vor der Überquerung des Atlantiks zu Bruch.

Marcel. „*Ich kann dir monatlich 80 Mark geben!*" Nicht viel, aber immerhin genug, um weiterzumachen. Später schrieb Marcel über sich: „*Die Ellbogen verstand ich nie zu benützen. Ich hielt mich immer still beiseite, vielleicht allzu still und beschaulich, und ließ das laute Leben an mir vorbeiziehen.*" Wer in den Lebenserinnerungen von Marcel Dornier „Palette meiner Jugend" liest, findet eine lakonische Sprache, aus der eine tiefe Abneigung gegen Großspurigkeit und Aufregung hervorgeht.

Signet der Aktiengesellschaft für Dornier-Flugzeuge (Do-Flug) in Altenrhein. Entwurf von Marcel Dornier und Kennzeichen am Bug der Do X.

Dornier – dieser Name wurde zum Markenzeichen in der internationalen Luftfahrtgeschichte. Sicherlich das alleinige Verdienst des neun Jahre älteren Bruders Claude, doch in geringem Umfang, aber prägnant, konnte sich Marcel Dornier in das entstehende große Räderwerk um seinen Bruder einbringen. Es waren nicht nur die Firmensignets der Dornier-Werke, sondern eine Vielzahl werbegrafischer Arbeiten, die der Künstler für das Unternehmen seines Bruders schuf.

Signet der Dornier Metallbauten GmbH, ebenfalls von Marcel Dornier entworfen.

Marcel Dornier beschreibt in seinen Lebenserinnerungen auch sein Tätigkeitsfeld: „*Reklamearbeiten und die Gestaltung von Passagierkabinen hielten mich von 1918 bis 1926 über Wasser. Die Kabinen des Flugbootes DELPHIN und der Landmaschine KOMET, die ich einrichtete, waren meines Wissens die ersten komfortablen Passagierkabinen der Luftfahrt. Das farbige Kleid der Flugzeuge, das Wohnlichmachen der Kabine, den Einbau der Sitze, die Behandlung der Wandung, von Fenstern, Türen und Bodenbelag, übertrug der Bruder mir. Es gab keinerlei Vorbilder! Jede Kleinigkeit machte zu schaffen, bald die Art der Befestigung, bald das Gewicht und die Wahl der Materialien. Diese Schwierigkeiten konnte ich nur in Zusammenarbeit mit Werksingenieuren bewältigen. Sie komplizierten sich, da der Geschmack des Bruders, wie auch der meine, häufig von den rein praktischen Erwägungen der Techniker abwich …*" Weiteren Einblick in Marcel Dorniers Lebenswerk gab die Ausstellung „Pioniere des industriellen Designs am Bodensee" im Zeppelin-Museum in Friedrichshafen im Herbst 2003.

Sämtliches Porzellan an Bord der Do X trug das von Marcel Dornier entworfene Signet.

Auch über die Einstellung seines Bruders zu ästhetischen Elementen seiner in erster Linie

Marcel Dornier entwarf unter anderem auch das Werbeplakat für Rund- und Streckenflüge am Bodensee mit dem Dornier Delphin.

technisch-funktionalen Produkte, sprich Flugzeuge, äußerte sich Marcel Dornier: „*In seinen letzten Jahren noch sagte mir mein Bruder – der Konstrukteur der Do X, des ersten Riesenflugschiffes –, er wäre lieber Architekt als Ingenieur geworden. Großvater Bucks Einwand, er habe kein Zeichentalent, habe ihn entmutigt. Ob Zeichentalent in des Großvaters Sinn ausschlaggebend für die Architektenlaufbahn gewesen wäre? Dem Bruder war ein ausgesprochener Schönheitssinn eigen. Häßliche Dinge wurden ihm zeitlebens zur Pein. Die neuen Hilfsstoffe Plastik, Bakelite, Cellophan, die holzersetzenden Bauplatten und dergleichen waren für ihn unannehmbar. Als Architekt hätte er sich dieser Dinge kaum erwehren können. Als Ingenieur behelligten sie ihn nicht. Was der Bruder gestaltete, gestaltete er echt und schön. Wobei ich zur Klärung der Begriffs bemerke: was Menschen die Jahrtausende vor uns als schön empfunden, und was Menschen allenthalben als kostbares Gut bewahrt haben, ist für mich ein Maßstab für Schönheit, mein Schönheitsbegriff, von*

Äußerlich bewusst international gab sich die Speise- und Getränkekarte an Bord der Do X. Neben zahlreichen Weinen wurde als einzige Speise eine „Kalte Platte“ angeboten, da mit Rücksicht auf den Stromverbrauch und die Platzverhältnisse an Bord nicht gekocht wurde.

dem die moderne Auffassung allerdings grell abweicht. In Marina di Pisa, als des Bruders Flugboot WAL beim Start sich vom Meer abhob, rief neben mir ein italienischer Ingenieur spontan: ‚Wie schön ist dieser Apparat!‘ Nicht die Flugtüchtigkeit beeindruckte ihn, den Techniker, in erster Linie, sondern die Schönheit der Maschine. Nicht nur die technische Form schuf der Bruder schön. Was er in seinem Haus und Garten gestaltete – häufig mit Widerstand der Sachkundigen – war stets dem unversnobten Auge angenehm, also schön.“

Sicherlich im Sinne seines Bruders und auch noch nicht im künstlerischen Zwiespalt mit eigenen Auffassungen gestaltete Marcel Dornier viele Werbemittel der Dornier-Firmen. Dem Zeitgeist entsprechend entwarf er Plakate, Anzeigenelemente, Signets und Interieurs für Dornier-Produkte im Stil der „Neuen Sachlichkeit“. Neben dem Do-X-Geschirr gehörten dazu auch weitere Teile der Ausstattung wie Tischdecken, Servietten, Briefpapier und anderes. Ob er auch auf die farbliche Gestaltung der Do-X-Inneneinrichtung Einfluss nahm, ließ sich nicht eindeutig klären, ist aber anzunehmen. Zumindest in der Planungsphase wird er mitgeredet haben.

Eine von Marcel Dornier gestaltete Titelseite der Zeitschrift „Flugzeug und Yacht“.

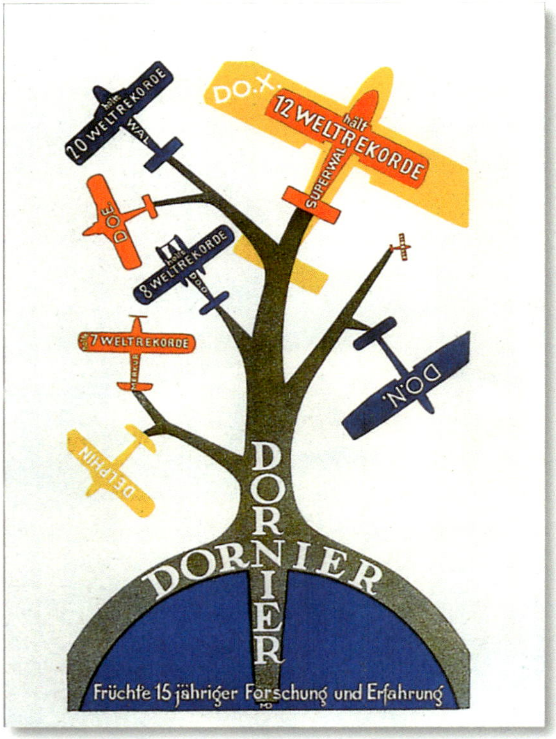

Stammbaum der Dornier-Flugzeuge mit WAL, SUPERWAL und Do X als „Spitzentriebe“. Gebrauchsgrafische Arbeit von Marcel Dornier.

Während die Einrichtung des Passagierdecks im Sommer und Herbst 1930 schließlich eingebaut wurde, war Marcel Dornier bereits unterwegs zu anderen Ufern. Die politische und gesellschaftliche Entwicklung in Deutschland missbilligend, zog er 1930 mit seiner Frau Margrit in die Schweiz, wo er sein Leben selbstbestimmt führen und seine künstlerische Schaffenskraft am Ufer des Zürichsees für mehr als 50 Jahre frei entfalten konnte.

MOTIVINTERMEZZO IM LUFTMEER

Seit dem Ersten Weltkrieg genoss der akademisch ausgebildete Kunstmaler Claus Bergen (1885–1964) in Marinekreisen einen hervorragenden Ruf. Seine großformatigen Gemälde der Seeschlacht vor dem Skagerrak und die Bilder seiner Feindfahrt mit dem Unterseeboot U 53 unter Kapitänleutnant Hans Rose machten ihn zu einem der renommiertesten deutschen Marinemaler der 1920er Jahre. Die leitenden Herren der Reklameabteilung des Norddeutschen Lloyd wussten im Jahr 1924 genau, warum sie gerade Claus Bergen und Felix Schwormstädt (1870–1938) gebeten hatten, die Jungfernfahrt ihres neuen Dampfers COLUMBUS mit Pinsel und Palette zu begleiten. Schwormstädt wusste die Menschen gekonnt in Szene zu setzen, für das Schiff und die See dagegen sollte Claus Bergen zuständig sein.

Eröffnung der Skagerrak-Ausstellung mit Gemälden von Claus Bergen in Kiel am 27. Mai 1936 (v. l. n. r.): Admiral Conrad Albrecht, Prof. Dr. Arthur Haseloff, Elisabeth Bergen, Admiral Dr. h.c. Erich Raeder und Claus Bergen.

Am 25. August 1925 bat der Gründer und Vorstandsvorsitzende des Deutschen Museums in München, Oskar von Miller (1855–1934), den Künstler zum Gespräch. Die neu gebaute Abteilung „Schifffahrt" des Museums sollte mit großformatigen Bildern aus der Geschichte der Seefahrt geschmückt werden. Der Auftrag, sich über insgesamt neun Ölgemälde für drei Nischen in der Abteilung Gedanken zu machen und danach die vorgesehenen Riesenformate von 4 x 6 Meter in einem provisorischen Atelier im Museum selbst umzusetzen, verschaffte Bergen Arbeit für ein gutes Jahr. Ein Motiv kannte er aus eigener Anschauung: den „Hafen von New York von Brooklyn aus gesehen". Ganz frisch waren seine Reiseerinnerungen an die COLUMBUS und das grandiose Einlaufen des Passagierdampfers in den New Yorker Hafen. Das war seinerzeit erst ein gutes Jahr her, und auf dem ersten Gemälde seines großen Seefahrtszyklus für das Deutsche Museum kam das Flaggschiff der Deutschen Handelsflotte zu Ehren. Für die Nische in der neuen Schiffbauhalle des Museums mit dem Thema „Verkehr und Handel" malte Bergen das monumentale Bild als Beispiel für die Neuzeit. Es hat noch heute in der Eingangshalle der Bibliothek des Deutschen Museums einen würdigen Platz.

„Der Hafen von New York von Brooklyn aus gesehen", Ölgemälde von Claus Bergen aus der Eingangshalle der Bibliothek des Deutschen Museums in München.

Junkers W 33 BREMEN bei der Erstüberquerung des Atlantiks in Ost-West-Richtung am 12. April 1928, Entwurf eines Gemäldes von Claus Bergen von 1931.

Zusammenfassend kann der Auftrag des Deutschen Museums, mit einem Honorar von

Claus Bergen malte bis 1930 vornehmlich Marinemotive wie hier die „Deutsche Flotte bei den Herbstmanövern 1928", ein Ölgemälde im großen Format, das seinerzeit an Reichsmarine-Admiral Hans Paul Zenker (1870–1932) verschenkt wurde, und das heute in der Marineschule der Bundesmarine in Mürwik zu sehen ist.

35.000 Reichsmark vergütet, als das größte Projekt angesehen werden, das Claus Bergen auf der Höhe seines künstlerischen Schaffens bewältigte.

Dann hielt ein Ereignis die Welt in Atem: Der Amerikaner Charles A. Lindbergh (1902–1974) überquerte am 21. Mai 1927 im Nonstopflug in 33 Stunden und 30 Minuten den Atlantik in West-Ost-Richtung. Er selbst und sein einmotoriges Flugzeug THE SPIRIT OF ST. LOUIS platzierten sich damit bis heute ganz oben auf der Liste hervorragender Pioniertaten der Luftfahrt. Ähnliches gilt für die erste Ost-West-Überquerung des Atlantiks durch Hermann Köhl, Günther Freiherr von Hünefeld und James C. Fitzmaurice mit ihrer einmotorigen Junkers W 33 BREMEN etwa ein Jahr später, am 12. April 1928.

Der Maler Claus Bergen war fasziniert von diesen Ereignissen und wandte sich nun Luftfahrtthemen zu. Besonders im Hinblick auf eine geplante Amerikareise mit einer wichtigen Ausstellung benötigte er amerikanische Motive. „Lindbergh" und „Bremen" nannte er seine Bearbeitungen des Geschehens in Öl auf Leinwand. Erstmalig präsentierte er die beiden Bilder in der traditionellen Münchner Kunstausstellung im Glaspalast ab dem 1. Juni 1928. Nach seiner Reise über den stürmischen Atlantik mit der Luxusyacht AMIDA Mitte April 1929 zeigte Bergen als „the best living Marine Painter of the European continent", wie ihn die Presse nannte, seine Flugpionierbilder vom 9. bis 30. Mai 1929 in den Gainsborough Galleries in New York City.

Bergen wollte aber auch wieder mit dem Deutschen Museum ins Geschäft kommen, und so animierte er das Museum, Gemälde mit diesen Motiven für die Abteilung „Flugwesen" anzuschaffen. Mit genauen Vorstellungen für die Platzierung der beiden großen Ölbilder wandte er sich in einem Brief vom 12. Februar 1931 an Oskar von Miller: *„Als Motiv für diese beiden Bilder habe ich mir die beiden technisch, wissenschaftlich und historisch wichtigen Überfliegungen durch Lindbergh und durch die ‚Bremen' vorgestellt ... Mit diesen beiden großen Seitenbildern würde diese repräsentative Wand der Flugabteilung einen eindrucksvollen Abschluss erhalten ... Wenn außerdem die an sich technisch wie wissenschaftlich hochwertige Leistung des Amerikaners und Abgottes des amerikanischen Volkes, Lindbergh, in einem großen Gemälde im Museum festgehalten wäre, würden sich möglicherweise manche amerikanischen Besucher und Freun-*

Anlässlich seines Besuches in Altenrhein im Herbst 1930 malte Claus Bergen dieses Bild, das die farbliche Gestaltung der Passagierkabine der Do X wiedergibt. So vornehm ging es an Bord des Flugschiffs jedoch nur selten zu.

Claus Bergen

– MARINEMALER AUF ABWEGEN –

Für den am 18. April 1885 geborenen und in München aufgewachsenen Claus Bergen waren Kunst und Künstlerschaft eine ganz unproblematische Sache. Er lernte in seinen Jugendjahren nichts anderes kennen. Als erster Sohn von Fritz Bergen (1857–1941), der populärer Maler und Illustrator der Kaiserzeit war, ergab sich für ihn ein geradliniger Weg zum Beruf des Kunstmalers. Mit genügend Talent versehen, genoss er eine hochkarätige akademische Kunstausbildung in München. Ungewöhnlich war lediglich seine Entscheidung für die Marinemalerei, die in Bayern nun nicht gerade ihre Hochburg hatte.

Erste berufliche Erfahrungen sammelte er als Illustrator für Karl Mays „Illustrierte Reiseerzählungen", die ab Dezember 1907 mit rund 450 Zeichnungen aus seiner Hand erschienen. Einen Namen machte er sich ab 1909 mit stimmungsvollen Bildern des englischen Fischerhafens Polperro an der Küste Cornwalls. Noch vor dem Ersten Weltkrieg verkauften sich Bergens englische Fischer, die auf Ausstellungen mit Goldmedaillen bedacht wurden, trotz hoher Preise sehr gut.

Bei der Rückkehr der Flotte von der Seeschlacht vor dem Skagerrak Ende Mai 1916 war Bergen zufällig in Wilhelmshaven. Er sprach als erster Marinemaler mit Besatzungsmitgliedern, empfand die Stimmung und sah „stolze" und zusammengeschossene Schiffe. Sein hervorragender Kontakt zu Admiral Franz von Hipper (1863–1932), dem Befehlshaber der Aufklärungsstreitkräfte, gab ihm die Möglichkeit, bei Übungen der Flotte mitzufahren, um so die entsprechende Optik für seine Studien zu erhalten. Claus Bergen gilt seitdem als der überragende Maler der bis heute größten artilleristisch geführten Seeschlacht. Weiterhin nahm er als einziger Marinemaler seiner Zeit an einer Feindfahrt mit U 53 unter Kapitänleutnant Hans Rose teil. Seine Bilder des U-Boot-Krieges sind stimmungsvolle Dokumente einer ganz besonderen Epoche des Seekriegs.

Für Marinemaler brachen nach dem Ersten Weltkrieg schwere Zeiten an. Claus Bergens künstlerische Qualität war jedoch so überzeugend, dass er mit bemerkenswerten Aufträgen versorgt wurde. Der Gemäldeauftrag über die Jungfernfahrt des Dampfers COLUMBUS gehörte genauso dazu wie die Ausstattung des erweiterten Deutschen Museums in München mit neun monumentalen Gemälden zur Schifffahrtsgeschichte. Sie brachten ihm nicht nur Ruhm, Ehre und Auszeichnungen ein, sondern auch finanzielle Vorteile, die sich im wirtschaftlichen Chaos der Weltwirtschaftskrise allerdings wieder verflüchtigten.

Weil sie durch Zufall im selben Haus in München aufwuchsen und die Begeisterung für die Fliegerei bekanntlich ansteckend ist, gründeten die Brüder Claus und Otto Bergen mit Ernst Udet und anderen Jungen den „Aero-Club München 1909". Otto Bergen fiel als Flieger im Ersten Weltkrieg, und von der luftfahrtgeschichtlichen Karriere Ernst Udets wird später noch die Rede sein. Claus Bergen hielt immer Kontakt zu seinem Freund „Erni", der ihm Anfang und Mitte der 30er Jahre den Weg zu den Spitzen der deutschen Luftfahrtindustrie ebnete. Bald zierten Bergens Gemälde die Repräsentationsbereiche der Flugzeugwerke und fanden als Illustrationen Verwendung. Im Schwerpunkt seines bildnerischen Gesamtwerks blieb Claus Bergen jedoch Marinemaler. Er starb am 4. Oktober 1964 an den Folgen einer Farbenvergiftung.

Das startbereite Flugschiff Dornier Do X auf dem Bodensee bei Altenrhein. Eine von Bergens Illustrationen für Velhagen & Klasings Monatshefte vom Dezember 1930.

de des Deutschen Museums auch zu nutzbringender Beteiligung im Interesse des Museums begeistern lassen. Für mich würde durch die Ausführung dieser Bilder ein längst gehegter Wunsch, für das Deutsche Museum wieder tätig sein zu dürfen, in Erfüllung gehen.“

Eigentlich hatte das Museum keine Möglichkeiten mitzuziehen, denn die chaotischen wirtschaftlichen Verhältnisse als Folge der Weltwirtschaftskrise ließen keinen Spielraum für Anschaffungen dieser Art, so gerne man auch gewollt hätte. Erst im Dezember 1931 ergab sich für Bergen ein Auftrag, nachdem die Deutsche Luft Hansa AG und die Junkers Flugzeugwerke AG dem Museum gemeinsam 1.500 Reichsmark zur Verfügung gestellt hatten. Als Motive für die Gemälde im Format 2,5 x 3,5 Meter wünschte sich das Museum jedoch lediglich eine Atlantiküberquerung und als zweites Thema den ersten Flug über die Alpen. Bergens Honorarvorstellungen von 4.000 Reichsmark ließen sich in der Zeit schlimmster wirtschaftlicher Depression nicht verwirklichen. In dem folgenden Hickhack um die zwei abgelieferten Ölgemälde für die Luftfahrtabteilung, bei dem es um Honorarforderungen, Stiftungsanteile, Werbestrategien, Abliefertermine und reichlich Ärger ging, verbrauchte sich das zweckbezogene, aber sonst gute Verhältnis zwischen dem Künstler und dem Deutschen Museum.

Dem malenden Chronisten der Seeschlacht vor dem Skagerrak war es in den 1920er Jahren im Gegensatz zu vielen seiner Marinemalerkollegen finanziell noch gut gegangen. Doch die Auswirkungen der Weltwirtschaftskrise nagten ab 1930 an der finanziellen Substanz des Ehepaars Bergen. Bilder aus seinem Atelier fanden kaum Käufer, schon gar nicht zu seinen gewohnt hohen Preisen.

Ein größerer Auftrag des Verlages von Velhagen & Klasing kam dem Maler in dieser Situation gerade recht. Für die bekannten Monatshefte des Verlages sollte er im Herbst 1930 einige Aufträge erhalten, denn nach der Umrüstung auf zwölf wassergekühlte Conqueror-Motoren von Curtiss und dem kompletten Einbau der Einrichtung für das Passagierdeck stand der Termin für den Überführungsflug der Do X fest. Auf einer Etappe in Europa würde Paul Oskar Höcker (1865–1944), Mitarbeiter des Verlages von Velhagen & Klasing und Bekannter von Do-X-Kapitän Friedrich Christiansen, an Bord sein, und für Höckers Text benötigte die Redaktion in Berlin Illustrationen, die das Flugschiff von innen und außen zeigten.

Blick durchs Bullauge der Do X. Inneneinrichtung des Flugschiffs mit Elisabeth Bergen als dekorativem „Modell“.

Da Bergen für die Berliner in den Jahren davor schon einige Aufträge bearbeitet hatte, ließ man ihn von München nach Altenrhein reisen, um notwendige Skizzen und Farbimpressionen vor Ort anzufertigen. Besonders seine farbigen Temperabilder der Inneneinrichtung sind einmalig, da es sonst von dem Interieur der Do X nur schwarz-weiße Fotoabzüge gibt. In Altenrhein traf Claus Bergen auch auf Mitarbeiter der Möbelfabrik J. Keller & Co. aus Zürich, die für die Dornier Metallbauten GmbH die Inneneinrichtung des Flugschiffs entwarfen und bauten. Man interessierte sich füreinander, und so konnte der umtriebige Künstler seine Illustrationen zugleich für Reklameanzeigen der Firma J. Keller & Co. verkaufen.

Illustration von Claus Bergen. Rauchsalon der Do X mit lederbezogenen Sesseln und Blick auf die reich bestückte Bar im Bug des Flugschiffs.

Fünf Tempera-Illustrationen erschienen als Farbdrucke in der Dezemberausgabe des Jahres 1930 in Velhagen & Klasings Monatsheften. Nach der Verwertung zu Beginn der 1930er Jahre verschwanden die auf Hartfaserplatten gemalten Originale in den Größen 35 x 40 cm und 37 x 49 cm in einer Mappe mit der Aufschrift „Dornier" im Archiv des Künstlers und gelangten erst nach seinem Tod im Jahr 1964 mit seinem Nachlass wieder an das Licht der Öffentlichkeit. Heute werden acht Originale von Bergen zum Thema Do X in einem provisorischen Kunstlager auf dem Bauhof der Gemeinde Lenggries in Oberbayern aufbewahrt und sind öffentlich nicht zugänglich.

Vier Abteile im vorderen Bereich des Passagierdecks konnten zu Schlafkabinen umgebaut werden.

Etwas besser erging es dem bekanntesten Do-X-Gemälde des Malers. Es zeigt das Flugschiff beim Überfliegen eines Schnelldampfers à la COLUMBUS auf dem Atlantik. Übrigens eine Begegnung, die es in der Realität nie gegeben hat. „*Dem Flugschiff gehört die Zukunft*" betitelte die Leipziger „Illustrirte Zeitung" ihre bei Bergen als Kunstdruckblatt in Auftrag gegebene vierfarbige Panoramaseite. Das Motiv erfreute sich seinerzeit großer Beliebtheit, und so war es auch in den beiden Sonderveröffentlichungen der Schweizer AERO REVUE zur Do X von 1931 und 1932 abgedruckt. Bergen betitelte das 72 x 102 cm große Temperabild auf Malpappe wesentlich pragmatischer: „*Do X im Flug über den Atlantic*" hieß es bei ihm. Als Nr. 161 gehört es zu den 559 Exponaten seines Nachlasses, die nach dem Tod von Elisabeth Bergen in den Besitz der Gemeinde Lenggries übergingen. Wer sich das Gemälde heute ansehen möchte, muss nach Bremerhaven fahren. Es hängt dort als Dauerleihgabe der bayerischen Gemeinde neben dem Riesenmodell des Schnelldampfers BREMEN im Bereich „Schifffahrt des Industriezeitalters" im Deutschen Schifffahrtsmuseum.

Für die Leipziger „Illustrirte Zeitung" malte Claus Bergen 1930 dieses Motiv in Tempera im Format 72 x 102 cm. Es zeigt das Flugschiff beim Überfliegen eines Schnelldampfers auf dem Atlantik. Heute hängt das Bild als Dauerleihgabe der Gemeinde Lenggries im Deutschen Schifffahrtsmuseum in Bremerhaven.

Vater Fitz Bergen malte Claus Bergens Bruder Otto als „Ernsthaften Aviatiker des Münchener Aero-Clubs 1909“ mit filigranem Flugzeugmodell im Jahr 1910.

Theresienhöhe 3d, Erdgeschoss rechts. Unter dieser Münchner Adresse wohnte der Kunstmaler und Illustrator Fritz Bergen mit seiner Familie von 1898 bis 1909. Und noch ein Name auf dem Klingelschild des Hauses sollte in der ersten Hälfte des 20. Jahrhunderts Furore machen: „Udet“ stand da kurz und knapp.

Claus Bergens jüngster Bruder Otto Bergen (1896–1917) und Ernst Udet (1896–1941) waren gleichaltrig und dicke Freunde. Otto Bergen hatte ebenfalls großes künstlerisches Talent, und auch über die lustigen Zeichnungen und Karikaturen ihres gemeinsamen Freundes „Ernie“ wird heute noch gelegentlich berichtet. Zusammen mit anderen Jugendlichen gründeten die drei Freunde den „Aero-Club München 1909“. Im Gegensatz zu seinem in Frankreich am 26. September 1917 gefallenen Bruder Otto blieb Claus Bergen im wahrsten Sinn des Wortes auf dem Boden, obwohl auch er zu den „Aviatikern“ des Aero-Clubs gehörte. Die Faszination des Fliegens, die in den Jahren vor dem Ersten Weltkrieg mit Zeppelinen und zerbrechlichen Flugapparaten am Himmel eine ganze Jungengeneration in Schwärmerei versetzte, berührte den 24-jährigen Bergen 1909 nicht so intensiv wie seine jüngeren Freunde. Er war schon in den Alltag eines Kunstmalers eingebunden und hatte reichlich Aufträge abzuwickeln.

Ernst Udet als Fliegervizekommodore des Deutschen Luftsportverbandes, Tarnorganisation der späteren Luftwaffe. Gemälde von Erich Cleff dem Jüngeren aus dem Jahr 1934.

Eine besondere „Flug Post“ von Ernst Udet dürfte ihn dennoch gefreut haben. Udet hatte im Frühjahr 1915 als Flugzeugmeister Piloten auszubilden, und bei einem Schulungsflug warf er seine Grüße an Claus Bergen in einem festen Briefumschlag einfach über Bord. Er hatte sie kurzerhand auf einen Streifen Diagrammpapier aus dem Höhenschreiber seiner Maschine notiert.

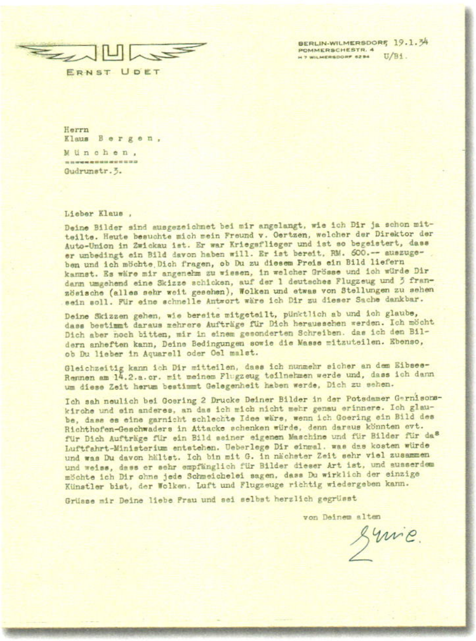

ERNST UDET

BERLIN-WILMERSDORF 19.1.34
POMMERSCHESTR. 4
H 7 WILMERSDORF 6294 U/Bi.

Herrn
Klaus B e r g e n ,
M ü n c h e n ,
Gudrunstr.3.

Lieber Klaus ,

Deine Bilder sind ausgezeichnet bei mir angelangt, wie ich Dir ja schon mitteilte. Heute besuchte mich mein Freund v. Oertzen, welcher der Direktor der Auto-Union in Zwickau ist. Er war Kriegsflieger und ist so begeistert, dass er unbedingt ein Bild davon haben will. Er ist bereit, RM. 600.-- auszugeben und ich möchte Dich fragen, ob Du zu diesem Preis ein Bild liefern kannst. Es wäre mir angenehm zu wissen, in welcher Grösse und ich würde Dir dann umgehend eine Skizze schicken, auf der 1 deutsches Flugzeug und 3 französische (alles sehr weit gesehen), Wolken und etwas von Stellungen zu sehen sein soll. Für eine schnelle Antwort wäre ich Dir zu dieser Sache dankbar.

Deine Skizzen gehen, wie bereits mitgeteilt, pünktlich ab und ich glaube, dass bestimmt daraus mehrere Aufträge für Dich heraussehen werden. Ich möcht Dich aber noch bitten, mir in einem gesonderten Schreiben, das ich den Bildern anheften kann, Deine Bedingungen sowie die Masse mitzuteilen. Ebenso, ob Du lieber in Aquarell oder Oel malst.

Gleichzeitig kann ich Dir mitteilen, dass ich nunmehr sicher an dem Eibsee-Rennen am 14.2.a.cr. mit meinem Flugzeug teilnehmen werde und, dass ich dann um diese Zeit herum bestimmt Gelegenheit haben werde, Dich zu sehen.

Ich sah neulich bei Goering 2 Drucke Deiner Bilder in der Potsdamer Garnisonskirche und ein anderes, an das ich mich nicht mehr genau erinnere. Ich glaube, dass es eine garnicht schlechte Idee wäre, wenn ich Goering ein Bild des Richthofen-Geschwaders in Attacke schenken würde, denn daraus könnten evt. für Dich Aufträge für ein Bild seiner eigenen Maschine und für Bilder für das Luftfahrt-Ministerium entstehen. Ueberlege Dir einmal, was das kosten würde und was Du davon hältst. Ich bin mit G. in nächster Zeit sehr viel zusammen und weiss, dass er sehr empfänglich für Bilder dieser Art ist, und ausserdem möchte ich Dir ohne jede Schmeichelei sagen, dass Du wirklich der einzige Künstler bist, der Wolken, Luft und Flugzeuge richtig wiedergeben kann.

Grüsse mir Deine liebe Frau und sei selbst herzlich gegrüsst

von Deinem alten

Ernie.

Brief an Claus Bergen von seinem getreuen Freund „Ernie“, Ernst Udet, vom Januar 1934.

Diesem brieflichen Spaß folgte in den 1930er Jahren wesentlich ernsthaftere Korrespondenz. Sicherlich haben die beiden Freunde ihren jeweiligen Werdegang mit viel Aufmerksamkeit beobachtet. Anfang des Jahres 1934 schrieb Bergen einen langen Brief an seinen Freund „Ernie“ und schickte ihm zur Ansicht einige Skizzen und Bilder mit Luftkriegsmotiven aus dem Ersten Weltkrieg. Udet war begeistert und antwortete am 19. Januar 1934: „*Heute besuchte mich mein Freund von Oertzen, welcher der Direktor der Auto-Union in Zwickau ist. Er war Kriegsflieger und ist so begeistert, daß er unbedingt ein Bild davon haben will. Er ist bereit 600 Reichsmark auszugeben.*“ Weiter unten wird es interessant, denn Ernst Udet führt aus: „*Ich sah neulich bei Göring zwei Drucke Deiner Bilder in der Potsdamer Garnisonskirche und ein anderes, an das ich mich nicht*

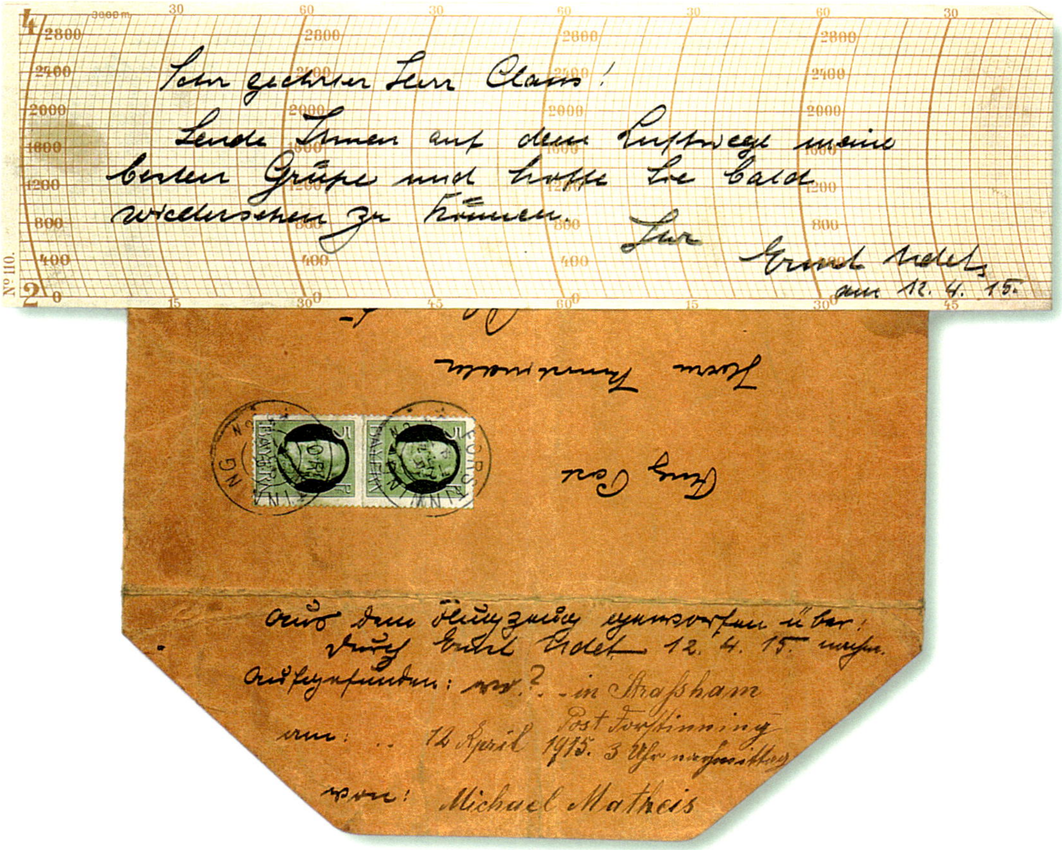
Sehr geehrter Herr Claus!
Sende Ihnen auf dem Luftwege meine besten Grüße und hoffe Sie bald wiedersehen zu können.
Ihr Ernst Udet
am 12. 4. 15.

Besondere „Flug Post" von Ernst Udet an Claus Bergen auf einem Diagrammblatt. Am 12. April 1915 aus dem Flugzeug geworfen und am Boden korrekt weiterbefördert.

Auf der Klappe des mit 2 x 5 Pf. (Bayern) frankierten Umschlages vermerkte Udet: „aus dem Flugzeug geworfen ... durch Ernst Udet 12. 4. 15 nachm.". Udet hatte auch eine Art Fragebogen entworfen, den der Finder des Abwurfbriefes ausfüllte: „Aufgefunden: wo? in Straßham, Post Forstinning, am: 12. April 1915. 3 Uhr nachmittags, von: Michael Matheis".

Im Brief teilt Udet Bergen lediglich mit: „Sehr geehrter Herr Claus! Sende Ihnen auf dem Luftwege meine besten Grüße und hoffe Sie bald wiedersehen zu können. Ihr Ernst Udet am 12. 4. 15."

Die heute kurios anmutende Art der Postbeförderung durch Abwurf und Weiterleitung war in den Anfangsjahren der Fliegerei nicht ungewöhnlich. Aus den Zeppelinen wurden sogar eigens angefertigte und besonders gekennzeichnete Postbeutel abgeworfen, denen als Anreiz für die Ehrlichkeit des Finders ein Findergeld beigefügt war. Der Postabwurf ist auch eine Art der Postbeförderung, die auf dem Europaflug der Do X im Spätherbst 1930 eine Rolle spielte.

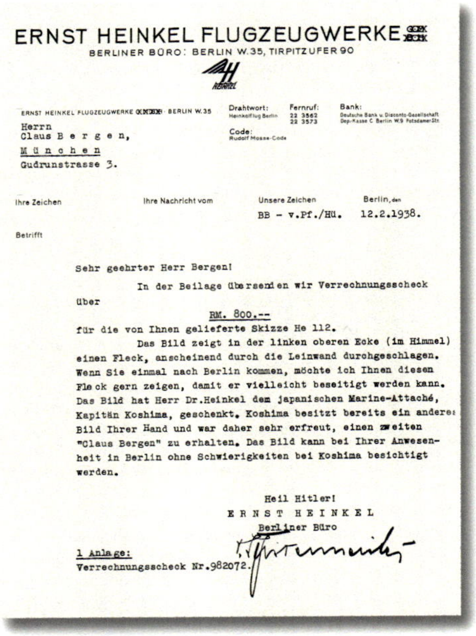

ERNST HEINKEL FLUGZEUGWERKE

BERLINER BÜRO: BERLIN W.35, TIRPITZUFER 90

ERNST HEINKEL FLUGZEUGWERKE · BERLIN W.35

Drahtwort: Heinkelflug Berlin

Fernruf: 22 3562, 22 3573

Bank: Deutsche Bank u. Disconto-Gesellschaft Dep.-Kasse C Berlin W.9 Potsdamer Str.

Code: Rudolf Mosse-Code

Herrn
Claus B e r g e n,
M ü n c h e n
Gudrunstrasse 3.

Ihre Zeichen	Ihre Nachricht vom	Unsere Zeichen	Berlin, den
		BB - v.Pf./Hü.	12.2.1938.

Betrifft

Sehr geehrter Herr Bergen!

In der Beilage übersenden wir Verrechnungsscheck über

RM. 800.--

für die von Ihnen gelieferte Skizze He 112.

Das Bild zeigt in der linken oberen Ecke (im Himmel) einen Fleck, anscheinend durch die Leinwand durchgeschlagen. Wenn Sie einmal nach Berlin kommen, möchte ich Ihnen diesen Fleck gern zeigen, damit er vielleicht beseitigt werden kann. Das Bild hat Herr Dr.Heinkel dem japanischen Marine-Attaché, Kapitän Koshima, geschenkt. Koshima besitzt bereits ein anderes Bild Ihrer Hand und war daher sehr erfreut, einen zweiten "Claus Bergen" zu erhalten. Das Bild kann bei Ihrer Anwesenheit in Berlin ohne Schwierigkeiten bei Koshima besichtigt werden.

Heil Hitler!
E R N S T H E I N K E L
Berliner Büro

1 Anlage:
Verrechnungsscheck Nr.982072.

Ernst Heinkel verschenkte Gemälde von Claus Bergen an den japanischen Marine-Attaché in Berlin, Kapitän zur See Koshima.

mehr genau erinnere. Ich glaube, daß es eine gar nicht schlechte Idee wäre, wenn ich Göring ein Bild des Richthofen-Geschwaders in Attacke schenken würde, denn daraus könnten evt. für Dich Aufträge für ein Bild seiner eigenen Maschine und für Bilder für das Luftfahrtministerium entstehen. Überlege Dir einmal was das kosten würde und was Du davon hältst. Ich bin mit G. in nächster Zeit sehr viel zusammen und weiß, daß er sehr empfänglich für Bilder dieser Art ist, und außerdem möchte ich Dir ohne jede Schmeichelei sagen, daß Du wirklich der einzige Künstler bist, der Wolken, Luft und Flugzeuge richtig wiedergeben kann.“

Mit der Protektion von Ernst Udet startete Claus Bergen danach eine besondere Motivphase in seinem künstlerischen Schaffen. Er ging mit seinen Motiven zunehmend über und unter die Wolkengrenze und konnte damit neue Auftraggeber in der aufstrebenden deutschen Luftfahrt gewinnen. Neben Hermann Göring und den offiziellen Stellen im Reichsluftfahrtministerium gehörten dazu vor allem die Mitglieder des Reichsverbandes der Deutschen Luftfahrt-Industrie und hier besonders die Flugzeugwerke von Ernst Heinkel (1888–1959) und Claude Dornier. Immer häufiger zierten Bergen-Gemälde die Repräsentationsbereiche der Flugzeugwerke.

BEKLEIDUNG DER DO-X-BESATZUNG

In den zivilen Lebensbereichen gab es Ende der zwanziger Jahre noch keine „Uniformierungssucht“, wie sie ab 1933 in Deutschland zu beobachten war. Uniformen wurden lediglich beim Militär, der Reichswehr sowie von verschiedenen Dienstgraden der Polizei getragen. Im Unterschied dazu statteten Reichsbahn und -post sowie die Reedereien der Handelsmarine ihre Mitarbeiter mit Dienstkleidung aus, und zwar nur diejenigen, die im direkten Kontakt mit der Öffentlichkeit standen. Das Feldgrau des Reichsheeres ausgenommen, dominierte im Uniformen- und Bekleidungsbild dunkelblaues Tuch. Da nur die relativ preiswerte dunkelblaue Farbe die frühen, grob gewebten Militärtuche durchfärben konnte, hatte sich diese Farbe aus preußischer Sparsamkeit zur Tradition entwickelt. Zum anderen erfreute sich Dunkelblau wegen seiner Schmutzunempfindlichkeit und der ansprechenden Optik, kombiniert mit goldenen oder silbernen Zierelementen, besonderer Beliebtheit für alles, was mit Wasser und See zu tun hatte – Marineblau eben.

Das Dornier-Mützenabzeichen war eine goldene Handstickerei, 10,3 cm lang und 4,6 cm hoch, auf schwarzer Tuchunterlage. Es zeigt einen Anker mit Dornier-Schriftzug hinter einer Erdkugel, davor zwei stilisierte Schwingen und hatte seinen Platz auf dem Besatz- oder Randstreifen der Mützen, gelegentlich auch als Brustabzeichen auf dem Jackett.

Tradition und See, zwei Elemente, mit denen die damals neue und moderne Fliegerei wenig anzufangen wusste. Das eine hatte sie nicht, und mit dem anderen

Ein Teil der Besatzung vor ihrem Flugschiff in Altenrhein im Oktober 1930 vor Beginn des „Überführungsfluges" in die USA. Die Mischung aus korrekter Dienstkleidung, funktionalem Arbeitsanzug und „Räuberzivil" blieb bis zum Deutschlandflug 1932 typisch für die noch individuelle Einstellung der Besatzungsmitglieder zum Thema Bekleidung. Das Foto zeigt von links nach rechts einen der Wissenschaftler der DVL-Abnahmekommission, Wilhelm Niemann, Otto Eitel, Maurice Dornier, einen unbekannten Dorniermitarbeiter, Friedrich Christiansen, Henry Kiel, Horst Merz, Clarence Schildhauer und Ernst Brombeis.

kam man tunlichst selten in Berührung. Also löste sich die technologische Avantgarde der Zeit, als die sich Flieger gern sahen, vom Althergebrachten und wählte Grau als Grundton ihrer Bekleidung. Die erste Dienstkleidung der Luft Hansa war grau, die des Deutschen Luftsportverbandes (DLV) war blaugrau, und dies sollte so bleiben.

Weil der mächtige militärische Fliegerapparat des nationalsozialistischen Deutschland, neben Heer und Kriegsmarine neuer dritter Wehrmachtsteil, die blaugraue Farbe für sich in Anspruch nahm, mussten die Luft Hansa und zivile Flieger wieder mit Marineblau vorlieb nehmen – übrigens bis heute. Die Firma Dornier hatte mit dem Farbenspiel kein Problem. Flugboote und -schiffe, seemännisch geführt, erforderten wie selbstverständlich marineblaue Bekleidung mit goldfarbenen Abzeichen.

Alle Besatzungsmitglieder der Do X würden bei ihren Reisen ins Ausland und in Deutschland mehr oder weniger im Rampenlicht der Öffentlichkeit stehen. Dafür erhielten sie in der Erstausstattung einen Ausgeh-, einen Dienst- und einen Arbeitsanzug. Zur marineblauen Schirmmütze in Tellerform gehörten ein zweireihig geknöpftes Jackett mit schwarzen Backelitknöpfen und gleichfarbige lange Hosen sowie schwarzes Schuhwerk. Weißes Hemd mit Querbinder und Jackett mit goldenem Dornierabzeichen auf der linken Brustseite (heraldisch) machten den Unterschied zwischen Ausgeh- bzw. Gesellschaftsanzug und dem Dienstanzug deutlich. Kennzeichen des Dienstanzuges blieb der schwarze Langbinder. Offenbar durfte das Dornier-Abzeichen nur im Ausland am Jackett getragen werden, denn beim Deutschlandflug 1932 trug die Besatzung keine Abzeichen am Jackett. Auch wollte man einer Verwechslung mit dem Pilotenabzeichen der Luft Hansa entgegenwirken.

In den Sommermonaten trugen die Offiziere neben dem weißen Leinenbezug der Dienstmütze auch weiße Leinenhosen zum Ausgehanzug.

Der Arbeitsanzug, ein hellbrauner Overall, kam in erster Linie beim technischen Personal des Flugschiffs zum Einsatz. Die Monteure, von denen jeder für eine Gondel mit zwei Motoren zuständig war, trugen zu besonderen Anlässen waschbare Dienstanzüge aus Leinen im klassischen Herrenschnitt.

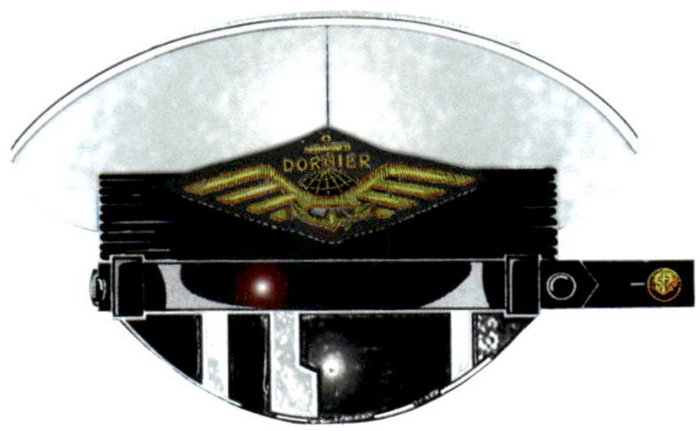

Die Schirmmütze mit weißem Deckelbezug aus Leinen konnte während der Sommermonate von April bis September getragen werden. Neben einer Biese trug sie einen Besatzstreifen aus Mohairstrick und einen schwarzen Lacklederriemen, besetzt mit goldenen Ankerknöpfen über dem schwarzen Mützenschirm.

Die Besatzung der Do X in Mannheim im Herbst 1932 (von links nach rechts): Niemann, Dorsch, Baur, Schmid, Jäger, Fischer, Christiansen, Keil, Merz, Uhland, Brombeis (mit Fliege), Sönnichsen, Dabernig, Brewton und Siller.

Das Dornierabzeichen bestand aus einem Anker mit Dornierschriftzug und einer stilisierten Erdkugel, gerahmt von einem großen Paar Vogelschwingen. Ob jemand das Abzeichen eigens für Do-X-Flüge kreierte, lässt sich nicht mehr feststellen. Die goldene Handstickerei auf schwarzem Tuch, 10,3 cm lang und 4,6 cm hoch, wurde auf den Mützenrand aufgenäht.

Ursprünglich gehörte zur Schirmmütze, im nach der kreisrunden Form des Deckels benannten Tellermützenschnitt, ein versteifender Mützendraht im Mützendeckel. Aber den deutschen Fliegern „sprang schnell der Draht aus der Mütze“. Im Gegensatz zu ihren angloamerikanischen Kameraden, die die steife, drahtverstärkte Schirmmützenmode bis heute pflegen, konnte den Deutschen der Mützendeckel nicht weich genug sein. Je zerknautschter, desto schicker. Auch bei der Do-X-Besatzung sind diesbezüglich feine Unterschiede zu beobachten.

Kommandant Friedrich Christiansen mit der typischen dunkelblauen Dienstmütze. Durch Herausnehmen des Mützendrahts, der den Deckel spannte, bekam die Mütze einen weichen Rand, der besonders unter den deutschen Fliegern als schick galt.

Flugschiffkommandant Friedrich Christiansen führte auf seinem neuen „Dampfer“ ein ihm selbstverständliches Regiment, das nicht bei allen Besatzungsmitgliedern gut ankam. Zum strengen Wachdienst nach Seefahrermanier kam eine ungeschriebene Kleiderordnung, und wer sich nicht daran hielt, bekam seine Versäumnisse vorgehalten. Denn „Krischan“, wie ihn seine Leute respektvoll unter sich nannten, konnte auch ziemlich laut werden.

Etwas freier legte Clarence Schildhauer diese Vorschriften aus. Für ihn sollte Mütze mit „Räuberzivil“ genügen. Im Gegensatz dazu präsentierte sich Monteur Ernst Brombeis besonders schick. Mit seiner sehr amerikanischen Tellermütze und Fliege zu allen passenden oder unpassenden Gelegenheiten ist er unschwer auf den zeitgenössischen Gruppenfotos der Besatzung zu identifizieren.

Auf ihrer Etappe in Spanien schenkte man der Besatzung traditionelle Baskenmützen, die mit dem Dornier-Mützenabzeichen benäht auch gern getragen wurden.

Während längerer Aufenthalte an der afrikanischen Ostküste versorgten sich einige Besatzungsmitglieder vor Ort mit Tropenhelmen, die natürlich nicht zum Ausrüstungssoll des Flugschiffs gehörten. Gleiches galt für die sehr beliebten schwarzen Baskenmützen, die spanisches, sprich internationales Flair auf dem Flugschiff verbreiteten.

Zeitdokument

Für eine Münchner Brauerei posieren Kapitän Christiansen (Mitte) und Offizier Niemann (rechts) sowie ein englischer Gast an Bord des Flugschiffs mit einem „erfrischenden Trunk".

Do-X-Kommandant Friedrich Christiansen und die Flugkapitäne Truckenbrodt (Bodensee Aero-Lloyd), Horst Merz und Clarence Schildhauer setzen sich hier mit „Schifferklavier" in Szene.

DORNIER

Ein Schiff fliegt in die Welt – Reise mit Hindernissen

Vorbereitungen zur Europareise

Der Flug beginnt

Begeisterung in Amsterdam

Horst Merz – Flugzeugführer der Do X

Aufenthalt der Do X in England

Geschirropfer auf der Gironde

Tragflächenbrand in Lissabon

Cramer von Clausbruch – Seeflieger als Helfer in der Not

Paul Berner – Reiseorganisator mit starken Nerven

Über 20 Fehlstarts in Bubaque

Gelungener Überflug

Kompetenzfragen in Rio

Finanzprobleme

Fritz W. Hammer – Kommandant mit Südamerika-Erfahrung

Unterwegs nach New York

Maurice Dornier – Bewahrer der Bruder-Interessen

Hunger und Leben auf Pump

Hoffen auf Charterverträge

Antonie Straßmann – Brote schmieren und Kaffee kochen

Rückflug nach Deutschland

Reiseeindrücke der Besatzung

Euphorischer Empfang in Berlin

Kapitel 3

VORBEREITUNGEN ZUR EUROPAREISE

Das offizielle Leben der Do X 1 beginnt. Mit frisch aufgemalten Kennzeichen „D-1929" wird Werk-Nr. Doflug 1 Ende Oktober 1930 in Altenrhein aus der Halle geschoben. Eigentümerin ist jetzt die DVL e.V. Berlin-Adlershof oder einfacher gesagt das Deutsche Reich.

„Am 7. September 1930 um 17.00 Uhr traf ich in Friedrichshafen ein und meldete mich durch unsere Agentur, Herrn Gerhard, bei den Dornier Metallbauten in Manzell telefonisch an. Von Herrn Maurice Dornier bekam ich Anweisung, am 8. September vormittags nach Altenrhein zu fahren und mich bei Herrn Kapitän Christiansen an Bord des Do X vorzustellen."

Mit diesen Worten beginnt der „1. Bericht des Navigationsoffiziers Niemann zum Überführungsflug Do X". Als Schiffsoffizier in Diensten der Hamburg-Amerika-Linie (HAL), besser als Hapag bekannt, war Wilhelm Niemann an Dornier ausgeliehen worden. Auf der Suche nach qualifizierten Männern für die Schiffsführung des Flugschiffs hatte sich Claude Dornier 1929 an die Deutsche Verkehrsfliegerschule (DVS) in Warnemünde und deren Leiter Wolfgang von Gronau (1893–1977) gewandt. Dornier suchte Führungspersonal mit fundierten seemännischen und fliegerischen Erfahrungen – keine Draufgänger und Abenteurer, sondern Praktiker und Erprober.

Als Erstes fragte er von Gronau selbst, ob er das Kommando der Do X übernehmen würde. Eine reizvolle Aufgabe, doch von Gronau befand sich in den von ihm geheim gehaltenen Vorbereitungen für seine Nordatlantiküberquerung mit einem WAL-Flugboot, die er bereits für den Herbst 1929 plante. Er lehnte ab und bot im gleichen Zuge den Leiter seiner Navigationsabteilung als Ersten Offizier an: *„Mit Niemann bekommen Sie einen exzellenten Nautiker mit speziellen Flug- und Funkerfahrungen sowie hervorragenden menschlichen Qualitäten. Wir haben ihn zwar nur von der Luftfahrtabteilung der Hamburg-Amerika-Linie ausgeliehen, aber die werden schon mitspielen. Wilhelm Niemann ist ein wirklich guter Offizier für ihre Flugschiffsbesatzung."* Dornier arrangierte sich mit den Hamburgern, und für Niemann zeichnete sich ein neues Betätigungsfeld ab. Durch den zeitlich eingeschobenen Motorenwechsel des Flugschiffs im Frühjahr 1930 verzögerte sich die geplante Phase der Do-X-Vorführflüge in Europa, und bevor Wilhelm Niemann seinen Dienst in Altenrhein antrat, fuhr er noch einen Südamerikatörn als Erster Offizier auf dem Hapag-Dampfer HOHENSTEIN.

Auch wenn Wolfgang von Gronau 1930 das Angebot ausschlug, die Do X zu führen, sollte er unter anderem durch seinen Weltflug im Jahre 1932 zu Ehren kommen. Auf diesem Beleg sind Briefmarken der Philippinen mit dem Namensaufdruck des Flugpioniers zu erkennen.

Jetzt gehörte er zur Besatzung der Do X und würde zukünftig in vertraulichen Berichten seinem Arbeitgeber die interessanten Details des Geschehens um das Flugschiff mitteilen. Graf von der Goltz, Leiter der Abteilung Luftfahrt der Hapag, hatte ihn um diese „Gefälligkeit" gebeten, und ob die Dornierleute seinerzeit davon wussten, sei dahingestellt.

Die Schifffahrtsgesellschaften sahen im Flugschiff eine aufkeimende Konkurrenz im Atlantikverkehr und wollten informiert bleiben.

Letzte Erprobungen auf dem Bodensee vor dem Start zum Überführungsflug in die USA.

Bevor der erste Flug von Altenrhein nach Amsterdam, die erste Etappe der so genannten Europaflüge, starten konnte, gab es eine ganze Menge an Problemen unterschiedlichster Art zu lösen. Hierbei handelte es sich weniger um technische Schwierigkeiten des Flugschiffs, die man bereits während der Erprobung in den Griff bekam, sondern vielmehr um organisatorische Probleme. Hierzu zählten die Abnahme des Flugschiffs durch die Deutsche Versuchsanstalt für Luftfahrt (DVL), vergleichbar mit dem TÜV für Kraftfahrzeuge, die Planung der ersten Reiserouten sowie Ziel und Zweck der Demonstrationsflüge, Versicherungsfragen, die sich als schwierig herausstellten, die Einrichtung des Flugschiffs als Posthilfsstelle usw.

Wilhelm Niemann war in jeder Hinsicht involviert, denn der gesamte „Schreibkram" der Do X gehörte zu seinem Aufgabenfeld.

Am 12. September 1930 schrieb Niemann nach Hamburg: *„Der Eindruck, den ich aus eigener Anschauung von diesem Flugschiff, denn von einem Flugboot kann bei diesen Abmessungen tatsächlich keine Rede mehr sein, bekommen habe, ist ein wesentlich günstigerer als der durch die Fotografien gewonnene. Ich bin der festen Überzeugung, daß alle Starts, die wir im Jahre 1927 mit der Junkers G 24 erfolglos versuchten, mit dieser Maschine bezüglich des Seegangs auf den Azoren spielend gemacht wären. Die Navigationsmöglichkeiten sind, bedingt durch die Abmessungen, die besten von mir je in einem Flugzeug angetroffenen. Dies bezieht sich auch auf die funktelegrafische Ausrüstung.*

Bei den Curtiss-Motoren ist man nach verschiedenen vergeblichen Versuchen mit einem neuen Kühlerpatent zu den alten Röhrenkühlern zurückgekehrt. Die ganze Kühlanlage ist heute fertig geworden. Für Montag Morgen ist ein Probeflug und daran anschließend der letzte DVL-Abnahmeflug vorgesehen. Alsdann soll noch ein längerer Brennstoff-Messflug von ca. 10 bis 12 Stunden Dauer sowie einige Flüge zwecks Bestimmung der Deviation und der Funkbeschickung gemacht werden. Die Überführung des Do X über Amsterdam nach Travemünde wird voraussichtlich gegen den 20. oder 21. Oktober stattfinden. Daran anschliessend sollen in der Ostsee weitere Probeflüge unternommen werden, von deren Ergebnis die Festsetzung des weiteren Flugprogrammes für den Do X in diesem Jahre abhängig gemacht werden soll.

Wer berühmt ist und herumkommt, muss auch viel unterschreiben. Auf diesem Foto sind die Unterschriften der Besatzung nicht vollständig, es fehlen die Piloten Horst Merz und Clarence Schildhauer.

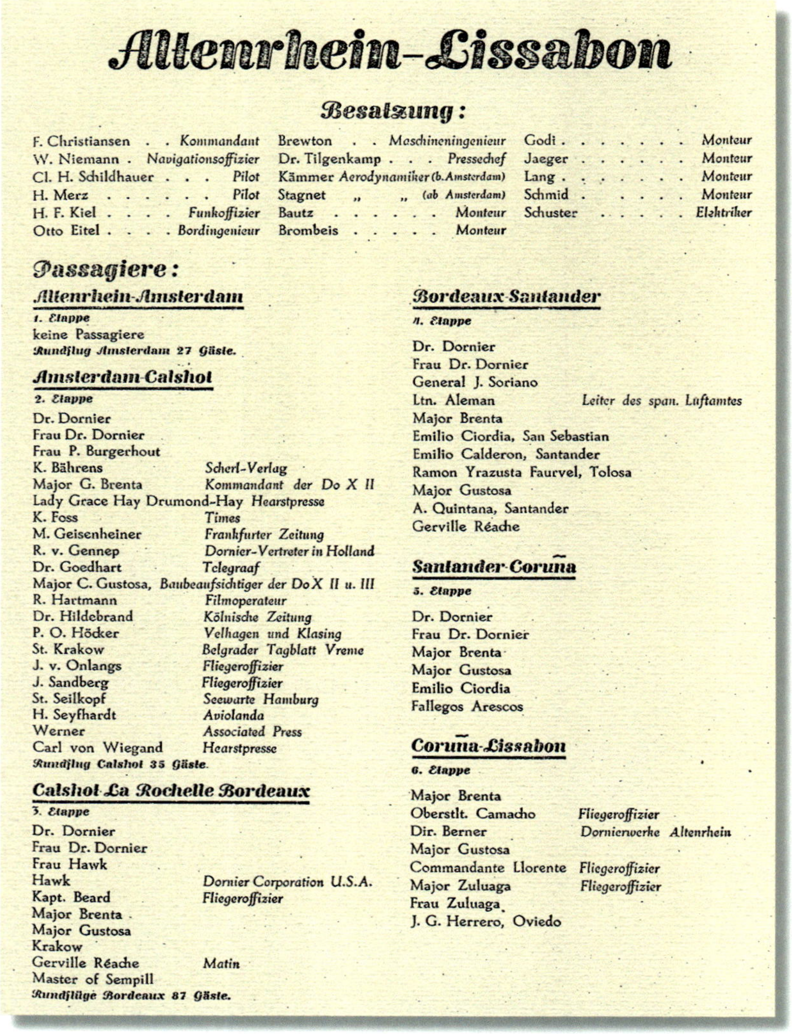

Altenrhein-Lissabon

Besatzung:

F. Christiansen	Kommandant	Brewton	Maschineningenieur	Godi	Monteur
W. Niemann	Navigationsoffizier	Dr. Tilgenkamp	Pressechef	Jaeger	Monteur
Cl. H. Schildhauer	Pilot	Kämmer	Aerodynamiker (b. Amsterdam)	Lang	Monteur
H. Merz	Pilot	Stagnet	„ „ (ab Amsterdam)	Schmid	Monteur
H. F. Kiel	Funkoffizier	Bautz	Monteur	Schuster	Elektriker
Otto Eitel	Bordingenieur	Brombeis	Monteur		

Passagiere:

Altenrhein-Amsterdam

1. Etappe

keine Passagiere

Rundflug Amsterdam 27 Gäste.

Amsterdam-Calshot

2. Etappe

Dr. Dornier	
Frau Dr. Dornier	
Frau P. Burgerhout	
K. Bährens	*Scherl-Verlag*
Major G. Brenta	*Kommandant der Do X II*
Lady Grace Hay Drumond-Hay	*Hearstpresse*
K. Foss	*Times*
M. Geisenheiner	*Frankfurter Zeitung*
R. v. Gennep	*Dornier-Vertreter in Holland*
Dr. Goedhart	*Telegraaf*
Major C. Gustosa,	*Baubeaufsichtiger der Do X II u. III*
R. Hartmann	*Filmoperateur*
Dr. Hildebrand	*Kölnische Zeitung*
P. O. Höcker	*Velhagen und Klasing*
St. Krakow	*Belgrader Tagblatt Vreme*
J. v. Onlangs	*Fliegeroffizier*
J. Sandberg	*Fliegeroffizier*
St. Seilkopf	*Seewarte Hamburg*
H. Seyfhardt	*Aviolanda*
Werner	*Associated Press*
Carl von Wiegand	*Hearstpresse*

Rundflug Calshot 35 Gäste.

Calshot-La Rochelle-Bordeaux

3. Etappe

Dr. Dornier	
Frau Dr. Dornier	
Frau Hawk	
Hawk	*Dornier Corporation U.S.A.*
Kapt. Beard	*Fliegeroffizier*
Major Brenta	
Major Gustosa	
Krakow	
Gerville Réache	*Matin*
Master of Sempill	

Rundflüge Bordeaux 87 Gäste.

Bordeaux-Santander

4. Etappe

Dr. Dornier	
Frau Dr. Dornier	
General J. Soriano	
Ltn. Aleman	*Leiter des span. Luftamtes*
Major Brenta	
Emilio Ciordia, San Sebastian	
Emilio Calderon, Santander	
Ramon Yrazusta Faurvel, Tolosa	
Major Gustosa	
A. Quintana, Santander	
Gerville Réache	

Santander-Coruña

5. Etappe

Dr. Dornier
Frau Dr. Dornier
Major Brenta
Major Gustosa
Emilio Ciordia
Fallegos Arescos

Coruña-Lissabon

6. Etappe

Major Brenta	
Oberstlt. Camacho	*Fliegeroffizier*
Dir. Berner	*Dornierwerke Altenrhein*
Major Gustosa	
Commandante Llorente	*Fliegeroffizier*
Major Zuluaga	*Fliegeroffizier*
Frau Zuluaga	
J. G. Herrero, Oviedo	

Die Besatzungs- und Passagierliste während der Etappen von Altenrhein nach Lissabon weist zahlreiche prominente Passagiere auf.

Zur vertraulichen Kenntnisnahme kann ich mitteilen, daß immer noch die feste Absicht besteht, das Flugschiff in diesem Jahr nach drüben (gemeint sind die USA) *zu überführen. Es wird auch scheinbar an der Route Calshot, Le Havre, Santander, Lissabon, Horta, Zwischenlandung neben einem 600 Seemeilen östlich von den Bermudas liegenden Tankschiff und Brennstoffübernahme von demselben, Bermudas, New York festgehalten ... Der ganze Borddienst wird vollkommen schiffsmäßig aufgezogen werden. Im Augenblick der Übergabe des Flugschiffes von der Werftleitung an die Schiffsleitung wird mit der Journalführung begonnen und zugleich eine Bordroutine eingeführt.*“

Interessant ist bei Niemann die Erwähnung von Travemünde als erstem Flugziel bei der Routenplanung von 1930. Nach der Konstruktionsfreigabe und Anfertigung eines Holzmodells des Flugschiffs im Maßstab 1:1, das im Juli 1927 fertig gestellt wurde, gab es feststehende Abmessungen. Danach errichtete die Hanseatische Flughafengesellschaft aus Lübeck eine Flugzeughalle an der Pötenitzer Wiek auf der Halbinsel Priwall bei Travemünde. Sie hatte eine Grundfläche von 60 x 60 Metern und eine

Höhe von 12 Metern. Hier sollte der erste Stützpunkt für eine mögliche Do-X-Flotte auf deutschem Boden entstehen. Später kam noch ein Flugzeugdock hinzu, das auf die Abmessungen des Flugschiffs abgestimmt war. Wie in Altenrhein entstanden die baulichen Planungen und Umsetzungen bei Travemünde auf Veranlassung des Reichsverkehrsministeriums. 1928 führte das alles zur Gründung einer Seeflugzeug-Erprobungsstelle in Travemünde. Aus der zivilen Tarnbezeichnung „Reichsverband der Deutschen Luftfahrtindustrie, Gruppe Flugzeugbau, Travemünde Erprobungsstelle" entstand die spätere „E-Stelle SEE" der Luftwaffe. In den Jahren bis 1934 sollte die Do X dort öfter zu Besuch sein.

Eine zeitgenössische Postkarte zeigt die Do X auf dem Bodensee, im Hintergrund die Werfthallen in Altenrhein.

Der ursprünglich vorgesehene Reiseweg erklärt auch die Flaggenreihenfolge auf der Bordgetränkekarte: Schweiz, Niederlande und dann die skandinavischen Länder. Heute irritierend, weil die wirkliche Flugroute ab dem 5. November 1930 anders verlief und das Flugschiff später die skandinavischen Länder nicht mehr besuchte.

LETZTE TESTS VOR DEM FLUG

Bevor wir uns auf Reisen begeben, nochmals ein Blick in den Bericht des Offiziers Niemann vom 14. September 1930, der einiges über das Leistungsvermögen der Do X offenbarte: „*Es wurde von der DVL eine Maximalgeschwindigkeit von 198 km hier oben festgestellt, was einer Geschwindigkeit von ca. 205 km auf etwa Meereshöhe oder auch 110 Seemeilen in der Stunde entspricht ... Heute, Dienstag, den 14. 9. um 8.00 Uhr starteten wir mit 48 Tonnen Fluggewicht, was einem Fluggewicht von 51 Tonnen in Meereshöhe entspricht, und einer Startzeit von 45 Sekunden bei Windstärke 1 bis 2 zum DVL-Abnahmeflug von zwei Stunden. Derselbe verlief gleichfalls ohne die geringste Störung. Nach Mittag wurde heute zugleich der DVL-Steigflug mit dem gleichen Fluggewicht und einer Startzeit von 45 Sekunden bei Windstärke 2 bis 3 ohne jede Störung erledigt.*

Es ist dabei zu bemerken, daß alle 12 Motoren 45 Minuten lang ‚Voll Gas' liefen, also unnormal stark beansprucht wurden. Dabei erreichten wir eine Höhe von 1.700 Metern über dem Meeresspiegel. Die Gipfelhöhe konnte nicht ausgeflogen werde, da wir in eine Inversionsschicht hineinkamen. Es wurden Wendigkeitsmanöver vorgenommen, welche ergaben, daß die Maschine fliegerisch sehr gut ist. Ich hatte Gelegenheit als 2. Flugzeugführer mitzufliegen und stellte fest, daß die Maschine fast allein flog und zwar bis zu dem Grade, daß der Einflieger von der Firma das Flugschiff sich selbst überließ, für kurze Zeit in die Navigationskabine ging und auch ich kein Steuerorgan zu berühren brauchte."

Wilhelm Niemann hat die Do X also auch geflogen, obwohl er den vorgeschriebenen Motorflugzeugführerschein See-C-2 genauso wenig besaß wie sein Kommandant, Kapitän Friedrich Christiansen. Aber immerhin konnte Niemann mit See-B-1 aufwarten. Die Frage der Pilotenbefähigung sollte noch eine gewisse Rolle spielen. Bei Beginn des Europafluges hatten nur Horst Merz und Clarence Schildhauer die gesetzlich vorgeschriebenen Führerscheine. Ministerialdirigent Ernst Brandenburg (1883–1952) vom Reichsverkehrsministerium, sozusagen oberste Führerscheininstanz im Deutschen Reich, hatte Christiansen bei der Übergabe des Flugschiffs in Altenrhein angeboten, ihm alle nötigen Flugzeugführerscheine ausstellen zu lassen, falls er Wert darauf lege. Friedrich Christiansen verzichtete, da ihm ohnehin die höchste gesetzliche Instanz das Kommando anvertraut hatte. Dass de facto alle Offiziere der Schiffsführung die Do X fliegen konnten, stand außer Frage. Das Flugschiff besaß hervorragende und unkomplizierte Flugeigenschaften.

Nach einer Abschlussbesprechung in Berlin, an der das Verkehrsministerium, die Luft Hansa und die Versuchsanstalt für Luftfahrt beteiligt waren, äußerte sich Brandenburg wie folgt: „*Um Ihnen zu zeigen, meine Herren, wie sehr ich mich für dies Unternehmen interessiere, teile ich Ihnen mit, daß ich mich bemüht habe, den Ozeanflug mitmachen zu können.*" Offenbar waren jetzt alle Ressentiments der Behörden gegenüber der Flugschiffsunternehmung ausgeräumt.

DER FLUG BEGINNT

Ende Oktober drehte die Do X nochmals eine Runde mit Pressevertretern an Bord, und die schleppend verlaufenden Versicherungsverhandlungen kamen endlich zum Abschluss. Der Start wurde auf Sonntag, den 2. November 1930 festgelegt.

Einen Tag vorher erfolgte eine letzte Besprechung im Büro von Claude Dornier, und Niemann schrieb in seinem vierten Bericht vom 1. November zum Überführungsflug Do X: „*In der heute Nachmittag bei Herrn Dr. Dornier stattgefundenen Besprechung, zu der Herr Kapitän Christiansen, Herr Schildhauer und ich bestellt waren, wurde die ganze Durchführung des Fluges noch einmal erörtert. Herr Dr. Dornier wünscht diesen Flug nur durchgeführt zu wissen, wenn sich auf den ersten Etappen tatsächlich erwiesen hat, daß die Maschine die an sie gestellten Erwartungen auch erfüllt. Er würde niemandem einen Vorwurf machen, wenn der Flug abgebrochen würde. Auf keinen Fall aber dürfe die Maschine zerschmissen werden.*"

Do X kurz nach dem Start vom Bodensee. In dieser Flughöhe von nicht einmal zehn Metern über dem Wasserspiegel würde das Flugschiff zwei Mal den Atlantik überqueren.

Bemerkenswert an den Berichten vor dem Start ist die Nichterwähnung des Flugzeugführers Horst Merz, der offenbar erst sehr spät zur Besatzung stieß. Sein später in Rio de Janeiro vorgebrachter Einwand, zu wenig auf der Do X eingeflogen gewesen zu sein, hatte wohl seine Berechtigung.

Am 2. November brachte man um 8.30 Uhr das Flugschiff aus der Halle in Altenrhein heraus ans Ufer des Bodensees. Ein Motor lief schon, als die Zeppelin Luftschiffbau aus Stuttgart eine Wetterwarnung übermittelte. Ein massiver Tiefausläufer hätte einen ungemütlichen Flug zur Folge gehabt. Also zurück in die Halle und warten auf besseres Wetter.

Do X fliegt vom Bodensee den Rhein entlang nach Amsterdam. Während des Fluges wurde das Flugschiff ständig von kleineren Flugzeugen begleitet, von denen aus zahlreiche Aufnahmen im Flug entstanden.

Am Mittwoch, dem 5. November ging es dann endlich los. „*Wind: West zu Nord, See Stärke 2, vereinzelt Cumuli, vorderer Motor backbord 2 verölt (Magnet). Da keine Zeit zur Reparatur, wird mit einem Magnet geflogen. Fluggewicht 45,8 Tonnen.*" Diese Eintragung aus dem Schiffstagebuch dokumentiert den Beginn einer Reise, die der erstaunten Welt ein technisches Wunder vorführen sollte. Auf einer Woge der Begeisterung würde das Flugschiff zweieinhalb Jahre unterwegs sein. Jetzt flog es mit 17 Mann Besatzung vom Bodensee den Rhein entlang nach Amsterdam.

Erich Tilgenkamp, Pressechef des Do-X-Europafluges und einziger Journalist an Bord, brachte seine Eindrücke zu Papier: „*Endlich ist der erlösende Tag gekommen, jene Stunde, die dem Schiff die silbernen Flügel freigibt, zum Flug nach dem Meere, seinem Element. Wir wollen über das Wasser, an Land steht ein kleines Trüppchen Getreuer und winkt. Es sind ihrer nicht viele; denn unser Start kam zu überraschend. Gestern strichen noch schwere Regenwolken über die dampfende Wasserfläche. Seit Tagen hatten wir das gleiche Wetter, das uns den Weg nach Norden versperrte. Heute ist er frei, die ganze Besatzung atmet auf, die*

Do X kurz nach dem Start am Bodensee über der Hafeneinfahrt von Lindau.

Sprit musste immer gespart werden. Bodeneffektflug und die Besatzung mit Konstrukteur auf einen Blick. Beliebtes Postkartenmotiv der Flugschiffära.

Tage der Vorbereitung sind endgültig vorbei. Oben im Kommandoraum gibt Kapitän Christiansen die letzten Befehle. ‚Sind die Motoren alle kontrolliert? Ist in der Maschinenzentrale alles in Ordnung?' Bordingenieur Eitel wünscht noch einen Motor auf Herz und Nieren zu prüfen. Dann meldet auch er klar. Funkoffizier Kiel bringt aus seiner Bude die letzten Wettermeldungen, sie lauten gut und raten zum Start. ‚Alles klar? Start!'

Es ist 11.30 Uhr. Dröhnend jagt das Schiff über das Wasser, eine große weiße Heckwelle nach sich ziehend. Die zwölf Motoren brummen ihr modernes Lied der Technik. Dazwischen pfeift in der Kabine mit feinem Stimmchen unser Bordvogel sein Lied. Wir fliegen. Eben bricht die Sonne durch. In eleganten Riesenschleifen schrauben wir uns hoch und kreisen über der Werft von Manzell. Daneben liegt in Bäumen versteckt die alte Werft Seemoos. Wenige Meter von der Stelle, wo einst die erste schwimmende Halle des Grafen Zeppelin lag, errichtete Dr. Dornier seine erste Werft. Ein bescheidener Holzbau, in dem die Vorarbeiten für die gigantische Leistung der Do X vollbracht wurden. So verbinden sich die Tage der ersten Zeiten mit den Stunden des Erfolges.

Wer hätte damals gedacht, als in Seemoos Dr. Dornier mit wenigen Getreuen sein erstes Flugboot baute, daß schon 15 Jahre später ein solcher Riese über dem jetzt so stillen Platz kreisen würde! Kurz vor 12 Uhr erreicht die Do X Konstanz, um den Bodensee zu verlassen. Der Überführungsflug beginnt. In 500 Meter Höhe zieht unser großer Silbervogel dahin."

Auch bei Tilgenkamp hieß es wie schon bei Niemann „Überführungsflug". Keiner redete damals von einem Europa- oder gar Weltflug. Claude Dornier wollte seine Errungenschaft zwar vorstellen, doch in erster Linie ging es ihm um den Verkauf oder die Vercharterung des Produkts „Flugschiff Dornier Do X" in den USA. Dort sah er den lukrativen Markt für Flugschiffe dieser Größe. Die Sorgen um die Refinanzierung des Entwicklungs- und Bauaufwandes brannten dem Konstrukteur und Unternehmer, verantwortlich für fast 3.000 Mitarbeiter, unter den Nägeln. „Mit hundertprozentiger Sicherheit, ohne Bruch, aber so schnell wie möglich über den Atlantik" könnte als Devise der Beteiligten gegolten haben.

Solche Briefe „verlor" die Do X auf ihrem Flug nach Amsterdam. Privat organisierte Postabwürfe standen nicht auf dem Programm der „Posthilfsstelle Flugschiff Do X". Die erste Etappe des Fluges als D-1929 fand ohne offizielle Postbeförderung statt.

Kurz vor dem Abflug erhielten alle Besatzungsmitglieder das „Programm der mit der Do X 1 beabsichtigten Flüge" als Teil ihrer Dienstverträge ausgehändigt. Bodensee, Amsterdam, Southampton, Le Havre, Coruna, Lissabon, die Azoren, Bermudas und New York waren als Ziele vorgegeben und möglichst bis zum Jahresende anzufliegen. Kenner der Wetterverhältnisse auf der Route waren irritiert. Im Spätherbst über den stürmischen Atlantik? Darauf verzichteten sogar die großen Schifffahrtsgesellschaften mit ihren Liniendampfern und beendeten die Fahrtsaison spätestens Anfang November.

Dass man zu ungemütlichen Jahreszeiten unterwegs war, wurde bereits auf der ersten Etappe deutlich. Tilgenkamp schrieb zur Ankunft in Amsterdam: „*Dann sehen wir in Duisburg schon die ersten Lichter aufflammen. Das Land wird flach und flacher. Während die Sonne ihre letzten Strahlen in die Kabine sendet, ist unten schon alles im Dunkeln. Um 16.30 Uhr wird die holländische Grenze passiert und direkter Kurs auf Zuidersee genommen. Der Nebel zwingt uns, auf 100 Meter herunterzugehen. Alles ist auf die baldige Nachtlandung vorbereitet. Doch wie im Märchen sollte uns ein wundervoller Abschluß beschieden sein. Im gleichen Augenblick, da wir bei Nijkerke die Zuidersee erreichen, hebt sich der Nebelvorhang mit einem Schlag, und als riesige rote Kugel sinkt die Sonne weit draußen ins grüne, glatte Meer. Die Do X hat zum ersten Mal ihr Element unter sich – Salzwasser. Tausende von Menschen stehen auf den Deichen und winken. Eine elegante Kurve, ein kurzer dumpfer Schlag. 17.05 Uhr: Wir haben das Ziel unserer ersten Etappe erreicht. Die Boote nähern sich uns in beängstigender Weise, so daß alle Mann auf die Stummel müssen, um sie abzuwehren.*“

Erstmalig wurde in Amsterdam Post vom Bordpostamt angenommen und mit dem Bordpoststempel versehen. Außerdem erhielten die Briefe und Karten den rechteckigen roten Flugbestätigungsstempel.

BEGEISTERUNG IN AMSTERDAM

Eine ganz neue Erfahrung war ab jetzt für die Besatzung der Ansturm von Besuchern und anlegenden Booten, einhergehend mit der ständigen Sorge um die empfindlichen Stummel des Flugschiffs. Diese Auftriebskörper bestanden aus dünnwandigem Aluminiumblech und wurden von den Bootsführern längsseits gehender Fahrzeuge gerne mit dem robusten Stahlblech einer Schiffswand verwechselt. Später verhinderten aufgehängte Autoreifen als Fender und Kokosmatten zum Abdecken der Laufflächen Beulen und Kratzer an und auf den Stummeln. Zunächst aber gab es immer wieder zahlreiche ziehharmonikaförmige Ein-

Besucher wurden meist mit Booten zum Flugschiff gebracht. Das Anlegen der Boote mit geschickten oder weniger geschickten Bootsführern setzte den dünnwandigen Stummeln des Flugschiffs arg zu. Beulen waren an der Tagesordnung.

Die Do X an der Boje am Liegeplatz Schellingwoude bei Amsterdam.

drücke und kräftige Beulen, wenn Besucherboote allzu schwungvoll anlegten.

Gern wäre Claude Dornier, der ab Amsterdam zusammen mit seiner Frau in seinem Flugschiff mitflog, ohne großen Aufenthalt zügig weitergereist. Doch das Wetter und hunderte angekündigter Besucher machten das Ansinnen zunichte. Als erster Besucher kam in Amsterdam Vizeadmiral Quant, Kommandierender der holländischen Marine, an Bord und überbrachte die Willkommensgrüße seiner Regierung. Am Donnerstag, dem 6. November, schleuste man rund 1.200 Besucher durch das Schiff, und am Freitag erfolgte ein kurzer Rundflug mit 27 ausgesuchten Fluggästen. Die Begeisterung der Menschen, die das Flugschiff bei jedem Erscheinen in Zukunft begleiten sollte, war grandios.

Paul Oskar Höcker gehörte zu den ausgesuchten Journalisten, die beim Rundflug dabei sein durften. Er berichtete über die Amsterdamer angesichts der Do X:

„Amsterdam, 7. November 1930. Heute war ich schon bald nach der Frühdämmerung wieder unterwegs nach Schellingwoude. Noch waren die schmalen Zufahrtswege leicht zu passieren. Im Laufe des gestrigen Tages hatte der Zustrom der Schaulustigen und Wißbegierigen aus Amsterdam und der ganzen weiteren Umgebung sich derart gesteigert, daß durch das langgestreckte Fischerdorf Nieuwendam kaum mehr ein Durchkommen war zur Oranjeschleuse, die die Ij von der Zuidersee trennt. Nach Hunderten zählten die Autos, nach Tausenden die Zweiräder und Motorräder, nach Zehntausenden die Fußgänger, die nach Deichen und Dämmen strebten, von denen man den Marineflughafen und seinen kostbaren Gast übersah. Und was es in der Nachbarschaft von Schellingwoude überhaupt nur aufzutreiben gibt an Motorbooten, Ruderbooten, kleinen Seglern, das setzt sich jetzt von den Ufern aus in hastige Bewegung, um das Flugschiff einzukreisen. Immer dichter wird die Kette. Längst ist aber schon die Hafenpolizei in Bereitschaft, um die allzu vordringlichen Enthusiasten zurückzutreiben. Doch um die Mittagsstunde wird der ganze Marineflughafen abgesperrt, die Ausfahrt nach der Zuidersee durch Wach- und Zollboote freigehalten: der erste Schauflug in der Fremde beginnt. Seltsam: es ist, als hätten die vielen Tausende von Häusern, über deren Dächer das Flugschiff jetzt dahingleitet, lauter bewegliche Schornsteine. Auch die Dachaufbauten, die Türmchen, die Mansardenerker scheinen sich loslösen und ein selb-

Ein Hafenkahn bringt in Schellingwoude den benötigten Treibstoff in Fässern zum Flugschiff. Mit Schläuchen wurde der Treibstoff in den Tank der Do X umgepumpt.

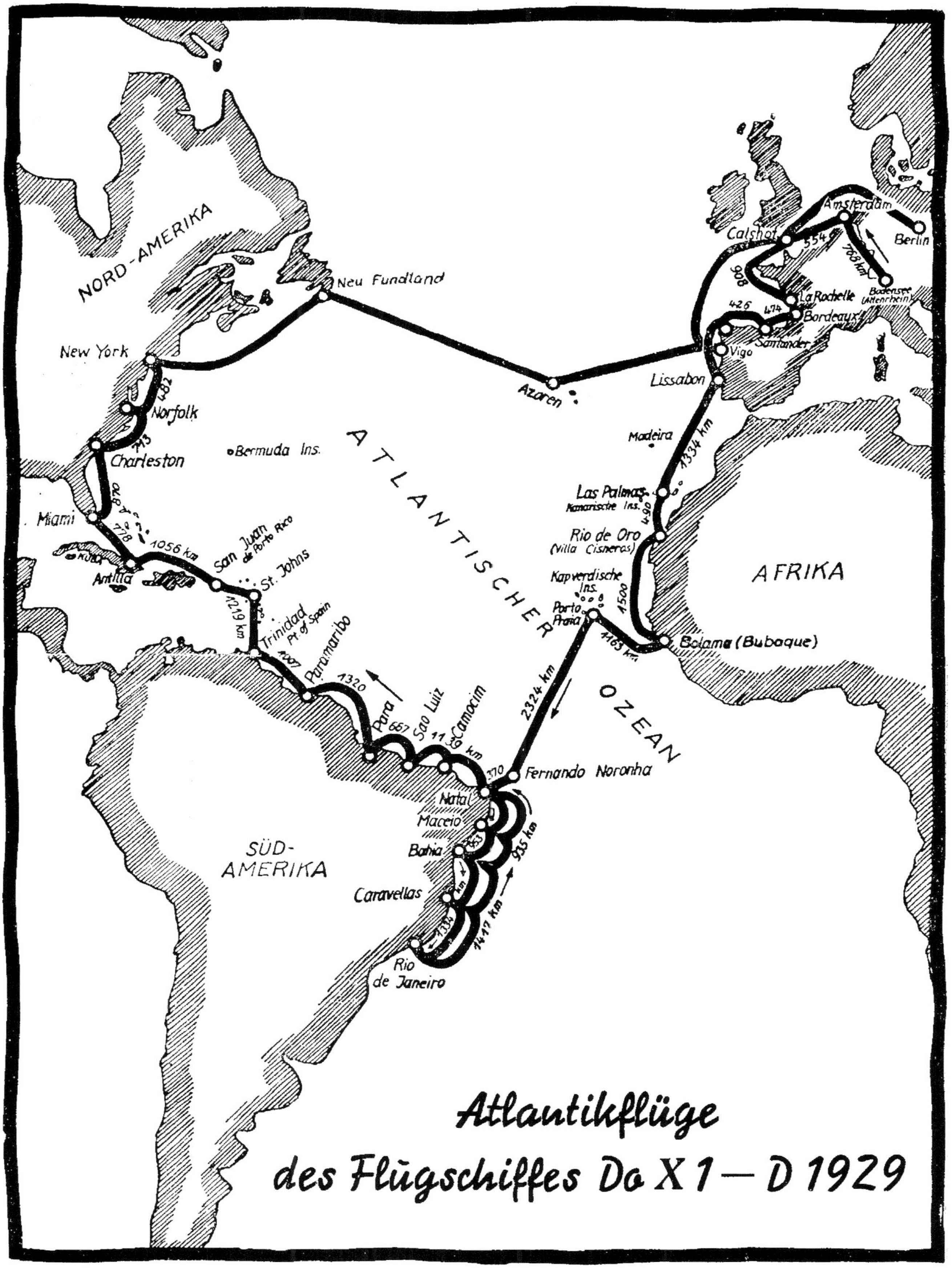

Atlantikflüge des Flugschiffes Do X 1 – D 1929

ständiges Leben führen zu wollen: aber es sind Menschenmauern, die die Bauten in die Luft empor fortsetzen! Da ist eine Schule, dort wieder eine; im Unterricht ist Pause gemacht worden, um den Schülern und Schülerinnen vom Dach aus das große deutsche Flugschiff zu zeigen. In den Geschäftshäusern verleben alle Angestellten ihre Mittagspause auf den Dächern. Und alles winkt mit den Händen, mit den Armen, mit Taschentüchern und Mützen. Die Hotels und viele öffentliche Gebäude haben dem deutschen Flugschiff zu Ehren in den deutschen und holländischen Farben geflaggt. Die Straßen, die Plätze sind schwarz von Menschen. Da droben führt das Flugschiff elegante Schleifen aus. Es exerziert in der Luft wie eine kostbare Lustyacht im Wasser."

Postkarte, die am 7. November 1930 in Amsterdam an einen Empfänger in Lissabon aufgegeben wurde und dort am 27. November eintraf. Es wurde kein Flugbestätigungsstempel abgeschlagen.

Zusammen mit Paul Oskar Höcker warteten 21 Pressevertreter in ihren Hotels in Amsterdam auf den Weiterflug der Do X, der nach kurzer Reparaturunterbrechung erst am Montag, dem 10. November um 11.28 Uhr erfolgen konnte. Auf der Etappe zum englischen Marineflughafen Calshot bei Southampton waren die Pressevertreter an Bord geladen. Neben Vertretern der Frankfurter und der Kölnischen Zeitung waren unter anderem auch Journalisten aus England, Amerika und Holland vertreten. Aus Italien waren Major Brenta als der zukünftige Kommandant der Do X 2 sowie der über den Bau der Do X 2 und 3 wachende Major Gustosa angereist, um ebenfalls diese Flugetappe zu begleiten. Claude Dornier hatte auf alle möglichen, oft sich wiederholenden Fragen zu antworten, die Wünsche der Fotografen mussten erfüllt werden, und in Ermangelung einer Servicekraft reüssierte Erich Tilgenkamp beim Belegen der Sandwichs und Kaffeekochen.

Eine Sache schmerzte offenbar sehr: An Bord herrschte striktes Rauchverbot. Die Versicherung des Flugschiffs hatte bei Nichteinhaltung eine massive Prämienerhöhung angedroht. Besonders wegen des Rauchzimmers mit elektrischen Feueranzündern hatte sie sich mit dem Abschluss sehr schwer getan und einen Haftungsausschluss erwogen. Deshalb ist an Bord der Do X trotz Rauchsalons nie geraucht worden. Die Fotos mit vermeintlichen Rauchern im Rauchsalon auf dem Flug nach Calshot waren mit „kalten" Zigarren gestellt.

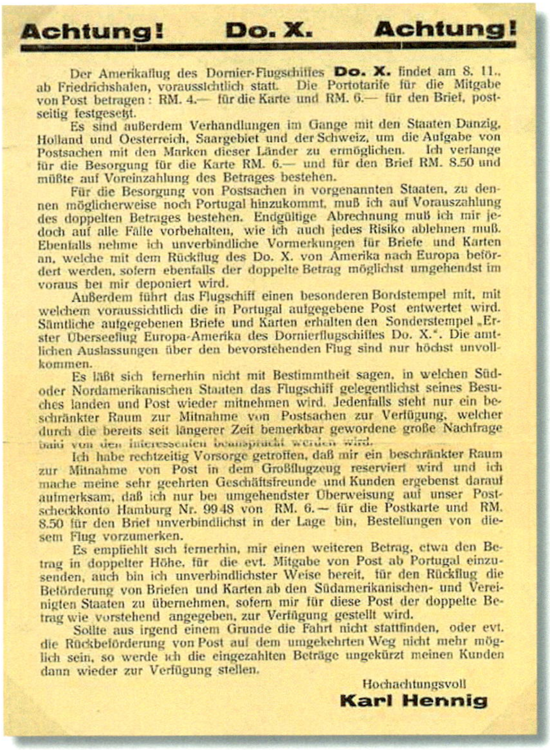

Achtung! Do. X. Achtung!

Der Amerikaflug des Dornier-Flugschiffes **Do. X.** findet am 8. 11., ab Friedrichshafen, voraussichtlich statt. Die Portotarife für die Mitgabe von Post betragen: RM. 4.— für die Karte und RM. 6.— für den Brief, postseitig festgesetzt.

Es sind außerdem Verhandlungen im Gange mit den Staaten Danzig, Holland und Oesterreich, Saargebiet und der Schweiz, um die Aufgabe von Postsachen mit den Marken dieser Länder zu ermöglichen. Ich verlange für die Besorgung für die Karte RM. 6.— und für den Brief RM. 8.50 und müßte auf Voreinzahlung des Betrages bestehen.

Für die Besorgung von Postsachen in vorgenannten Staaten, zu denen möglicherweise noch Portugal hinzukommt, muß ich auf Vorauszahlung des doppelten Betrages bestehen. Endgültige Abrechnung muß ich mir jedoch auf alle Fälle vorbehalten, wie ich auch jedes Risiko ablehnen muß. Ebenfalls nehme ich unverbindliche Vormerkungen für Briefe und Karten an, welche mit dem Rückflug des Do. X. von Amerika nach Europa befördert werden, sofern ebenfalls der doppelte Betrag möglichst umgehendst im voraus bei mir deponiert wird.

Außerdem führt das Flugschiff einen besonderen Bordstempel mit, mit welchem voraussichtlich die in Portugal aufgegebene Post entwertet wird. Sämtliche aufgegebenen Briefe und Karten erhalten den Sonderstempel „Erster Überseeflug Europa-Amerika des Dornierflugschiffes Do. X.". Die amtlichen Auslassungen über den bevorstehenden Flug sind nur höchst unvollkommen.

Es läßt sich fernerhin nicht mit Bestimmtheit sagen, in welchen Süd- oder Nordamerikanischen Staaten das Flugschiff gelegentlichst seines Besuches landen und Post wieder mitnehmen wird. Jedenfalls steht nur ein beschränkter Raum zur Mitnahme von Postsachen zur Verfügung, welcher durch die bereits seit längerer Zeit bemerkbar gewordene große Nachfrage bald von den Interessenten beansprucht werden wird.

Ich habe rechtzeitig Vorsorge getroffen, daß mir ein beschränkter Raum zur Mitnahme von Post in dem Großflugzeug reserviert wird und ich mache meine sehr geehrten Geschäftsfreunde und Kunden ergebenst darauf aufmerksam, daß ich nur bei umgehendster Überweisung auf unser Postscheckkonto Hamburg Nr. 9948 von RM. 6.— für die Postkarte und RM. 8.50 für den Brief unverbindlichst in der Lage bin, Bestellungen von diesem Flug vorzumerken.

Es empfiehlt sich fernerhin, mir einen weiteren Betrag, etwa den Betrag in doppelter Höhe, für die evt. Mitgabe von Post ab Portugal einzusenden, auch bin ich unverbindlichster Weise bereit, für den Rückflug die Beförderung von Briefen und Karten ab den Südamerikanischen- und Vereinigten Staaten zu übernehmen, sofern mir für diese Post der doppelte Betrag wie vorstehend angegeben, zur Verfügung gestellt wird.

Sollte aus irgend einem Grunde die Fahrt nicht stattfinden, oder evt. die Rückbeförderung von Post auf dem umgekehrten Weg nicht mehr möglich sein, so werde ich die eingezahlten Beträge ungekürzt meinen Kunden dann wieder zur Verfügung stellen.

Hochachtungsvoll
Karl Hennig

Der Flug der Do X sollte zum Teil aus den Einnahmen durch Postbeförderung finanziert werden. Bereits damals gab es schon Händler, die mit entsprechenden Anzeigen ihre Hilfe bei der Beschaffung von Do-X-Belegen anboten.

Horst Merz

– FLUGZEUGFÜHRER DER DO X –

„*Wenn auch in der Öffentlichkeit Ihr Name und Ihre Leistungen nicht so hervorgehoben worden sind, wie es unseres Erachtens berechtigt wäre, so bitten wir Sie, überzeugt zu sein, daß wir trotzdem wissen, wie eng Ihre Person mit der glücklichen Durchführung des Unternehmens verbunden ist.*“ Tröstende Worte der Luft-Hansa-Chefs Erhard Milch und Carl August von Gablenz an den sich verkannt fühlenden Horst Merz im Juli 1932. Alles drehte sich um Friedrich Christiansen, den Kommandanten der Do X, und Merz als eigentlicher Pilot musste im Hintergrund bleiben.

Nach seinem Abitur 1912 ging der am 2. Dezember 1891 geborene Sohn eines königlich sächsischen Forstmeisters als einjähriger freiwilliger Matrose zur Kaiserlichen Marine. Seine nicht „seetauglichen“ Augen beendeten schnell die Marinekarriereträume, und er begann ein Maschinenbaustudium in Danzig. Im Oktober 1914 erfolgte seine Kommandierung als Bootsmannsmaat zur Fliegerersatzabteilung 4 nach Posen. Dort erhielt er bei Albatros in Schneidemühl sein Pilotenpatent und wurde der Feldflieger-Abteilung 36 zugeteilt. Bei einer Notlandung hinter der Front geriet Merz in russische Gefangenschaft, aus der er sich nach mehreren Fluchtversuchen erst im November 1917 zur deutschen Front durchschlagen konnte. Seit 18. September 1918 war er Leutnant der Reserve der Matrosenartillerie. Inzwischen auch zum Jagdflieger ausgebildet, erlebte er das Kriegsende in der 2. Staffel des Marinejagdgeschwaders Flandern. Nach dem Krieg war er als Freikorpsflieger im Grenzschutz Ost aktiv und seit Februar 1922 Verkehrsflugzeugführer beim Danziger Aero-Lloyd; später flog er bei der Luft Hansa.

Ministerialdirigent a. D. Adolph Baeumker äußerte sich über Horst Merz im Jahr 1960 wie folgt: „*Wegen seiner besonderen technischen und fliegerischen Kenntnisse und Erfahrungen wurde er, neben seiner eigentlichen Tätigkeit im Streckenflugdienst, durch das Reichsverkehrsministerium vielfach für Sonderaufgaben und Erprobungen eingesetzt. So hat Herr Merz der SEVERA (Seeflugzeug-Versuchsabteilung) für Ausbildungsaufgaben zur Verfügung gestanden, im Auftrag der Marine Abnahme und Erprobung des ersten SUPERWAL durchgeführt und bei seinen Seestreckenflügen Schüler der Deutschen Verkehrsfliegerschule und Marineangehörige ausgebildet.*“

1925 schloss Horst Merz sein Studium, das er in flugfreier Zeit im Winter fortsetzte, als Diplom-Ingenieur ab. Als das Reichsverkehrsministerium 1929 einen Berichterstatter und Vertreter auf dem Flugschiff Do X benötigte, wurde Merz von der Luft Hansa zum Ministerium abkommandiert und war Flugzeugführer der Do X während der Europa-, Amerika- und Deutschlandflüge.

Bei der geplanten Aufnahme der „Europaflüge 1933“ der Do X durch die Luft Hansa im Mai 1933 übernahm Horst Merz das Kommando des Flugschiffs bis zum Unfall in Passau. Von der im Aufbau befindlichen deutschen Luftwaffe übernommen und am 1. Januar 1937 zum Oberst befördert, blieb dies sein Dienstgrad bis zum Kriegsende 1945.

Seine Leistungen als Pilot der Do X waren unbestritten, jedoch erzeugte er nach dem Zweiten Weltkrieg böses Blut unter den „alten Adlern“, indem er sich bis in die siebziger Jahre hinein die alleinige Flugzeugführerrolle anmaßte. Noch ein Jahr vor seinem Tod am 24. August 1979 schrieb Merz: „*Es ist mir als erstem Piloten der Do X eine besondere Freude und Ehre gewesen, dieses Flugschiff auf seinen aufsehenerregenden Flügen über Kontinente und Meere als verantwortlicher Führer fliegen zu dürfen.*“

AUFENTHALT DER DO X IN ENGLAND

Do-X-Pilot Horst Merz am Fenster seines Arbeitsplatzes. Der Sitz des Ersten Piloten befand sich auf der Backbordseite, also in Flugrichtung links. Auch heute noch sitzen Flugkapitäne auf dieser Seite.

Über den Zwischenstopp in Calshot berichtet Tilgenkamp:

„Wir wollten so schnell wie möglich von Calshot weiter, doch leider wollte es das Schicksal anders. Die auf Dienstag vorgesehene Besichtigung des Schiffes durch den englischen Thronfolger war von diesem auf Mittwoch verschoben worden. So ließen wir den Sturm der Besichtigung über uns ergehen und feierten – was von den Engländern mit besonderer Genugtuung registriert wurde – durch Setzen der Flagge auf halbmast und zwei Minuten Ruhepause den zwölften Jahrestag des Waffenstillstandes.

Es darf hervorgehoben werden, daß die Engländer das Schiff mit besonders kritischen Augen betrachtet haben. Kein Winkel blieb ihnen verborgen. Sie krochen in die Flügel, stiegen ins Betriebsdeck hinunter, probierten das Spiel der Steuerung, kurz man merkte, daß wir im Land des Flugsports und der Flugfachleute waren. Ihre Kritik war gut.

Einzig die 12 Motoren wollten ihnen nicht gefallen. Sie fanden ihre Zahl etwas zu hoch. In der Tat geben 12 Motoren eine ungewöhnliche hohe Zahl von Störungsquellen. Bedenken wir 144 Kolben, die sich in der Minute 2.000mal auf- und abwärts bewegen, 288 Zündkerzen und 576 Ventile. Um ein Schiff mit einem Totalgewicht von fast 54 Tonnen mit einer Geschwindigkeit von 200 km/h durch die Luft zu ziehen, braucht es einen Kraftaufwand von 6.000 PS. Gern hätte der Konstrukteur weniger, aber dafür stärkere Motoren genommen. Aber wo sollte er sie hernehmen? Wir besitzen heute noch keine Motoren von 800, 1.000 oder gar 1.500 PS mit der Betriebssicherheit, der leichten Gewichtseinheit und dem mäßigen Betriebsstoffverbrauch der heutigen 500 bis 600 PS starken Maschinen.“

Hoher Besuch an Bord der Do X: Beim Aufenthalt des Flugschiffs in Calshot nutzte der englische Thronfolger die Möglichkeit zur Besichtigung.

Am 12. November landete neben der Do X ein zweimotoriges Wasserflugzeug aus London, und der Prinz von Wales kam an Bord. Er ließ sich alles erklären und anschließend startete das Flugschiff für eine Runde über dem Solent. Eine gute Viertelstunde lang waren der Kronprinz von England und Clarence Schildhauer, der Pilot der Do X, in ihrem Element. Es wurde auf Englisch gefachsimpelt, dass der Rest der Anwesenden nur staunte. Wieder zurück in Calshot wollte der zukünftige König George VI. noch einen Start von Land aus sehen. Gesagt, getan. In nur 21 Sekunden jagte Schildhauer das Flugschiff aus dem Wasser in den Himmel. Der Thronfolger war beeindruckt.

Vorzugsweise durch den Antrieb einiger seiner Motoren rollte das Flugschiff (hier Do X 2) durch das Wasser und stellte dabei seine Schiffsqualitäten unter Beweis.

GESCHIRROPFER AUF DER GIRONDE

In Calshot konnte man wetterbedingt erst am 14. November die Weiterreise antreten. Wegen der zeitlichen Verzögerung entschloss sich Claude Dornier zu einer Routenänderung. Es sollten nun nur noch La Rochelle und Bordeaux angesteuert werden, um von dort aus über Santander und La Coruna nach Lissabon zu fliegen. Die Strecke von Calshot nach La Rochelle betrug knapp über 900 Kilometer und sie wurde, wie auch die nachfolgende kurze Etappe nach Bordeaux, ohne Zwischenfälle absolviert. Nach der Landung auf der Gironde bei Bordeaux ergab sich jedoch wieder eine Verzögerung, weil erwartete Gäste aus Paris nicht angereist waren. Sie hatten einer Falschmeldung von einem Unfall der Do X bei La Rochelle Glauben geschenkt.

Wie auf den Stationen zuvor erfolgte auch nahe Bordeaux ein Abwurf von privat gestempelten Flugbelegen. Insgesamt sind 38 Belege mit Datum vom 20. November 1930 und Poststempel aus Bourg-sur-Gironde bekannt.

Auch in Bordeaux kamen die Besucher in Scharen und es wurden einige Rundflüge veranstaltet. Einer von ihnen endete bei der Rückkehr zum Start- und Landeplatz ärgerlich, einem Bericht ist zu entnehmen: *„Doch welch Überraschung. Der Wind hatte umgeschlagen und stand genau entgegengesetzt der äußerst starken Strömung der Gironde. Das alte Lied der Seeflieger hob an. Wie soll man unter diesen Umständen landen? Gegen den Strom oder gegen den Wind? Man entschloß sich, mit Rückenwind gegen den Strom zu wassern. Weich setzte die Maschine auf, als sie im gleichen Moment vom Rückenwind erfaßt, vorn ins Wasser gedrückt wurde und in Bruchteilen einer Sekunde einen rechtwinkligen Hakenschlag nach links machte. Die Wucht der Drehung verursachte eine kleine Unordnung. Die Maschine oder besser gesagt das Boot hat bei dieser außergewöhnlichen Kraftprobe einem ungeheuren Druck standhalten müssen. Die sofortige Kontrolle ergab, daß auch nicht das geringste am und im Boot gelitten hatte, außer unserem schönen Porzellan, das schaufelweise als Trümmer durch das kleine Bullauge in der Küche in die gelben Fluten der Gironde flog.“*

Fast das gesamte an Bord befindliche Geschirr lag in Scherben, und über das sprichwörtliche „Geschirropfer“ auf der Gironde redete die Besatzung noch einige Zeit. Dies war auch die erste Situation, bei der die besondere seefliegerische Qualität des Flugzeugführers gefordert war.

Da am Flugschiff glücklicherweise keinerlei Schäden entstanden waren, konnte man den Flug von Bordeaux in das 474 Kilometer entfernte Santander in Spanien unverzüglich fortsetzen.

Sonntag, 22. November 1930 um 13.15 Uhr. Landeanflug im Hafen von La Coruna kurz vor dem Aufsetzen.

ÜBER SPANIEN NACH LISSABON

Die Do X im Flug über der spanischen Küste.

Im spanischen Santander blieb das Flugschiff aufgrund der Wetterbedingungen und des drei Kilometer vom Hafen entfernt liegenden Ankerplatzes von Besuchermassen verschont. In La Coruna dagegen stellten die Spanier einen Besucherrekord auf. Reichlich genervt erfuhr die Schiffsführung, dass der freundliche Bürgermeister in Anbetracht des verspäteten Erscheinens der Do X „bloß" 4.000 Besucher eingeladen hatte. Nach zwei Tagen harter Arbeit konnte am 27. November der letzte Streckenabschnitt nach Lissabon, 600 Kilometer entlang der Westküste der Iberischen Halbinsel, unter den Flügel genommen werden.

Wilhelm Niemann schilderte in einem seiner Berichte noch eine besondere Begegnung vor der spanischen Küste bei Cap del Home, als die Do X eine Runde über den beiden deutschen Kreuzern KARLSRUHE und KÖLN drehte: *„Zu bemerken ist nur, daß die Ehrenrunde über den deutschen Kreuzern auch für uns sehr eindrucksvoll war. Die Offiziere und Besatzungen beider Schiffe waren auf dem Oberdeck angetreten und salutierten, während die Flagge gedippt wurde. Zugleich wurden Signalsterne und Raketen von den Schiffen abgefeuert.*"

Landeanflug auf Lissabon.

Die Landung in Lissabon, am 27. November gegen 15.20 Uhr in der Nähe des Turms von Belem, erfolgte bei strömendem Regen, der die tausenden Zuschauer in die Häuser zurücktrieb. So bezog die Besatzung in Ruhe ihre Quartiere und traf die Vorbereitungen zum geplanten Weiterflug nach Cadiz. In der Werft der Construcciones Aeronauticas S.A. sollte das Flugschiff noch für den Atlantikflug via Azoren nach New York in den nächsten acht bis zehn Tagen vorbereitet werden. Aus dem einwöchigen Zwischenstopp sollten jedoch zwei Monate werden.

TRAGFLÄCHENBRAND IN LISSABON

Frisch aufgetankt lag die Do X am 28. November 1930 an der Boje auf dem Tejo. Die Besatzung hatte Ausgang, um sich Lissabon anzuschauen. An Bord blieben lediglich Wachoffizier Merz, zwei Monteure sowie Kapitän Christiansen, Maurice Dornier und Ingenieur Stagnet. Nach dem Mittagessen stiegen die drei Letztgenannten in ein

Do X im U-Boot-Hafen Belem bei Lissabon. Nach der Landung gegen 15.20 Uhr wurde das Flugschiff betankt und sollte am nächsten Tag nach Cadiz in die Werft gehen. Zum Schutz der Stummel gegen Anlegebeulen der Besucherboote waren Gummireifen angebracht.

Motorboot, um eine kurze Hafenrundfahrt zu machen. Maurice Dornier schilderte die nächsten Minuten: „*Kaum 100 Meter hinter dem Schiff angelangt sah ich ein Feuer auf dem Mitteldeck, das kurz darauf von Monteur Brombeis bekämpft wurde. Mit Vollgas wurde Do X, dessen Backbordfläche in Rauch und Feuer gehüllt war, angesteuert, um zu Hilfe zu eilen. Da Explosionsgefahr bestand, wurde das Motorboot sofort weggeschickt mit dem Auftrag, von der gegenüber liegenden Marineflugstation Hilfe mit Feuerlöschern anzufordern. Kapitän Christiansen verschwand im Tankraum, um die Tanks unter Gasschutz zu setzen, während die anderen mit allen vorhandenen Feuerlöschern der Wache zur Hilfe eilten. Zum Glück kamen auch schon die wackeren Marineflieger mit ihren Schnellbooten an, brachten große Feuerlöscher mit und gaben sogar drei mutige Matrosen an Bord, während von den Booten aus von unten der Brand im Flügel bekämpft wurde. Durch den Strom lag Do X quer zum Wind, der landeinwärts wehte und das Feuer vom Schiff gegen das Flächenende trieb. Es war*

Maurice Dornier, Ingenieur Stagnet und Kapitän Christiansen verlassen über den Stummel das Flugschiff, um eine Hafenrundfahrt zu machen. Wenige Minuten später bricht auf dieser Seite ein Feuer aus.

Brand der Steuerbordtragfläche bei voll aufgetanktem Flugschiff. Nur die Geistesgegenwart der Besatzungsmitglieder und die schnelle portugiesische Löschhilfe verhinderten am 28. November 1930 in Lissabon eine Katastrophe.

nicht möglich, den Brand der Bespannung aufzuhalten, doch konnte das Feuer erfolgreich vom Schiffsrumpf, den Motorengondeln und den Benzintanks in den Flügelnasen abgehalten werden. Zum Teil mußten die im Motorenlaufgang liegenden Sitzkissen der Monteure brennend mittels Bootshaken heruntergezogen werden. Nach 20 Minuten aufregender, intensiver Tätigkeit war der Brand gelöscht und jede Gefahr vorüber. Dafür starrten die angebrannten Duralrippen zum Himmel, und wenn auch die Pressemeldungen, Do X sei abgebrannt, falsch waren, hieß es doch: Zähne zusammenbeißen, reparieren, warten und den Mut nicht verlieren.“

Der Auslöser des Feuers war eine zum Trocknen ausgelegte Plane gewesen. Ein Windstoß hatte sie über den Auspuffstutzen des laufenden Hilfsmotors geweht. Es wurden gerade per Funk die Wetterberichte eingeholt, und deshalb lief der DKW-Hilfsmotor als Antrieb für den Generator. Die heißen Abgase entzündeten die Plane und diese wiederum die angeblich nicht brennbare Flächenbespannung.

Dank der geschickten Konstruktion und der unproblematischen Auswechselmöglichkeit der Hautflächenfelder konnte die Reparatur mit 14 angereisten Flugzeugbauern aus Altenrhein unter freiem Himmel bewerkstelligt werden. Hautflächenfelder waren vorhanden, weil bei Do-Flug schon zwei weitere Do X für die italienische Luftwaffe produziert wurden. Schwierigkeiten bereitete lediglich der Transport über die lange Strecke, wobei sich nicht zuletzt wegen der unterschiedlichen Spurbreite der spanischen und portugiesischen Eisenbahnen Probleme ergaben, da alle Waggons mühselig umgeladen werden mussten.

Ein blankes Gerippe blieb übrig, nachdem die Stoffbespannung abgebrannt war. Das Einsetzen neuer Flügelhautfelder war relativ unproblematisch. Schwierigkeiten ergaben sich aber durch den langen Transportweg der benötigten Ersatzteile von Altenrhein nach Lissabon.

Gut zwei Monate dauerte die Reparatur, und die Besatzung der Do X verbrachte bei verkürztem Tagegeld das Weihnachtsfest des Jahres 1930 in Lissabon. Diese ersten Vorzeichen intensiver Sparsamkeit aufgrund der weltwirtschaftlichen Probleme fanden nicht nur Verständnis, und drei protestierende Monteure wurden nach Altenrhein zurückbeordert.

Nach dem Brand in Lissabon blieb ein stattlicher Schrottberg aus abgebrannten und demontierten Flügelhautfeldern zurück.

Noch während der Reparaturarbeiten in Lissabon schrieb Niemann eine bemerkenswerte Einschätzung der Do X als Luftverkehrsmittel an den Grafen von der Goltz. Nach viereinhalb Monaten eigener Erfahrungen und Beobachtung der technischen Belange des Flugschiffs am Steuerrad und in der organisatorischen Handhabung urteilte Niemann unmissverständlich:

„So begeistert ich auch für den Flugschiffsgedanken bin, stehe ich doch andererseits auf dem Standpunkt, daß, so hoch ich auch die Leistungen des Do X einschätze, dieser Do X nicht mehr den Ansprüchen genügt, die eine Schiffahrtsgesellschaft nach den gesammelten Erfahrungen in diese Richtung stellen müßte. Do X 1 ist ein reines Experimentierschiff, hat als solches glänzende Erfolge gehabt, wenn man alle Propaganda-Nebenerscheinungen von unserem Programm abzieht, also in seemännischer und fliegerischer Beziehung, eignet sich aber in dieser Form keinesfalls für einen freiwirtschaftlichen Verkehr. Mit anderen Worten bin ich ganz froh darüber, daß man nicht den Versuch macht, den Do X 1 bei den Schiffahrtsgesellschaften abzusetzen."

Erinnerungsbeleg an den Brand in Lissabon. Aus Stücken der silbrig beschichteten Leinenbespannung der Tragfläche hat Ernst Brombeis mindestens drei Briefe gefertigt und versendet.

PECH VOR DEM FLUG ÜBER DEN ATLANTIK

Am 12. Januar 1931 stand das weitere Flugprogramm der Do X 1 fest. Da sich in Altenrhein inzwischen zwei weitere Do X für Italien in Bau befanden, hatte Dornier die Flugschiffe durchnummeriert. Jetzt sollte die Do X 1 ab Lissabon folgende Stationen anfliegen: Kanarische Inseln, Kapverdische Inseln, Natal, Rio de Janeiro. Zwischen Rio und New York war nochmals Natal, danach Paramaribo, Trinidad und Havanna vorgesehen. Der letzte Satz in der Mitteilung für die Besatzung sollte noch an Bedeutung gewinnen: „*Dieses Programm ist nicht endgültig und kann unter Umständen eine Erweiterung oder Kürzung oder sonstige Änderungen erfahren.*“

Gran Canaria am 31. Januar 1931 gegen 15.15 Uhr. Do X über den Dächern von Las Palmas im Anflug auf den Landeplatz.

Der Flug von Lissabon nach Las Palmas auf Gran Canaria verlief unproblematisch. Mit 51 Tonnen Abfluggewicht startete das Flugschiff auf dem Tejo vor Lissabon um 8.05 Uhr und nahm direkten Kurs auf die Kanarischen Inseln. Dieser erste große Überseeflug hatte besonders navigatorisch seinen Reiz. Wilhelm Niemann und vor allem Gago Coutinho (1869–1959), der als Gast mitflog, erprobten alle technischen Möglichkeiten des Flugschiffs, wie Funkpeilung und natürlich die übliche Schiffsnavigation auf offener See. Coutinho, portugiesischer Admiral und erster Überflieger des Südatlantiks im Jahr 1922, überprüfte bei dieser Gelegenheit seine eigene, neue Navigationsmethode. Einmal mehr störte sich Niemann an den komplizierten und zeitraubenden Umrechnungen mit dem Rechenschieber für die Navigationsparameter aufgrund des althergebrachten 360-Grad-Kreises mit seinen krummen Rechenergebnissen. Wie schön könnte alles sein, wenn mit einem dezimalen 400-Grad-Kreis gerechnet würde. Eine Vision, die ihn bis an sein Lebensende nicht mehr losließ.

Ein Nachversand von Friedrichshafen nach Lissabon war aufgrund des ungeplant langen Aufenthaltes der Do X dort für diese am 13. Januar 1931 in der Schweiz aufgelieferte Karte noch am 15. Januar möglich. Die Karte ist portogerecht mit 5 Franken freigemacht, trägt den Bordpoststempel mit Datum vom 30. Januar 1930 sowie rückseitig den Durchgangsstempel aus Rio vom 22. Juni 1931.

Noch eine Etappe, zu den Kapverdischen Inseln und von da aus über den Südatlantik zum brasilianischen Natal, so stellte sich die Schiffsleitung die weitere Reiseplanung vor. Erst recht nach der glatten Landung in Puerto de la Luz, dem neuen Hafen von Las Palmas, am 31. Januar 1931 gegen 15.15 Uhr. Jetzt schien das Überflugabenteuer für die Besatzung des Flugschiffs zum Greifen nahe. An einer Boje liegend begann sofort die Prozedur des Auftankens. Es war harte Knochenarbeit wie so vieles während der Zeit zwischen den Flügen. Jeweils zwei Mann der Besatzung bedienten die Allweiler-Handpumpe gut zweieinhalb Stunden lang, um 15.000 Liter Flugbenzin von einem Leichter in die Bordtanks zu befördern. 200 Liter Motorenöl wanderten auf dem gleichen Weg durch Schläuche und Pumpe in den Tank des Betriebsdecks.

Nach wochenlanger Reparatur wird die Do X auf der provisorischen Slipanlage in Puerto de la Luz, dem neuen Hafen von Las Palmas, wieder zu Wasser gelassen.

Da in der Bucht von La Luz, bei veränderter Wetterlage, ungünstige Startverhältnisse herrschten, musste die Do X wiederum ihre Schiffsqualitäten beweisen. Mit der Kraft seiner Motoren rollte das Flugschiff an der Küste entlang zur 13 Seemeilen (24 Kilometer) entfernten Gando-Bucht in direkter Nachbarschaft des heutigen Flugplatzes von Gran Canaria. Während des An- und Abflugs kann man einen Blick auf die Bucht werfen, die der Do-X-Besatzung in bitterer Erinnerung bleiben sollte. *„Trotz hoher Querdünung und starkem Seegang in Küstennähe benahm sich das Flugschiff sehr gut und zuverlässig im Manövrieren“*, bemerkte Friedrich Christiansen in seinem Bericht über diese besondere „Seereise“.

In der Gando-Bucht bei Las Palmas herrschten optimale Startbedingungen für das schwer beladene Flugschiff. Der erste Startversuch am 3. Februar 1931 schlug jedoch fehl.

Für den 3. Februar 1931 wurde der Start zum Weiterflug angesetzt, der mit schwerster Beschädigung der Do X enden sollte. Darüber berichtete der Junkers-Nachrichtendienst, also die Dornier-Konkurrenz, am 5. Mai 1931 Folgendes:

„Betr. Unfall Do X beim Start in Las Palmas. Dr. Thielau war kürzlich in Las Palmas, um die Reparaturen der Do X zu besichtigen. Nach seinen Angaben hat sich das Boot bisher gut bewährt. Der Bruch ist auf eine durchaus ungewöhnliche Beanspruchung zurückzuführen. Es wurde nämlich versucht, gegen den Wind, der quer zur Dünung verlief, zu starten. Hierbei kam die überlastete Maschine ins Springen und schlug mit dem äußeren Ende eines Stummels auf einen Wellenkamm auf; infolgedessen rissen teilweise die Diagonalverbände im Boot. Man hat rückwärts ausgerechnet, daß etwa ein Stoß von 120 t auf dem äußersten Teil des Flossenstummels aufgetreten sein muß, um diesen Bruch herbeizuführen. Für eine derartige Beanspruchung war das Boot nicht berechnet. Auch Flugkapitän Merz ist heute angeblich zu der Meinung gekommen, daß der Startversuch damals verfehlt sei ...“

Bordpostaufgabe eines Dornier-Eigenbelegs vom 31. Januar 1931 in Lissabon.

Über die Toppen geflaggt: das Flugschiff im Hafen von Las Palmas in Erwartung der italienischen Flieger des „Stormo Atlantico", die unter der Führung des Luftfahrtministers Italo Balbo mit zwölf Savoia-Marchetti-Flugbooten im Januar 1931 den Südatlantik im Geschwaderflug überquert hatten. Auf Balbos Anregung hin nahm die Do X die selbe Route über den Südatlantik.

Wetterbedingt konnte die Do X erst einige Tage später nach Puerto de la Luz zurückrollen.

Den neuen Hafen von Las Palmas baute seinerzeit ein deutsch-holländisches Hafenbaukonsortium, kurz „Coppa" genannt. Diese Firma erstellte nun auch in kürzester Zeit eine Slipanlage für die Reparaturarbeiten am Flugschiff. Doch noch bevor die Do X an Land gezogen wurde, kündigte sich hoher Besuch an. Über die Toppen geflaggt, erwarteten das Flugschiff und seine Besatzung die italienischen Flieger vom „Stormo Atlantico". Unter der Führung des Luftfahrtministers und Fliegergenerals Italo Balbo (1896–1940) hatten zwölf Savoia-Marchetti-S-55-Flugboote mit je vier Mann Besatzung den Südatlantik im Geschwaderflug überquert. Ihre Route hatte die Flieger im Januar 1931 von Bolama (Portugiesisch-Westafrika) nach Natal (Brasilien) geführt. Auf der Heimreise machte ihr Dampfer am 15. Februar in Las Palmas Halt, damit Balbo die Do X besichtigen konnte. Der General zeigte sich beeindruckt, zumal sein Ministerium zwei Maschinen dieses Typs bei Dornier in Altenrhein bestellt hatte.

Im Gespräch mit der Flugschiffsführung kam von Balbo der Vorschlag, für den Atlantiküberflug doch seinen Weg über das knapp 500 Kilometer entfernte Villa Cisneros, weiter nach Bolama und von dort über den Südatlantik nach Natal zu wählen. Dies hätte mit seinem Geschwader hervorragend funktioniert. Seine gut gemeinte Empfehlung führte dann zur Etappenumlegung, verbunden mit der Einrichtung von Brennstofflagern in Villa Cisneros an der afrikanischen Saharaküste sowie in Bolama. Der auf den Kapverden lagernde Betriebsstoff wurde für alle Fälle dort belassen.

„Trockenübung" mit Fliegergeneral Italo Balbo am Steuer der Do X im Hafen La Luz von Las Palmas.

SUCHE NACH EINEM GEEIGNETEN PILOTEN

Inzwischen grübelte Claude Dornier in Friedrichshafen über der ökonomischen Bilanz der Do-X-Unternehmung und suchte nach Lösungen für die sich auftürmenden Schwierigkeiten. Mit dem Tragflächenbrand in Lissabon und der Reparatur waren die Planungen des „Überführungsfluges" nach Amerika bereits völlig über den Haufen geworfen. Die neuerliche wochenlange Verzögerung nach dem Startunfall in Las Palmas machte das Zeit- und Geldproblem noch akuter. Folgende Frage stand im Raum: War die Do X mit ihrem Eigengewicht und der notwendigen Zuladung aus Betriebsstoff, Besatzung, Post usw. für den anstehenden Atlantiküberflug überhaupt aus dem Wasser zu bekommen?

Verhaltene Berichte der Flugschiffsführung zu diesem Thema zeugten nicht gerade von Optimismus und Vertrauen zu ihrem Fluggerät. Die technische Qualität des

Zeitdokument

Dieser Beleg trägt die Stempel der Anflugorte der Do X bei ihrem Flug von Lissabon nach Rio de Janeiro: Lissabon 28. November 1930, Puerto de la Luz 31. Januar 1931, Puerto de la Luz 30. April 1931, Rio de Oro 30. April 1931, Bolama (Guinea) 5. Mai 1931, Cabo Verde 30. Mai 1931, Rio Grande del Norte 5. Juni 1931, Bordpoststempel 6. Juni 1931, Rio de Janeiro 22. Juni 1931.

Kapitän Christiansen riskiert einen Blick aus dem Kommandanten- und Navigationsraum. Der berühmte Seeflieger des Ersten Weltkriegs war als Kommandant der Do X das „Aushängeschild“ der gesamten Flugschiffsexpedition.

Flugschiffs bereitete Claude Dornier weniger Sorgen. Von der Belastbarkeit seiner Konstruktion überzeugt, musste er jetzt ihre Betriebstauglichkeit demonstrieren.

Dornier griff zum Telefonhörer und ließ sich mit Carl August Freiherr von Gablenz (1893–1942) in Berlin verbinden. Beim Flugbetriebsleiter der Luft Hansa fragte er an, ob er einen Piloten habe, der im Stande sei, die Do X für den Atlantiküberflug aus dem Wasser zu bringen: *„Ja, ich habe einen, von Clausbruch. Wenn Cramer von Clausbruch den Kahn nicht rausbringt, dann bringt das so leicht keiner fertig!“* Dorniers Bitte, ihm Rudolf Cramer von Clausbruch sofort vorbeizuschicken, war mit einigen Schwierigkeiten verbunden, denn von Clausbruch befand sich in Südamerika. Der erfahrene Seeflieger und Dornier-WAL-Spezialist, profunder Kenner südatlantischer Küsten- und Seeverhältnisse, flog seit 1927 für das Condor-Syndikat in Brasilien und war Erster Technischer Direktor der neu gegründeten Luftfahrtgesellschaft VARIG. Nun erreichte ihn in Buenos Aires das Telegramm von Claude Dornier mit der Bitte, sofort nach Las Palmas zu kommen, um die Do X über den Südatlantik zu bringen. Ein großer Vertrauensbeweis, da Cramer von Clausbruch das Flugschiff nur von Postkarten und aus Presseberichten kannte und auch erst Jahre später erfuhr, wer ihn empfohlen hatte. Die ursprünglich für später geplante Ehe mit seiner zukünftigen Frau Dorit, einer frisch gekürten Schönheitskönigin, wurde beim Zusammentreffen des jungen Paares in Rio de Janeiro in aller Eile geschlossen, denn der französische Schnelldampfer mit Zwischenstation in Las Palmas fuhr bereits am nächsten Tag ab.

Am 17. April 1931 stand das frisch getraute Paar im Hafen von Las Palmas auf der Pier. Obwohl Friedrichshafen der Flugschiffsleitung seine Ankunft ankündigt hatte, holte es keiner ab, und niemand konnte sagen, wo die Besatzung des Flugschiffs logierte. Nach stundenlangem Suchen in der fremden Stadt lief ihnen zufällig Curtiss-Ingenieur Harvey Brewton, erkennbar an der Dornier-Schirmmütze, über den Weg. Jetzt wussten sie wenigstens, wo die sparsamen Do-X-Leute untergekommen waren. Noch am selben Abend folgte eine recht frostige Begrüßung durch Christiansen, Merz und Niemann. Die Do-X-Führung fühlte sich bevormundet und war der Meinung, auch ohne fremde Hilfe über den Atlantik zu kommen. Cramer von Clausbruch bekam diese Stimmung zu spüren. Clarence Schildhauer, der zweite Pilot, war schon kurz nach dem Startunfall in der Gando-Bucht wegen dringender geschäftlicher Angelegenheiten in die USA zurückgekehrt. Neben dem in Las Palmas dazugestoßenen Condor-Piloten hatte es bereits in Lissabon personelle Ergänzungen an Bord gegeben. Dornier-Direktor Paul Berner übernahm die Expeditionsleitung, und Maurice Dornier sowie Condor-

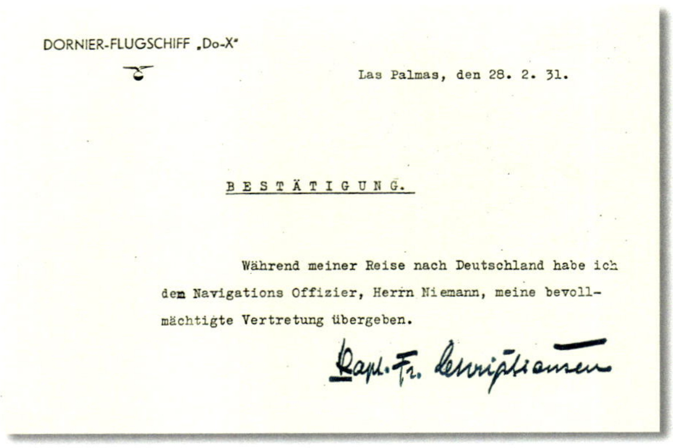

DORNIER-FLUGSCHIFF „Do-X“

Las Palmas, den 28. 2. 31.

BESTÄTIGUNG.

Während meiner Reise nach Deutschland habe ich dem Navigations Offizier, Herrn Niemann, meine bevollmächtigte Vertretung übergeben.

Kapt.-Fr. Christiansen

Nach dem Startunfall in der Gando-Bucht und dem Besuch von Minister Balbo reiste Kommandant Christiansen Ende Februar 1931 zur Berichterstattung nach Deutschland zurück. Bei seiner Abreise setzte er Wilhelm Niemann als seinen bevollmächtigten Vertreter ein.

Cramer von Clausbruch

– SEEFLIEGER ALS HELFER IN DER NOT –

Nach dem gescheiterten Versuch, sich als 16-Jähriger bei den Marinefliegern „reinzumogeln", trat der am 19. September 1900 geborene Rudolf Cramer von Clausbruch am 3. Januar 1918 als einjähriger Freiwilliger in die 1. Seefliegerabteilung in Kiel-Holtenau ein. Es folgte der Flugzeugführer-Lehrgang in der Fliegerschule Nest vom 1. Juni bis 31. Oktober 1918, und sein Schulleiter, Leutnant Rolf Starke, schrieb ihm danach in das Dienstleistungszeugnis: *„von Clausbruch ist ein sehr guter, begeisterter, sicherer Flieger, strammer Soldat, gerader, fröhlicher, vernünftiger Mensch ... verspricht zuverlässiger, forscher Frontflieger zu werden, voraussichtlich auch guter Kampfflieger."* Seine weitere Ausbildung zum Flugzeugführer in der Fortbildungsschule Flensburg schloss Cramer von Clausbruch mit dem privaten F.A.I.-Pilotenschein Nr. 7809 für Zweidecker ab, den er kurz nach Kriegsende, am 6. Januar 1919, ausgestellt bekam.

Nach dem Beginn eines Maschinenbaustudiums lockte ihn die Seefahrt. Er musterte als Maschinistenassistent vom 10. August bis 27. Oktober 1922 auf dem Dampfer GENERAL SAN MARTIN an, der für die Hugo-Stinnes-Linien im Südamerikadienst fuhr, und anschließend auf dem Stinnes-Dampfer OLIVA. Ab 1. Dezember 1923 war er Volontär bei den Junkers-Flugzeugwerken in Dessau und arbeitete an der Konstruktion der Junkers F13 mit. Zum 1. April 1924 wurde er als Pilot der Abteilung Luftverkehr der Junkers-Werke übernommen. Ab 25. August 1924 flog Cramer von Clausbruch für den Deutschen Aero-Lloyd. Bis zum 29. August 1926 bewältigte er bei 331 Tag- und Nachtflügen an der Ost- und Nordseeküste mit unterschiedlichen Flugzeugmustern über 118.000 Streckenkilometer.

„Wir verpflichten Sie hiermit als Flugzeugführer und technischen Mitarbeiter für die von uns oder von einer mit uns zusammenarbeitenden ausländischen Gesellschaft in Südamerika auszuführenden Flüge ... Während Ihrer Teilnahme an der beschriebenen Unternehmung zahlen wir Ihnen: 1.) Ihr Heimatgehalt, das sich auf RM 410,– zuzüglich einer Familienumlage von RM 52,– pro Monat beläuft und an eine von Ihnen anzugebende Adresse in Deutschland zahlbar ist." So die ersten Zeilen einer Vereinbarung der Luft Hansa mit Cramer von Clausbruch vom 17. Dezember 1926. Bereits am 1. April 1927 war er Flugzeugführer des Condor-Syndikats in Brasilien und der Technische Direktor der sich neu gründenden Luftfahrtgesellschaft VARIG.

Seine Erfahrungen auf Dornier-WAL-Flugbooten, die er sich auf unzähligen Flügen an der südamerikanischen Küste erworben hatte, rettete das Do-X-Unternehmen bei der Überquerung des Südatlantiks am 4. Juni 1931. Danach flog er die Do X von Rio de Janeiro nach New York. In den folgenden Jahren bis zum Ausbruch des Zweiten Weltkriegs hatte Cramer von Clausbruch hervorragenden Anteil an der Einrichtung des regelmäßigen Luftpostverkehrs zwischen Europa und Südamerika mit deutschen Flugbooten. Dafür zeichnete ihn die Lufthansa mit dem goldenen Atlantikabzeichen aus, als Dritten nach Joachim Blankenburg und Jobst von Studnitz.

Cramer von Clausbruch blieb Angestellter des Condor-Syndikats und seiner Nachfolgegesellschaft Servicos Aéreos Cruzeiro do Sul Ltda. bis zum 16. März 1942 und gehört auch heute noch, 25 Jahre nach seinem Tod am 1. September 1979, zu den großen, anerkannten Persönlichkeiten der südamerikanischen und besonders der brasilianischen Luftfahrtgeschichte.

Rudolf Cramer von Clausbruch am Fenster des Führerraumes der Do X. Der rechte Pilotensitz war sein Arbeitsplatz von Las Palmas bis Rio de Janeiro.

Syndikat-Direktor Fritz W. Hammer, der den Flug von Lissabon nach Las Palmas mitmachte, waren als Vertreter der Dornier Metallbauten GmbH an Bord.

Wegen des langen Transportweges der Ersatzteile für die Do-X-Reparatur in Las Palmas zogen sich die Arbeiten erneut über Wochen hin. Am 26. April 1931 schwamm das Flugschiff wieder. Abermals rollte man zur Gando-Bucht, wo Cramer von Clausbruch sich auf der Maschine einflog und sofort sein hervorragendes Können als Seeflieger unter Beweis stellte. Er war der Erste, der die Leistungsgrenzen des Flugschiffs im Atlantikbetrieb auslotete. Er stellte ein ähnliches Roll- und Flugverhalten wie bei den Dornier-WAL-Flugbooten fest. Er war ganz in seinem Element! Auf die Frage, wie es mit dem Niedrigflugverhalten aussähe, um richtig Sprit zu sparen, antwortete Horst Merz irritiert, dass man bereits einmal eine längere Strecke nur 25 Meter über dem Meeresspiegel geflogen sei. Doch dies verstand Rudolf Cramer von Clausbruch nicht unter Niedrigflug. Drei bis fünf Meter über der Wasseroberfläche zu bleiben, hieß für ihn Niedrigfliegen. Er kannte aus praktischer Erfahrung den Vorteil dieser Flughöhe, die 15 Prozent mehr Strecke bei gleichem Benzinverbrauch ergab. „Bodeneffektfliegen“ heißt heute, was damals die Atlantikflieger auf Dornier-WAL-Flugzeugen durch Zufall entdeckten. Wilhelm Niemann, der die Diskussion der beiden Flugzeugführer verfolgte, muss innerlich aufgeatmet haben. Er hatte als gewissenhafter Navigator bereits in Lissabon seine eigene Verbrauchsrechnung für die Überflugetappe von den Kapverden nach Natal aufgestellt. Er wusste, dass mit der vorhandenen Tankkapazität der Do X und bei den „gefräßigen“ Motoren die Strecke ohne Tankstopp bei einem Hilfsschiff mitten auf dem Südatlantik nicht zu schaffen war. Mit dem ihm bis dahin unbekannten „Bodeneffekt“ würde es vielleicht doch bis zur Natal vorgelagerten brasilianischen Inselgruppe Fernando Noronha reichen.

Besatzungsmitglieder nutzen unter afrikanischer Sonne den Schatten auf den Stummeln unterhalb der Tragflügel für einen Mittagsschlaf.

Dornier-Direktor Paul Berner bekam Direktiven aus Friedrichshafen und drängte nun zum Weiterflug. Er legte den Starttermin zum Flug nach Villa Cisneros auf den 1. Mai 1931. Am ersten Feiertag nach der gerade überstandenen Revolution und der Ausrufung der neuen spanischen Republik bereitete der Besatzung die Wagenfahrt von Las Palmas zum eine Stunde entfernten Liegeplatz der Do X in der Gando-Bucht einige Schwierigkeiten. Es wurde kräftig gefeiert, und man wollte die Fahrzeuge nicht passieren lassen. Um 11.53 Uhr war das Flugschiff dann endlich in der Luft und zwei Stunden später auf seinem Weg entlang der trostlosen afrikanischen Wüstenküste zum Rio de Oro.

Der nächste Landepunkt war das spanische Fort Villa Cisneros, an einer schroffen, steil abfallenden Felsenküste mit starker Brandung gelegen, hinter der sich landeinwärts das flache, öde Wüstenland der Westsahara bis zum Horizont erstreckt. Kein Baum, kein Strauch, nur Sand. Die wenigen Nomaden aus dem Umland galten als feindselig, wie man aus den Berichten dort notgelandeter französischer Postflieger wusste.

Paul Berner

– REISEORGANISATOR MIT STARKEN NERVEN –

Zum „Urgestein“ der Firma Dornier gehörte der am 26. November 1886 geborene Paul Berner. Seit 1912 Betriebs- und Fahringenieur beim Luftschiffbau Zeppelin, trat er am 14. September 1921 in den Dienst der Zeppelin-Werke Lindau GmbH, der Vorläuferfirma der Dornier Metallbauten GmbH, ein. Aufgrund des Flugzeugbauverbots für deutsche Firmen wich Claude Dornier nach Italien aus und kaufte eine stillgelegte Schiffswerft in Marina di Pisa, einem kleinen Ort in der Nähe von Pisa. Dort übernahm Paul Berner am 15. Januar 1922 die Betriebsleitung der neu gegründeten Costruzioni Meccaniche Aeronautiche Societa Anonima (CMASA). Unter schwierigen Verhältnissen wuchs der Betrieb unter seiner Leitung zu beachtlicher Größe. Claude Dornier ließ dort die berühmten WAL-Flugboote bauen.

Als die Planungen der Do X Gestalt annahmen, kehrte Paul Berner nach Deutschland zurück. Er wurde am 1. Oktober 1926 Betriebsleiter der neu gegründeten Aktiengesellschaft für Dornier-Flugzeuge in Altenrhein am Schweizer Bodenseeufer. Berner leitete maßgeblich Planung und Bau sowie Einrichtung der neuen Werksgebäude, in denen später die Do X produziert werden sollte. Sein Aufgabengebiet blieb während des Baus der Do-X-Flugschiffe die Leitung des gesamten Betriebs einschließlich des technischen Bereichs. In selbstständiger Verantwortung und in enger Zusammenarbeit mit den Dornier Metallbauten in Friedrichshafen entstanden so in Altenrhein die Flugschiffe Do X 1 bis 3.

Nach Erprobung und Indienststellung der ersten Do X begann der mit großen Hoffnungen verbundene Überführungsflug in die USA. Durch den Tragflächenbrand in Lissabon gerieten alle Planungen ins Wanken. Material, besonders so genannte „Hautflächenfelder“ der Tragflächenkonstruktion, und ein gutes Dutzend Handwerker wurden von Altenrhein in die portugiesische Hauptstadt geschickt, um die Reparatur unter freiem Himmel durchzuführen. Um die schwierige Situation vor Ort in den Griff zu bekommen, schickte Claude Dornier seinen besten Organisator hinterher. Paul Berner blieb dann während des weiteren Fluges der Do X 1 über Afrika und Südamerika bis New York der Expeditionsleiter der Unternehmung und war verantwortlich für die Organisation um das Flugschiff herum.

Am 1. Oktober 1933 kam Paul Berner in das Dornier-Stammhaus nach Friedrichshafen. Ihm wurde die technische Oberleitung aller Betriebsabteilungen mit dem Titel eines Betriebsdirektors mit Kollektivprokura übertragen. Bei der seinerzeit einsetzenden Ausweitung der Flugzeugproduktion hatte er reichlich Gelegenheit, seine Erfahrung in der Errichtung und im Betrieb von Anlagen für den Flugzeugbau einzubringen. Besonders die Planung der neuen Dornier-Werke in Wismar und München sowie das Fabrikationsprogramm der Baumuster Do 23, Do 17 und Do 217 trugen seine Handschrift. Anfang Dezember 1942 schied Paul Berner bei den Dornier-Werken aus und machte sich mit der Übernahme der Leichtbau GmbH in Ravensburg selbstständig. Er verstarb am 10. Februar 1952.

Do X am Strand von Bubaque vor Bolama (Guinea-Bissau). Neben Notproviant befand sich nur für zwei Tage frische Verpflegung an Bord, als das Flugschiff mit 17 Mann Besatzung drei Wochen Aufenthalt an der westafrikanischen Küste hatte.

Nach einer äußerst schwierigen Betankungsaktion in Villa Cisneros mit Hilfe kleiner Fischerboote bei starkem Seegang, dem schwierigsten Tankunternehmen auf der ganzen Do-X-Expedition überhaupt, ging der Flug am 3. Mai weiter nach Bolama in Guinea-Bissau.

Maurice Dornier brachte in der Schweizer „AERO REVUE" unter dem Titel „Mit dem ersten Flugschiff der Welt über drei Kontinente" interessante Reiseimpressionen der Flugstrecke von Lissabon bis New York zu Papier. Diesem Bericht ist auch die folgende Schilderung der Ankunft in Guinea-Bissau entnommen: *„Um 17.20 Uhr überfliegen wir den Handelsplatz Bissao und landen um 17.45 Uhr vor der Hauptstadt Bolama nach einer Flugzeit von acht Stunden und 42 Minuten für die Entfernung von 1.500 Kilometern. Eine Motorbarkasse mit der Residentenflagge kommt längsseits. Die Insassen begrüßen Admiral Coutinho, teilen ihm aber gleichzeitig mit, daß sie vor wenigen Tagen die rechtmäßige Regierung abgesetzt, den Gouverneur und seine Beamte zwangsweise nach Lissabon gesandt und eine provisorische Revolutionsregierung errichtet haben ..."* Von einer Revolution in die nächste. Ein Aspekt, der das Do-X Unternehmen berührte, denn die Revolutionäre quartierten Admiral Coutinho unter Hausarrest im Regierungsgebäude ein, traten allerdings die Flucht an, als ein portugiesisches Kanonenboot am „Gerüchtehorizont" auftauchte.

ÜBER 20 FEHLSTARTS IN BUBAQUE

Nicht nur die politischen Verhältnisse, sondern vor allem das tropische Klima brachte die Flugschiffsbesatzung zum Schwitzen und das Unternehmen ins Wanken. Den Verantwortlichen wurde unter den privat angeschafften Tropenhelmen angesichts der Lage zunehmend heißer und klar, in welche Mausefalle sie mit dem Flug nach Bolama geraten waren. Ihr Tippgeber, General Balbo, war im Januar von dort aus erfolgreich nach Natal gestartet. Doch jetzt, Anfang Mai, stand die Regenzeit bevor. Eine schier unerträgliche Luftfeuchtigkeit, verbunden mit großer Hitze hatte eine verminderte Tragfähigkeit der Luft zur Folge und ließ die Motorenleistung erheblich abfallen. Ohne kräftigen Gegenwind, und der würde erfahrungsgemäß noch Wochen auf sich warten lassen, konnte ein Start zum Flug nach Natal mit dem notwendi-

Die rund 30 Tonnen Rüstgewicht des Flugschiffs konnten in Bubaque unmöglich an Land gezogen werden. Ebbe und Flut besorgten das Docken für die Bodeninspektion.

gen Gesamtgewicht von ca. 50 Tonnen nicht klappen. Über 20 Fehlversuche, mit der schwer beladenen Maschine von der vorgelagerten Insel Bubaque aus zu starten, bestätigten die Befürchtungen vor Ort und vor allem in Friedrichshafen. Wochen vergingen, und jeder Tag zählte. Da das Unternehmen auf Zwischenlandungen, nicht aber auf längere Aufenthalte eingerichtet war, bereitete die Versorgung der Besatzung zunehmend Schwierigkeiten. Drei Auswege aus dem Dilemma boten sich an und hatten Befürworter und Gegner bei den Entscheidungsträgern. Kommandant Christiansen schlug vor, ein Hilfsschiff für die Zwischenlandung als „Tankstelle“ in den Südatlantik zu schicken. Von Fritz Hammer aus dem fernen Deutschland kam der Vorschlag, zurück zu den Kapverdischen Inseln zu fliegen, um wie ursprünglich geplant von dort aus den Überflug zu starten. Cramer von Clausbruch behauptete später, wenn man ihm die Entscheidung für Zeitpunkt und Ort überlassen hätte, wäre nach rigoroser Gewichtsentlastung des Flugschiffs auch ein Start in Bubaque möglich gewesen. Die unterschiedlichen Meinungen, verbunden mit reichlich Diskussionsstoff, konnten der Stimmung nicht zuträglich sein.

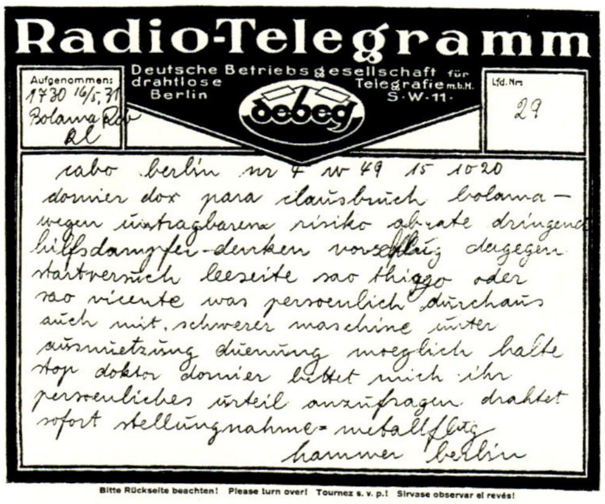
Radio-Telegramm
Aufgenommen: 1730 16/5.31 Bolama Rad Kl
Deutsche Betriebsgesellschaft für drahtlose Telegrafie m.b.H. Berlin S.W.11.
debeg
Lfd. Nr: 29

rabo berlin nr 4 w 49 15 1020
dornier dox para clausbruch bolama –
wegen untragbarem risiko abrate dringend
hilfsdampfer-denken vorschlag dagegen
startversuch leeseite sao thiago oder
sao vicente was persoenlich durchaus
auch mit schwerer maschine unter
ausnuetzung duenung moeglich halte
stop doktor dornier bittet mich ihr
persoenliches urteil anzufragen drahtet
sofort stellungnahme = metallflug
hammer berlin

Bitte Rückseite beachten! Please turn over! Tournez s. v. p.! Sirvase observar el revés!

Henry Kiel, Funkoffizier der Do X, nahm am 16. Mai 1931 um 17.30 Uhr dieses DEBEG-Radio-Telegramm auf, in dem die Idee eines Hilfstankers verworfen und die Möglichkeit eines Startversuchs in Sao Thiago oder Sao Vincente auf den Kapverden diskutiert wird.

Die liberianische Post erinnerte mit dieser Briefmarke an die afrikanischen Stationen der Flugroute der Do X.

Ende Mai kam aus Friedrichshafen die ultimative Aufforderung vom „Herrn Doktor“, wie Claude Dornier von den Firmenangehörigen genannt wurde, entweder bis zum 30. Mai zielgerichtet den Überflug über die Kapverden zu starten oder das Unternehmen ganz abzubrechen. Mit zunehmend schlechteren Bedingungen war die Grundvoraussetzung für einen erfolgreichen Start, eine weitere Gewichtsentlastung vorzunehmen, wie sie Cramer von Clausbruch empfahl. Bereits in Lissabon hatte die Besatzung sämtliches Mobiliar der luxuriösen Innenausstattung und alle mit Bordmitteln demontierbaren Einrichtungsteile in große Transportkisten verpackt. Sie waren als Schiffsfracht an die brasilianische Ostküste nach Natal gebracht worden. Nach erfolgreichem Überflug des Atlantiks sollte dort die Einrichtung wieder eingebaut werden.

Jedes Kilogramm weniger an Bord zählte, und außerdem wurde der Stauraum im Passagierdeck für zusätzliche Treibstofftanks benötigt. Schon in Lissabon waren zwei Benzintanks mit jeweils 3.200 Litern im hinteren Salon und zwei weitere mit je 1.200 Litern im vorderen Salon eingebaut worden. In Bubaque wurde nun auch noch die Küche ausgebaut und sämtliches Gepäck der Besatzung per Dampfer über den Südatlantik

Besatzungsmitglieder mit Tropenhelmen auf dem Bootsstummel der Do X in Bubaque.

Die Besatzung der Do X in Westafrika im Dorf ihrer eingeborenen Helfer.

geschickt. Gleiches galt für vier Besatzungsmitglieder, die beim Zwischenstopp auf den Kapverdischen Inseln aussteigen sollten. Zahnbürste, leichtes Schuhzeug und ein Satz Kleidung am Mann, mehr Zusatzgewicht pro Nase war nicht drin. Gago Coutinho, Garant für die wohlwollende Behandlung der Do-X-Belange in portugiesischen Hoheitsgebieten, flog weiterhin als Passagier mit und durfte auf einem leichten Strandliegestuhl Platz nehmen. Gleiches galt für Major Brenta, der später die Do X 2 als Kommandant übernehmen sollte.

Am 30. Mai 1931 um 6.40 Uhr begann die erste Etappe des Südatlantikfluges. Mit 45,8 Tonnen Abfluggewicht stemmte sich das Flugschiff auf dem windstillen Kanal zwischen den Inseln Bubaque und Ruban aus dem Wasser und nahm Kurs auf die Kapverdischen Inseln. Die Anweisung aus Friedrichshafen, jetzt einen erfolgreichen Start zu absolvieren oder aufzugeben, setzte allen zu und mobilisierte die letzten Kräfte. Nach all den Strapazen konnte und durfte die Expedition hier nicht zu Ende sein. Über tausend Kilometer Flugstrecke in sieben Stunden lagen vor der Besatzung. Auf dem Flug entlang der afrikanischen Küste wurde bisher Versäumtes nachgeholt: das Treibstoff sparende Niedrigfliegen! Maurice Dornier berichtete: „*8.20 Uhr den Atlantik erreicht und nehmen Kurs die Küste entlang gegen Dakar, da wir hier fast völlige Windstille haben, während weiter draußen Gegenwind herrscht. Ganz niedrig fliegen wir mit 170 bis 180 km Geschwindigkeit, höchstens fünf Meter sind es nur, und es ist ein eigenartiges Gefühl, mit diesem großen Schiff so dicht über Wasser zu fliegen. Das Gefühl der Geschwindigkeit, das in größeren Höhen fehlt, ist ähnlich wie in einem Rennwagen oder Rennboot.*“

Aus dem Reisetagebuch der Besatzung: die Do X am Strand von Bubaque in Guinea-Bissau.

Nach der Landung bei der Insel Sao Thiago vor dem kleinen Hafen von Porto Praia interessierte die Schiffsführung nur noch eines: Wo haben wir hier die besten Startbedingungen mit wenig Dünung und starkem Gegenwind? Nochmals Maurice Dornier: „*Am 1. Juni 1931 wird eine neue Erkundigungs-Expedition nach der Bucht Ribeiro da Barca durchgeführt, doch liegen die Startverhältnisse auch hier nicht günstiger als vor der französischen Funkstation in Praia. Es handelt sich also jetzt darum, früh aus dem Hafen auszulaufen und draußen günstige Startverhältnisse abzuwarten. Diese treten meistens kurz vor dem Windwechsel im Laufe des Vormittags oder gegen Mittag ein. Dünung und Seegang sind in dieser Zeit am schwächsten, während doch schon wieder ein sehr kräftiger Wind aufkommt. Motoren und das ganze Flugschiff werden nochmals peinlichst überprüft, um jederzeit startklar zu sein. Da unser Navigationsoffizier Niemann mit schwerer Malaria liegt, lassen wir ihm eine kräftige Chininspritze geben, die ihn am 3. auch wieder auf die Beine bringt.*“

Im Würgegriff schwieriger Startbedingungen fotografierte die Besatzung in Westafrika Schlangenbeschwörer.

GELUNGENER ÜBERFLUG AM 4. JUNI 1931

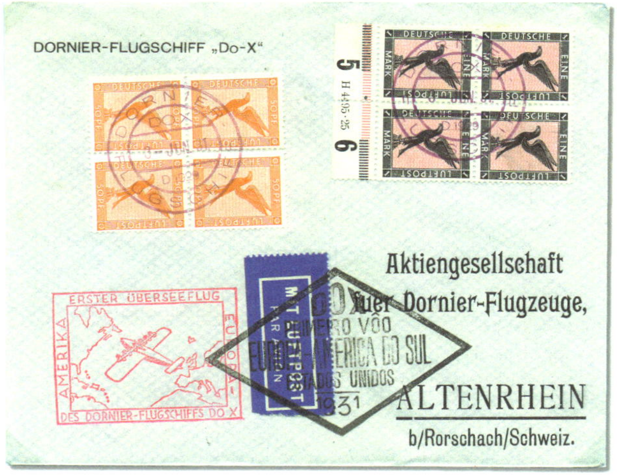

Nach gelungenem Überflug wurden in Natal 24 Dornier-Eigenbelege auf den 3. Juni 1931, den Tag vor dem Überflug, rückdatiert.

Nach einem Startabbruch wegen zu starken Seegangs und Rückenwindes war es am Morgen des 4. Juni endlich so weit. Die Do X lag startbereit mit konzentrierter Besatzung auf der Lauer und wartete in der Bucht Ribeiro da Barca auf bessere Wetter- und Seeverhältnisse. Von Bord eines Schleppers beobachteten die vier zurückgelassenen Besatzungsmitglieder das Geschehen.

„*Um 12.20 Uhr macht die Do X wieder klar und rollt nördlicher gegen die Station Sao Martinho, um kurz darauf um 12.52 Uhr am Schlepper vorbei zu starten. Das Flugschiff geht sofort nach dem Start, der eine fliegerische Glanzleistung war, trotz Rückenwind in 5 Meter Flughöhe auf Kurs, kann noch 5 Minuten lang im Flug beobachtet werden, dann verschwindet es am Horizont.*“ Was Maurice Dornier hier beobachtete, erlebte auch die Besatzung des portugiesischen Frachtdampfers MARIA CHRISTINA. Dessen Kapitän sah, wie die Do X statt Höhe zu machen knapp über dem Wasser hing und dann am Horizont verschwand. „Do X ins Wasser gestürzt!“, ließ er deshalb als Funkmeldung aufsetzen und löste damit in Europa einiges Entsetzen aus. Obwohl die Funkverbindungen damals reichlich unsicher waren, ging diese unglückliche Falschmeldung durch. Am nächsten Morgen stand der Absturz des Flugschiffs in den deutschen Zeitungen. Viele Stunden der Unsicherheit in Deutschland folgten, bis dann schließlich die gelungene Überquerung des Südatlantiks in Friedrichshafen bekannt wurde.

2.324 km nach dem Start in Porto Praia erreichte die Do X am 4. Juni 1931 das paradiesische Eiland Fernando Noronha vor der brasilianischen Küste.

Vom Start in Porto Praia und dem Überseeflug nach Fernando Noronha gab es später lange Zeit keine offiziellen Berichte. Die Do X hatte den Sprung über den Atlantik geschafft, und nur dieser Erfolg zählte. Wem und unter welchen Umständen der Start gelang, schien nicht so wichtig zu sein. Oder vielleicht doch? Rudolf Cramer von Clausbruch beschrieb einige Tage später den Start wie folgt:

„*In einer privaten Besprechung, welche die Herren Berner und Dornier bestätigen werden, legte ich mich bereits vor Antritt des Überseefluges nach Natal dahingehend fest, daß ich durch Niedrigfliegen und dadurch Herausholen besserer Flugzeiten das Erreichen unseres Zieles erzwingen würde. Bei Nachrechnung nach gelungenem Fluge an Hand des Benzinverbrauches stellte sich dann auch heraus, daß bei Nichtausnutzung dieser*

Auch in Südamerika, wie hier in Macao, begrüßte eine begeisterte Besuchermenge die Besatzung bei jeder Landung des Flugschiffs.

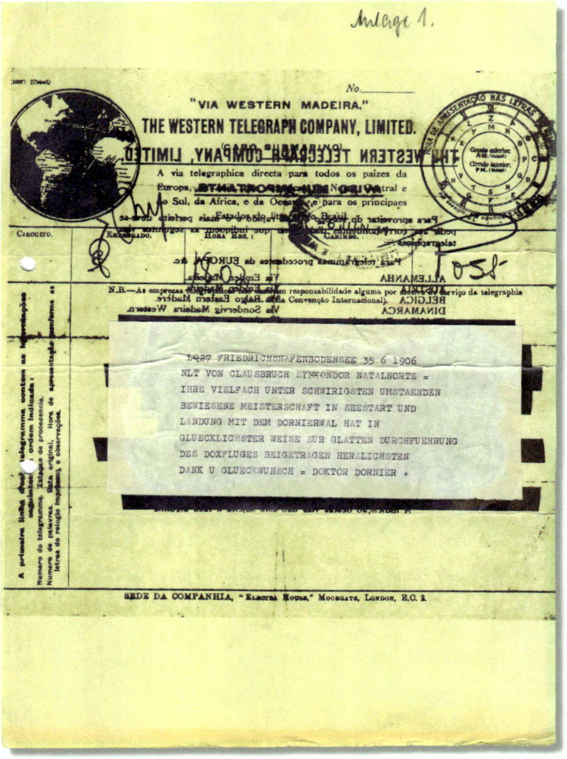
"VIA WESTERN MADEIRA."
THE WESTERN TELEGRAPH COMPANY, LIMITED.

LQ27 FRIEDRICHSHAFENBODENSEE 35 6 1906
NLT VON CLAUSBRUCH SYNKONDOR NATALNORTE =
IHRE VIELFACH UNTER SCHWIRIGSTEN UMSTAENDEN
BEWIESENE MEISTERSCHAFT IN SEESTART UND
LANDUNG MIT DEM DORNIERWAL HAT IN
GLUECKLICHSTER WEISE ZUR GLATTEN DURCHFUEHRUNG
DES DOXFLUGES BEIGETRAGEN HERZLICHSTEN
DANK U GLUECKWUNSCH = DOKTOR DORNIER +

Glückwunschtelegramm von Dr. Dornier an den Piloten Cramer von Clausbruch, dem der Konstrukteur für seine gelungenen Starts und Landungen auf See dankt.

Erfahrung bereits vor Noranha der Betriebsstoff ausgegangen wäre, während wir nunmehr bei Ankunft sogar für eine gute Stunde Benzin in Reserve hatten.

Am 4. Juni erfolgte nach einem Fehlversuch infolge Windstille der Start nach Brasilien. Es standen ca. 7 sec/m Wind von vorn und seitlich anlaufender Seegang und Dünung. Wie immer war die Maschine sofort auf Stufe. Nach ca. 2 Minuten Start schralte der Wind seitlich, und wir mußten, um das hohe Gewicht herauszuheben, etwas schräg gegen die Dünung anlaufen, da selbstverständlich bei dieser Riesenzuladung die Maschine nicht mit reinem Seitenwind herauszubekommen ist. Wir bekamen natürlich einige unvermeidbare Stöße, wonach sofort schwerste Bedenken gegen den Weiterstart von Christiansen geäußert wurden. Blitzschnell wurde mir klar, daß die Maschine durch die enorme Beanspruchung der letzten Zeit und des Moments möglicherweise Schaden derart genommen haben könnte, daß ein gänzliches Aufgebenmüssen des Ozeanfluges möglich, ja sogar die Zurückbringung des Do X nach Europa gefährdet war. So konnte es nur Durchhalten geben. Ich setzte mich gegen die laut vorgebrachten Bedenken der Schiffsleitung durch und so gelang der Start (in 260 Sekunden), nach welchem wir sofort im Rückenwind in niedrigster Höhe den Flug durchführten.

An den Atlantik-Überflug der Do X erinnert diese Marke aus Monaco.

Gegen den Plan, bei Eintritt der Dunkelheit auf See zu landen, um einen Nachtflug zu vermeiden, wandte ich mich entschieden, trotz der vorliegenden Möglichkeit einer solchen Maßnahme, weil gegen die Fortsetzung des Fluges keinerlei Bedenken vorlagen. Diese meine Einstellung erwies sich in der Folge als richtig. Anhand der hervorragenden navigatorischen Fähigkeiten des Herrn Niemann konnten wir genau planmäßig Fernando Noranha ansteuern, wo auf der Dünung mit Seitenwind nachts glatt gelandet wurde ...“

Nur wenige Meter trennen die Do X von der Wasseroberfläche.

Im Nachhinein gesehen war das Weiterfliegen in einer Höhe von 25 bis 50 Metern trotz Nachtflugverbots durch das Verkehrsministerium ein wichtiger Faktor für das Gelingen des Fluges. Beim Start war allerdings der Bootsboden leckgeschlagen, und das Flugschiff zog erhebliche Mengen Wasser an. Erst in Natal konnte der Schaden bei Ebbe am Strand neben der Ablaufbahn der Flugstation behoben werden.

Die Do X verweilte im Juni 1931 wegen der nötigen Inspektions- und Reparaturarbeiten für 13 Tage in Natal. Zahlreiche Einheimische nutzten die Gelegenheit zur Besichtigung.

Am 6. Juni 1931 ging über den Bordfunk ein Glückwunschtelegramm von Claude Dornier an Pilot von Clausbruch ein: „*LQ 27 FRIEDRICHSHAFENBODENSEE 35 6 1906 NLT VON CLAUSBRUCH SYNKONDOR NATALNORTE – IHRE VIELFACH UNTER SCHWIERIGSTEN UMSTAENDEN BEWIESENE MEISTERSCHAFT IN SEESTART UND LANDUNG MIT DEM DORNIERWAL HAT IN GLUECKLICHSTER WEISE ZUR GLATTEN DURCHFUEHRUNG DES DOXFLUGES BEIGETRAGEN HERZLICHEN DANK U GLUECKWUNSCH – DOKTOR DORNIER*“

Da sich Cramer von Clausbruch bei den Überlegungen zum Überflug über die Bedenken von Kapitän Christiansen und Pilot Horst Merz hinweggesetzt hatte und ihm nun der alleinige Dank Claude Dorniers galt, war das Verhältnis zwischen ihm und der Schiffsführung angespannt. Von Clausbruch blieb nicht wie die übrige Besatzung in Natal, sondern flog am 7. Juni mit einer Maschine des Condor-Syndikats nach Rio de Janeiro weiter, um seine Frau wiederzusehen, die von Las Palmas mit dem Schiff zurückgefahren war. Erst für den Weiterflug nach Rio am 18. Juni stand er als Pilot mit Ortskenntnis wieder zur Verfügung.

Die auf dieser Briefmarke aus Gambia dargestellte Luftpostverbindung mit Dornier WAL zwischen Afrika und Südamerika entspricht in etwa der Flugroute der Do X.

In Natal blieb das Flugschiff für eine längere Inspektion liegen, was für die Besatzung 13 arbeitsreiche Tage bedeutete. Sämtliche Einbauten mussten wieder an ihrem Platz montiert werden, um die Do X „besuchsfein“ zu machen. Pilot Clarence Schildhauer, der wegen des Bolama-Intermezzos mehrere Wochen im tropischen Natal auf das Flugschiff gewartet hatte, stieß wieder zur Besatzung, und auch die vier Mann „Gewichtsreduzierung“ waren wieder dabei. Maurice Dornier und Paul Berner sowie die Monteure Fischer und Marquardt hatten bereits am 8. Juni den Hamburg-Süd-Frachtdampfer ARGENTINA anfunken lassen, dessen Kapitän

In Natal musste das Flugschiff am Bootsboden repariert werden. Beim Start in Porto Praia hatte es einen Wellenschlag erhalten und zog seitdem Wasser.

Feddersen sich bereit erklärte, sie in St. Vincente auf den Kapverden aufzulesen und bis Pernambuco mitzunehmen. Gern wollten sie den Landeplatz ihrer Do X neben einem gestrandeten griechischen Frachter in Fernando Noronha in Augenschein nehmen, und Feddersen tat ihnen den Gefallen. In Pernambuco wartete bereits eine Junkers W 34 des Condor-Syndikats mit Max Sauer, dem Betriebsleiter des Luftfahrtunternehmens, auf die Nachzügler. Er flog sie zur Do X nach Natal, wo sie schließlich am 16. Juni die Besatzung wieder komplettierten.

FLUG NACH RIO DE JANEIRO

Über den weiteren Flug nach Rio de Janeiro berichtete Maurice Dornier: „*17. Juni 1931. Heute sind wir zu früh aufgestanden, denn als wir bei Tagesgrauen mit unserer schwer beladenen Maschine starten wollten, war es bei der regenschweren, feuchtwarmen Luft nicht möglich, die nötige Startgeschwindigkeit auf dem knappen zur Verfügung stehenden Platz zu erreichen und wir brachen den Start ab, um etwas aufzutanken und den Tag zu einer Bodenreinigung zu benützen, da Do X sich wieder einen ordentlichen Bart zugelegt hatte, der zum Start nicht gerade förderlich war. Rasch war eine günstige Stelle am Strand ausgesucht, wo flacher Sandstrand leichtes Auflaufen mit eigener Kraft ermöglichte, und die noch stehende Flut benützend waren wir eine halbe Stunde später an Land, konnten sofort die nötigen Hilfsarbeiter anstellen und mit dem fallenden Wasser unsere Do X unten schön sauberbürsten. Mit der wiederkehrenden Flut war alles fertig, und wir konnten nun sicher mit gutem Abkommen für den 18. rechnen. Mit Tagesgrauen wird am 18. Juni von Clausbruch, der seit mehreren Jahren diese Strecke mit Dornier-WAL fliegt, ein tadelloser Start durchgeführt, und in weiter Kurve ausholend nehmen wir Kurs nach Bahia.*“

Der Hafen von Bahia war eine der Zwischenstationen auf dem Weg der Do X nach Rio.

Genau am 20. Juni um 13 Uhr sollte das Flugschiff in Rio de Janeiro landen. Nicht früher und auch nicht später. Der gesamte vom Condor-Syndikat organisierte „Rummel“ mit Presse und Öffentlichkeit wurde auf diesen Termin abgestimmt. Nach dem Start in Bahia wurde auf halber Strecke im Meeresarm von Caravellas nochmals ein Zwischenstopp eingelegt, und dann trat das Flugschiff den Flug nach Rio, der südlichsten Station der Reise, an.

Die Flüge der Do X waren durchaus auch für die Postbeförderung innerhalb Südamerikas interessant. Am 16. Juni 1931 wurde dieser Brief von Natal nach Rio aufgegeben.

In Rio de Janeiro bereiteten die Brasilianer dem Flugschiff und der Besatzung einen grandiosen Empfang. Dicht gedrängt standen jubelnde Menschen an der Hafenmauer, und die offiziellen Vertreter drängelten, um an Bord zu kommen. Der Aufenthalt in Rio sollte je nach Bedarf ausgedehnt werden, um Behörden, Presse, Deutschbrasilianern sowie dem übrigen Publikum das Flugschiff zu zeigen. Außerdem sollte vor dem Flug nach New York eine allgemeine Revision von Schiff und Motoren stattfinden und eine Erneuerung des Bodenanstriches vorgenommen werden. Doch nicht nur technisch hatte die Do X eine Auffrischung dringend nötig. Auch der große Erfolg und die zahlreichen Feiern hatten die Spannungen und Kompetenzfragen der vergangenen Monate zwischen den Piloten und dem Schiffskommando nicht lösen können. Horst Merz bat schließlich Expeditionsleiter Paul Berner um ein klärendes Gespräch.

Vor der Kulisse des „Zuckerhuts" liegt die Do X in Rio de Janeiro vor Anker.

KOMPETENZFRAGEN IN RIO

Die euphorisch berichtende Deutsche Sao Paulo-Zeitung hatte am 8. Juni 1931 Flugzeugführer Cramer von Clausbruch als „Überflieger" bezeichnet und Merz nicht gebührend erwähnt. Letztlich nur ein ärgerliches Versehen, denn Navigationsoffizier Niemann hatte auf der für die Presse schnell herausgegebenen Besatzungsliste Merz schlichtweg vergessen. Aber auch das war ein Thema bei der Aussprache im Büro der Syndicato Condor Ltda. am 1. Juli 1931, die auf Wunsch von Flugzeugführer Horst Merz einberufen wurde. Von 11.15 bis 12.45 Uhr rekapitulierten Friedrich Christiansen, Horst Merz, Paul Berner, Maurice Dornier und Rudolf Cramer von Clausbruch gemeinsam mit dem technischen Leiter des Condor-Syndikats, Max Sauer, sowie dem Verkehrsleiter Hans Wilkens als Protokollführer die Fehler und Versäumnisse der vergangenen Etappen des Überführungsfluges.

Seit dem Startunfall in Las Palmas, der im Nachhinein als fliegerisch verunglückte Aktion gesehen wurde, waren im Haus Dornier Zweifel an der Leistungsfähigkeit und der Führung der Do X aufgekommen. Nun stand die Frage nach den Kompetenzen der inzwischen zahlreich beteiligten Piloten ebenso im Raum wie eine gewisse Ratlosigkeit, wie es weitergehen sollte. Claude Dornier brannte das Zeitproblem unter den Nägeln, abgesehen von schwindenden finanziellen Mitteln infolge der Welt-

Kurz nach der Ankunft in Rio versammelte sich die Besatzung der Do X unter Pilot Cramer von Clausbruch (vordere Reihe, Dritter von rechts) zum Gruppenfoto.

Zulieferpost aus dem Saargebiet für den Do-X-Überseeflug von Europa nach Amerika. Die Karte wurde am 8. November 1930 in Saarbrücken aufgegeben, trägt den Durchgangsstempel von Friedrichshafen (13. November) sowie den Bordpoststempel vom 30. Januar 1931. Nachdem die Karte am 22. April 1931 in Rio de Janeiro eingetroffen war, ging sie zurück an den Empfänger im Saargebiet.

wirtschaftskrise. Er wollte den Prestigegewinn des Überfluges so schnell wie möglich realisieren, um damit den unkontrollierbaren Geldabfluss für das Flugschiff zu stoppen.

Im Laufe der Aussprache wurden von Kapitän Friedrich Christiansen und Pilot Horst Merz zahlreiche Probleme hinsichtlich der bisherigen Durchführung des Fluges angesprochen. Christiansen, der nach eigener Einschätzung den Südatlantik so gut kannte wie niemand sonst, hatte wetter- und seebedingte Einwände gegenüber der Flugroute. Horst Merz schloss sich diesen Bedenken an, zusätzlich traute er dem Flugschiff in fliegerischer Hinsicht nicht ganz. Er hielt die Do X für ein im Seegang kentergefährdetes „Monstrum", für das Nacht- und Tiefflüge ein Risiko darstellten. Christiansen und Merz zufolge war die Do X ozeanuntauglich. Beide sahen sich in ihrer Meinung durch die bisherigen Zwischenfälle bestätigt.

Horst Merz brachte im weiteren Verlauf des Gesprächs auch die mangelnde Nachtflugerprobung der Do X zur Sprache. Das Reichsverkehrsministerium hatte Nachtflüge untersagt, und Merz als Pilot und offizieller Berichterstatter des Ministeriums hatte sich an diese Weisung gehalten. Er sah den erfolgreichen nächtlichen Überflug durch Cramer von Clausbruch auch weiterhin als Verstoß gegen ministerielle Auflagen. Kapitän Christiansen hätte ohnehin eine Alternative zum Nachtflug parat gehabt: „*Wir wären auf hoher See gelandet und am Morgen weitergeflogen*", gab er zu Protokoll. Dies veranlasste Pilot Cramer von Clausbruch zu der Gegenfrage: „*Was glauben Sie denn, was die Presse danach geschrieben hätte? Das wäre doch kein Überflug gewesen!*"

Der routinierte Dornier-WAL-Flieger und ausgemachte Kenner des Südatlantiks von Clausbruch hatte sich über Vorschriften und Bedenken hinweggesetzt und gerade damit einen Beweis der Leistungsfähigkeit des Flugschiffs erbracht. Er hatte keinerlei Verständnis dafür, dass Christiansen und Merz nun noch weiterhin Bedenken äußerten. Entsprechend vernichtend fiel deswegen auch sein Urteil über die Führung der Do X in einem Brief vom 11. Juli 1931 an Fritz Hammer aus: „*Es ist das erste und letzte Mal, daß ich mich einer solchen Schiffsleitung unterstelle, und dann ist es das letzte Mal, dass ich vor einem Ozeanflug erst mal Fluglehrer spielen muß, oder sagen wir besser wollen-*

Do X über den Dächern von Rio de Janeiro.

Do X kreist über dem Nationaltheater von Rio de Janeiro.

den Ozeanfliegern die Eigenschaften ihres Flugschiffes zeigen muß, ohne die sie nie über den Ozean gekommen wären. Es war phantastisch. Mein Bericht ist gelinde gehalten, ich habe effektiv allen beweisen müssen, daß es geht. Sei es auf Stufe rollen und dann mit 90 bis 100 km/h Wendungen machen, sei es Start mit Seitenwind oder 12 bis 15 Kilometer mehr Strecke, bei gleichem Verbrauch, durch Niedrigfliegen, wie gesagt, Sie werden es beurteilen können. Verlangen Sie von Dr. Dornier die Berichte von Herrn Berner und Maurice Dornier, aus welchen Sie ersehen werden, wie schwierig meine Stellung war. Ich weiß heute, ohne auch nur im geringsten zu übertreiben, daß ich den Ozeanflug gemacht habe und ich hoffe, daß man dieses auch nur etwas anerkennt. Die Leute würden heute mit einer kaputten Maschine in Kap Verde liegen, wenn ich nicht während des Startes mit Gewalt den Weiterstart verlangt hätte. Allen standen wohl die Haare zu Berge (mir auch etwas), als wir mit Seitendünung und 140 bis 150 km in der See starteten, aber es mußte gehen. Auch gegen die Landung vor Eintreten in der Nacht habe ich mich aufs Äußerste gewehrt, und über die Landung in Noronha brauchen wir uns nicht zu unterhalten. Es ist möglich, daß, falls alle diese Sachen vors Verkehrsministerium kommen, Merz Schaden nimmt, was mir persönlich für ihn leid tun würde, aber Laien und Angstfritzen gehören nicht auf Ozeanmaschinen, die sollen Stettin–Stockholm fliegen!"

Die Bucht von Rio aus der Vogelperspektive.

Die Aussprache in Rio vom 1. Juli hatte einen besonderen Höhepunkt erreicht, als Horst Merz bemerkte, er sei bei Beginn des Weltfluges auf dem Flugschiff nicht genügend eingeflogen gewesen. Da

Am 4. August 1931 wurde dieser Luftpostbrief in Rio de Janeiro aufgegeben. Er trägt den schwarzen Rautenstempel der Luftpostbeförderung mit Do X nach New York und einen Bestätigungsstempel des Schleuderflugs am 11. September 1931 vom Dampfer BREMEN nach Southampton.

die Aussprache detailliert protokolliert worden war, hatte man auch in Friedrichshafen von den Aussagen der Beteiligten Kenntnis erhalten, und dies sollte für Horst Merz nicht ohne Konsequenzen bleiben. Navigationsoffizier Niemann erhielt am 14. Juli die folgende Aktennotiz von Paul Berner zur Kenntnis: „*In einer im Anschluß an das Telegramm Herrn Dr. Dorniers vom 13. Juli von Herrn Direktor Berner veranlaßten Besprechung mit Herrn Merz wurde abschließend festgelegt, daß dieser an dem Weiterflug ab Rio ausschließlich in seiner bisherigen Stellung und Tätigkeit als Beauftragter des RVM teilnimmt und gemäß von jetzt ab in der offiziellen Besatzungsliste als ‚Referent des Reichsverkehrsministeriums' geführt wird. Mit der Luft Hansa zu verrechnende Vorschüsse erhält er von jetzt ab durch Herrn Direktor Berner.*" Diese Aktennotiz verbannte den bisherigen Flugzeugführer Horst Merz in die Passagierkabine der Do X. Beim Weiterflug nach New York sollten allein Cramer von Clausbruch und Clarence Schildhauer den Pilotensitz innehaben.

Claude Dornier wurde durch seinen Bruder Maurice und durch Paul Berner von allen Ereignissen, die sich auf dem Flugschiff seit Las Palmas und später in Afrika ereigneten, unterrichtet. Er schrieb am 4. Juli 1931 von Friedrichshafen nach Rio de Janeiro: „*Lieber Herr von Clausbruch, heute sind wir hier noch mit Herrn Hammer zusammen, der morgen nach Lissabon reist, um mit der CAP ARCONA herüberzugehen. Ich benütze diese Gelegenheit, um Ihnen ein paar Zeilen zu schreiben und Ihnen meinen herzlichsten Dank auszusprechen für die glänzende Leistung, die Sie mit unserem Do X vollbrachten. Es hat mich ganz besonders gefreut, daß gerade Sie es waren, der das erste ‚Flugschiff' über den Atlantik führte. Ich hoffe in nicht zu ferner Zeit, eventuell schon in Amerika, Ihnen meinen mündlichen Dank aussprechen zu können. Ich rechne auch damit, daß wir in Bälde in der Lage sein werden, Ihnen unsere Anerkennung auch materiell zum Ausdruck zu bringen. Herr Hammer übernimmt nun das Kommando und ich rechne zuversichtlich damit, daß Sie bei der Stange bleiben werden und auch bei den bevorstehenden Unternehmungen uns Ihre bewährte Hilfe zur Verfügung stellen werden. Mit herzlichen Grüßen Ihr C. Dornier.*"

Empfang der Do-X-Besatzung beim deutschen Gesandten in Rio de Janeiro. Von links nach rechts: Maurice Dornier, Min. Knipping, Unbekannt, Direktor Berner, Kapitän Christiansen, Navigationsoffizier Niemann, Flugkapitän Merz, zwei Unbekannte, Flugkapitän von Clausbruch.

Diese Korrespondenz hatte sich mit der vorab zitierten Nachricht von Clausbruchs an Fritz W. Hammer überschnitten. Nachdem dieser mit der CAP ARCONA in Rio angekommen war, musste er Cramer von Clausbruch zunächst beruhigen und ihn dazu überreden, auf dem kommenden Flug nach New York weiterhin als Pilot das Flugschiff zu führen.

Dieser Brief nach New York wurde am 4. August 1931 in Rio aufgegeben und von der Do X auf ihrem weiteren Flug transportiert.

Doch nicht nur die Besetzung der Pilotenrolle stand in diesen Tagen zur Debatte. Schon nach dem Tragflächenbrand in Lissabon hatte Claude Dornier auch an einen Kommandantenwechsel gedacht. Wilhelm Niemann äußerte sich in einem Brief vom 30. Januar 1931 an den Leiter der Abteilung Luftfahrt der Hamburg-Amerika-Linie, von der Goltz, zu der Frage nach den Führungsqualitäten Friedrich Christiansens. Nachdem er seinen Kapitänskollegen zunächst gebührend gelobt hatte, fuhr er fort: „*... ein Vorbild von Pflichterfüllung und Kameradschaft ... Andererseits hat aber Herr Kapitän Christiansen die Veranlagung, sich nach außen hin als Kommandant unbedingt durchzusetzen. Den Beweis dafür hat er gerade in diesen Tagen erbracht, als Direktor Hammer vom Condor-Syndikat den Versuch machen wollte, entscheidenden Einfluß auf die Führung des Unternehmens zu gewinnen. Herr Hammer hatte scheinbar verstanden, Herrn Dr. Dornier soweit einzuwickeln, daß Ersterer zum Expeditionsleiter dieses Unternehmens bestimmt werden sollte. Hiergegen hat Herr Christiansen sich sehr energisch gewehrt und zwischenzeitlich hatte der Kampf deswegen so scharfe Formen angenommen, daß unser Kapitän Herrn Dr. Dornier das Kommando der Do X wieder zur Verfügung gestellt hat. Selbstverständlich stand die Besatzung geschlossen hinter ihrem Kapitän.*“ Christiansens Rücktrittsdrohung hatte allerdings Wirkung gezeigt. Fritz Hammer sollte ursprünglich nur als Vertreter der Dornier Metallbauten bis Rio de Janeiro mitfliegen, nun erschien er Claude Dornier als geeigneter neuer Kommandant. Nach der Landung in Las Palmas war Hammer jedoch während eines Besuches in Deutschland erkrankt, und Claude Dornier hatte den Kommandantenwechsel aufschieben müssen.

Die Do X auf einer Briefmarke aus Antigua.

Nun schien in Rio die Zeit für den Wechsel gekommen zu sein. Kapitän Christiansen wurde durch das Reichsverkehrsministerium zur Berichterstattung nach Berlin zurückbeordert. Dieser offizielle Ruf nach Berlin erschien als elegante Lösung, den Vertrauensverlust zwischen Konstrukteur und Kommandant des Flugschiffs nicht öffentlich werden zu lassen. Friedrich Christiansen übergab das Kommando an Fritz Wilhelm Hammer und fuhr mit der CAP ARCONA nach Hamburg zurück. Claude Dornier hatte nun nur noch Männer seines Vertrauens in der Führung der Do X.

In Natal trafen Major Brenta (links) und Admiral Coutinho (Mitte), die als Passagiere der Do X mitflogen, wieder auf Maurice Dornier (rechts), der zur Gewichtsentlastung auf den Kapverden ausgestiegen und mit dem Dampfer nach Brasilien gekommen war.

FINANZPROBLEME IN RIO DE JANEIRO

Do X vor Anker in Rio de Janeiro.

Der sechswöchige Aufenthalt in Rio de Janeiro vom 20. Juni bis 5. August 1931 stellte für den Überführungsflug der Do X in ökonomischer Hinsicht eine Zäsur dar. Nach der Ankunft gab man das Flugschiff für einige Tage zur Besichtigung frei, und fast 5.000 Besucher nahmen die Gelegenheit wahr, sich die technische Weltsensation des Jahres 1931 anzuschauen.

Nachdem die Generalüberholung der Do X in der Schiffswerft von Caneco in Cuju bei Rio de Janeiro erledigt war, ergab sich die Gelegenheit, ein Versprechen des Kommandanten einzulösen. Das Wetter besserte sich, und der mehrfach verschobene Rundflug mit dem brasilianischen Staatspräsidenten Dr. Getúlio Vargas konnte am 3. August endlich stattfinden. Bei herrlichem Sonnenschein erschien der Präsident mit Frau, Töchtern und seinem halben Kabinett einschließlich diverser Referenten. Vom deutschen Gesandten Knipping begrüßt, zeigte sich Vargas nach einem gelungenen Rundflug über Rio und Umgebung begeistert vom Flugschiff und seiner Besatzung. Dieser Flug galt als besonders wichtig, da sich Kommandant Fritz Hammer, Direktor und Besitzer des Syndicato Condor Limitada, hiervon einige Vorteile für seine Position in Brasilien versprach. Claude Dornier hatte ihn auch in Voraussicht auf mögliche Geschäfte seines Unternehmens mit dem Syndicato Condor zum neuen Chef des Flugschiffs gemacht. Immerhin waren Fritz Hammer und seine Fluggesellschaften in Südamerika wichtige Abnehmer von Dornier-WAL-Flugbooten. Zudem hätte die Do X ohne die Bodenorganisation des Syndikats einen schweren Stand in Brasilien gehabt. So nahm Hammers Organisation die komplette Betreuung und Versorgung von Schiff und Mannschaft in die Hand. Die Sammelrechnung vom 2. September 1931 wies dafür einen Betrag von 32.147,52 Reichsmark aus.

Getúlio Vargas (1883–1954), Präsident von Brasilien.

Diese Summe sollte den Dornier Metallbauten noch schwer zu schaffen machen. Vorrangig blieb für Claude Dornier natürlich der Weiterflug in die USA. Doch die wirtschaftlichen Verhältnisse hatten sich in einem Maße verschlechtert, dass er vor dem Weiterflug eine Zwangspause einlegen musste. Nach außen stellte man diese Unterbrechung als einen Akt der besonderen Sorgfalt dar; die Do X sollte umfassend und zeitaufwändig gewartet werden.

Auch damals galt der Grundsatz „Zeit ist Geld“, und im Umkehrschluss sollte das beschriebene Procedere signalisieren: „Geld spielt keine Rolle!“ Doch Claude Dornier hatte weder Zeit noch Geld. Die Zeit war ihm mit den diversen Flugverzögerungen davongelaufen und gab dem existenzbedrohenden Moloch

Zulieferpost aus Kolumbien, abgesandt in Cali am 17. Juni 1931. Luftpostbrief über Rio nach Konstanz mit schwarzem brasilianischem Rautenstempel, aber ohne „Bordpostübernahme“.

Fritz W. Hammer

– KOMMANDANT MIT SÜDAMERIKA-ERFAHRUNG –

Fritz W. Hammer an Hugo Junkers aus Barranquilla am 14. August 1920: *„Aus meinem Schreiben an Ihr Werk werden Sie ersehen haben, daß der Aufbau bisher gut voran ging, sodaß wir hoffentlich in der nächsten Woche zum Fliegen kommen. Die Franzosen haben durch ihren Konsul in Paris wegen unserer Flugzeuge anfragen lassen, da nach dem Friedensvertrag Fabrikation und Ausfuhr für Deutschland verboten sei. Damit werden sie ihre hier erlebten Unfälle nicht aus der Welt schaffen können, uns denken sie zu schädigen, was ihnen nicht gelingen dürfte bei der Stimmung der Kolumbianer für Deutschland.“*

Mit zwei verpackten Junkers-F-13-Schwimmerflugzeugen war zuvor eine kleine Gruppe entschlossener deutscher Flieger und Techniker angereist, um ihre Intentionen umzusetzen. Von den ehemaligen Kriegsgegnern misstrauisch beäugt, später beneidet und bekämpft, gelang es der Keimzelle um Fritz W. Hammer, in den Jahren bis zum Zweiten Weltkrieg ein Netzwerk in Südamerika aufzubauen. Sie gründete mit jeweils inländischen Partnern Luftverkehrsgesellschaften, initiierte grenzüberschreitende Flugliniennetze und verband durch die fliegerische Überwindung des Südatlantiks Europa mit Südamerika. Letztendlich schufen sie die Grundlage des gesamten südamerikanischen Luftverkehrs. Weiterhin verhalfen sie der deutschen Flugzeugindustrie damit natürlich zu einem attraktiven Absatzmarkt.

SCADTA, Syndicato Condor, VARIG oder SEDTA sind nur einige Firmierungen von Luftverkehrsunternehmen, die auf die Initiative von Fritz W. Hammer entstanden. Seine organisatorische Erfahrung und die spezifischen Kenntnisse südamerikanischer Verhältnisse machte sich Claude Dornier zunutze, als er Fritz W. Hammer im Juli 1931 zum Kommandanten der Do X bestellte. Er löste Friedrich Christiansen von Rio de Janeiro bis New York ab und wäre wohl auch Kommandant für den Rückflug der Do X nach Berlin geblieben, wenn nicht der Absturz des Dornier-WAL OLINDA des Syndicato Condor, der drei Todesopfer gefordert hatte, seine Anwesenheit in Brasilien erfordert hätte. So blieb ihm die Teilnahme an der triumphalen Rückkehr des Flugschiffs nach Berlin versagt, und für die breite Öffentlichkeit blieb er ein Unbekannter. Überhaupt sind die Pionierleistungen von Fritz W. Hammer von deutscher Seite stets nur im kleinen Kreis der Wissenden gewürdigt worden und zunehmend in Vergessenheit geraten.

Das gilt auch für seine sehr lückenhaft überlieferte Biografie. Geboren wurde Fritz Wilhelm Hammer am 6. Dezember 1888. Seit 1. Oktober 1909 war er bei der Kaiserlichen Marine, am 18. September 1915 wurde er Leutnant der Reserve der Marineinfanterie, und im Februar 1917 gehörte er der 1. Staffel der 1. Seefliegerabteilung an. Das Ende des Krieges erlebte er beim Seefliegerversuchskommando in Warnemünde. Zur Fliegerei war er bereits vor dem Ersten Weltkrieg gekommen. Am 2. September 1913 erflog er seinen Pilotenschein und gehörte mit der Nummer 499 zu dem recht kleinen und erlesenen Kreis von 817 Aviatikern, die bis zum Beginn des Ersten Weltkriegs in Deutschland offiziell Aeroplane steuern durften.

Am 4. März 1938 startete Fritz W. Hammer mit einer Junkers W 34 seiner ecuadorianischen Fluggesellschaft AERO SEDTA zu einem Erkundungsflug. Er wollte die zweitägige Reisezeit von Quito nach Guayaquil, während der über 4.000 Meter hohe Pässe und einige Sechstausender zu überwinden waren, auf anderthalb Flugstunden reduzieren. Dabei zerschellte seine Maschine am Nordhang des Vulkans Chimborazo.

Einschreibbrief nach San Juan (Puerto Rico), der in St. Johns (Antigua) am 20. August 1931 aufgegeben wurde und mit einem dekorativen Sonderstempel „FROM ANTIGUA" versehen ist.

namens Weltwirtschaftskrise Raum. Von sofort verfügbaren Barmitteln hing damals nicht nur die unternehmerische und private Existenz Dorniers ab, denn niemand hatte Geld; die Privatleute nicht, die Unternehmer nicht und auch der Staat nicht. In diese Krise, die für Dornier in Rio de Janeiro ihren ersten Höhepunkt erreicht hatte, war die Do X regelrecht „hineingeflogen".

Claude Dornier versuchte nun, vom Reichsverkehrsministerium Zuschüsse für den Weiterflug der Do X zu bekommen. Im Klartext: Das Deutsche Reich sollte den Betrieb seines Eigentums bezuschussen, obwohl es hierbei bereits ungünstige Erfahrungen gemacht hatte. Eine äußerst schwierige Verhandlungsposition. Erst am 27. Juli 1931 gelang Dornier ein Durchbruch. Mit dem Amtsvorgang L.7.7747/31 stellte der Reichsverkehrsminister für den Flug der Do X von Rio de Janeiro nach New York eine Beihilfe in Höhe von 90 Prozent der entstehenden Kosten bereit, höchstens jedoch 100.000 Reichsmark. Diese Zusage war immerhin 100.000 Reichsmark wert und ermöglichte den zügigen Weiterflug, der am 5. August erfolgte.

Nur ein einziger Motorschaden während des gesamten Weltflugs der Do X. Den Kurbelwellenbruch in Para behob ein Ersatzmotor, der aus Natal herbeigeflogen zum Einbau kam.

Bevor wir dem weiteren Verlauf der Reise folgen, hier einige Fakten zu den Reisekosten. Zur erwähnten Beihilfezusage gehörte die Überprüfung der Kosten durch die Deutsche Revisions- und Treuhand AG und dazu die Zustimmung des Ministeriums. Dieser Bericht ist erhalten und gibt Aufschluss über einige interessante Kostenfaktoren. Die gesamte Weiterreise kostete 171.642,65 Reichsmark, und damit waren spätere Liquiditätsprobleme in New York vorprogrammiert. Allein die so genannten Vorbereitungskosten des Fluges während der Liegezeit in Rio schlugen mit 52.155,80 RM zu Buche. Während des Fluges fielen zudem weiterhin an: 33.669,83 RM für Gehälter, Löhne und Tagegelder, 34.032,62 RM Versicherungen, 38.060,24 RM Chartergebühren für die Motoren sowie 7.071,71 RM für Brennstoff.

Interessant bei dieser Betrachtung sind die Chartergebühren für die zwölf Curtiss-Motoren. Diese waren nur geliehen und hatten einen Wert von rund 99.000 US-Dollar. Curtiss bestand darauf, dass ein hauseigener Ingenieur die Wartung und den angemessenen Betrieb ihrer verliehenen Motoren überwachte. Harvey Brewton war also Bestandteil des Chartervertrags. Dies verlieh dem Geschehen im brasilianischen Para am

10. August eine andere Bedeutung. Dort trat der einzige Motorschaden während des gesamten Betriebs der Do X auf. Der erlittene Kurbelwellenbruch eines Triebwerkes konnte nur durch einen Motorenwechsel behoben werden, woran die Schiffsleitung aber zunächst gar nicht dachte und mit elf Motoren weiterfliegen wollte. Flug- und sicherheitstechnisch gar kein Problem, was ein sofortiger Probeflug bewies. Doch nun kam der Einfluss des „mitgecharterten“ Curtiss-Ingenieurs zum Tragen. Brewton bestand nach Rücksprache mit seiner Firma auf einen Motorenwechsel: Erstens gehörten funktionierende Motoren zum Vertrag und zur Serviceleistung, und zweitens kam für ihn die Landung mit einem stehenden Propeller in New York aus Imagegründen nicht in Frage. Also wurde aus Natal ein Ersatzmotor herangeflogen und eingebaut. Erneut ergab sich dadurch eine Liegezeit von acht Tagen.

Erster Überflug einer amerikanischen Stadt. Von Miami bis New York glich der Do-X-Flug einem Triumphzug, der hunderttausende von Menschen begeisterte.

DO X UNTERWEGS NACH NEW YORK

Zunächst ein kurzer Rückblick auf den 5. August 1931. Der Flug Richtung New York sollte den eigentlichen Luftverkehrsbetrieb vorwegnehmen, den sich Claude Dornier für sein Flugschiff vorstellte: in Tagesetappen, mit zahlenden und wechselnden Passagieren sowie aufgelieferter und abzugebender Luftpost an Bord Liniendienst zu fliegen, war seine Vision. Dazu gehörte natürlich auch ein Bordservice, den ab Rio Bordsteward Krause erledigte. In Sao Luiz zauberte er sogar ein komplettes Essen für die Passagiere, das mit viel Beifall bedacht wurde. Es wurde Hühnerbraten mit Erbsen, Kartoffeln, Karotten, Fruchtsalat und Kaffee gereicht. Offenbar waren nach dem „Geschirropfer“ auf der Gironde die Porzellanbestände an Bord ergänzt worden.

Nach dem Start bei Sonnenaufgang und herrlichstem Wetter am 5. August 1931 in Rio ging es zunächst über Caravellas nach Bahia. Am 6. August war die Do X in Maceio und Natal und am 7. August bereits auf dem Weg nach Camocim an der brasilianischen Atlantikküste.

Brief nach San Juan (Puerto Rico), aufgegeben in Surinam am 10. August 1931. Der Beleg trägt neben den großen Stempeln auch den kompletten Satz der Do-X-Sondermarken aus Surinam.

Do X am Strand von Miami.

In Camocim wurde getankt, um noch am selben Tag nach Sao Luiz, einer der ältesten Städte Brasiliens, weiterzufliegen. Ohne längeren Aufenthalt ging es am 8. August nach Para, wo dann besagter Motor ausfiel und die unfreiwillige Pause eingelegt werden musste.

Nach den Reparaturarbeiten konnte am 18. August Paramaribo in Niederländisch-Guyana angeflogen werden, von wo es anderntags nach Port of Spain (Trinidad) weiterging. St. Johns auf Antigua und San Juan de Porto Rico waren am 20. August weitere Stationen der Do X, gefolgt von Antilla de Cuba am 21. August, bevor mit Miami am 22. August erstmals eine Stadt in den USA erreicht werden konnte. Der Weiterflug zum Ziel New York führte das Flugschiff über Charleston (25. August) und Norfolk (26. August) noch gut 2.000 Kilometer an der amerikanischen Ostküste entlang. Die Ankunft in New York erfolgte am 27. August 1931.

ANKUNFT DER DO X IN NEW YORK

Wie schon auf den Etappen der ersten Atlantiküberquerung berichtete Maurice Dornier auch sehr ausführlich und einfühlsam über seine Empfindungen auf dem Flug entlang der brasilianischen Küste durch die Karibik und über Miami nach New York. Seine Schilderung der überflogenen Landschaften und des recht familiären Lebens an Bord ist als Schreibmaschinenmanuskript erhalten. Den triumphalen Empfang in New York schilderte Maurice Dornier im letzten Kapitel dieses einzigartigen Reiseberichts:

„Um 11.10 Uhr sind wir über New York, umfliegen die Freiheitsstatue, dann geht es den Hudson aufwärts bis zur Hudson-Brücke, im weiten Bogen zurück über die Stadt, vorbei an den Wolkenkratzern. Dächer und Straßen sind schwarz von Menschen, die Sirenen der Dampfer dringen bis zu uns herauf, trotz unserer 12 Motoren. Am Hafen stehen Tausende und winken und warten auf die Landung. 11.30 Uhr landen wir vor der Battery, werfen Anker und booten uns zum Empfang aus, da wir dann sofort wieder nach unserem Liegeplatz, dem Glenn Curtiss Airfield, starten wollen. Der Empfang durch den stellvertretenden zweiten Bürgermeister und die Behörden ist sehr herzlich, der deutsche Konsul Schwarz ist erschienen, zahlreiche Presseleute und der Rundfunk, Film, Photographen, kurz der ganze Apparat. Um 14.34 Uhr starten wir wieder mit 40 Passa-

Die Pflichtübung jedes Neuankömmlings in der Luft, das Umkreisen der Freiheitsstatue. Die Do X am 27. August 1931 um 11.10 Uhr in New York.

Maurice Dornier

– BEWAHRER DER BRUDER-INTERESSEN –

„Was nun noch alles mit Do X geschehen soll, weiß ich wirklich nicht, denn das Reichsverkehrsministerium hat diese Sache direkt in die Hand genommen und hat auch Kapitän Christiansen sehr unnötigerweise nochmals nach New York gesandt. Ich selber wurde so vollkommen ausgeschaltet, als ob ich Schuld hätte, daß die Do X so lange unterwegs gewesen ist.“ Am 7. März 1932, wenige Monate vor seinem überraschenden Tod, klagte Maurice Dornier Rudolf Cramer von Clausbruch sein Leid in einem Brief nach Rio de Janeiro.

Nach dem Tragflächenbrand in Lissabon hatten sich die Dinge im Zusammenhang mit dem Flugschiff beständig zu Ungunsten der Firmeninteressen entwickelt. Claude Dornier wollte direkt informiert werden. Maurice Dornier reiste deshalb im Auftrag seines ältesten Bruders im Januar 1931 nach Lissabon. Ab dort begleitete er, zuständig für die Auslandsbeziehungen und die Pressearbeit der Dornier Metallbauten GmbH, die Do X bis zu ihrer Ankunft in New York. Ihm verdanken wir interessante Impressionen dieser Flugetappen, allerdings mit Ausnahme des Überfluges. Zusammen mit Paul Berner und zwei Monteuren stieg er zur Gewichtsverminderung auf den Kapverdischen Inseln aus und fuhr mit dem Dampfer nach Brasilien.

Nach schwieriger Kindheit in ärmlichen Verhältnissen, bei Verwandten in Frankreich aufgewachsen, war der am 1. Oktober 1888 geborene Maurice immer ein wenig ein Außenseiter der vier Geschwister Dornier. Er war künstlerisch ambitioniert und ein begnadeter Zitherspieler, liebte die Berge und ein freies Leben in der Natur. Das *„verblödete Europa, in dem's nur nach Pedanterie und Raffgier stinkt“*, erschien ihm später, nachdem er Afrika kennengelernt hatte, als goldener Käfig.

Nach diversen beruflichen Anläufen, immer auf die finanzielle Unterstützung des großen Bruders und der Familie angewiesen, reiste Maurice Leo Joseph Dornier 1913 nach Deutsch-Ostafrika. Mit Kriegsbeginn im August 1914 schloss er sich den deutschen Schutztruppen an. Bei einem nächtlichen Aufklärungsritt mit dem Ziel, Pferde und Munition in einem englischen Lager zu erbeuten, blickte er unversehens in die Gewehrmündungen des Gegners. Die Gefangenschaft ab 1917 verbrachte er in einem Lager bei Kairo, aus dem er krank entlassen wurde. Er kehrte zurück, und nach langer Kur im Hamburger Tropenhospital suchte er 1920 Zuflucht bei Bruder Claude in Friedrichshafen. Dort leitete er dann ab 1924 die neu geschaffene Abteilung für Propaganda der Dornier Metallbauten GmbH.

In seinem Brief an Cramer von Clausbruch schrieb er am Schluss: *„Ich bin überzeugt, lieber Clausbruch, daß wir noch manchen guten Flug zusammen machen werden – denn die Dummheit und Unsachlichkeit kann auf Dauer doch nicht bestehen, gegen ordentliche Leute.“* Zu gemeinsamen Flügen sollte es aber nicht mehr kommen. Aufgrund seiner zunehmend unerträglichen Leiden aus afrikanischer Zeit, die ihm die Lebensfreude vergällten, unterzog sich Maurice Dornier einer schwierigen Operation, die er nicht überlebte. Er starb am 18. Oktober 1932 in einem Krankenhaus in München.

Der Besuch von Ellis Island, der ersten Anlaufstation eines jeden Passagierschiffs mit einwanderungswilligen Menschen an Bord im Hafen von New York (im Bild oben), blieb dem Flugschiff bei der Wasserung in der amerikanischen Metropole erspart.

gieren, durchwegs Pressevertretern, East River aufwärts nach unserem Liegeplatz, den wir nach kurzer Runde über der Stadt um 14.50 Uhr erreichen. Der Hafen hier ist vorzüglich, ruhiges Wasser, gute Startmöglichkeiten und gute Boje. Leider ist der Platz etwas weit abgelegen und die Curtissleute freuen sich sichtlich, durch unsere Do X endlich einmal ihren Flugplatz und Flughafen so richtig bekannt machen zu können. Tausende und Abertausende strömen die nächsten Tage heraus, um Do X zu sehen, und der Flugplatz hat noch niemals ein so gutes Geschäft gemacht wie jetzt mit all den Eintrittsgeldern. Wir fahren nach unserem Hotel, dem Sherry Netherland in der 5th Avenue, dessen Leiter uns eingeladen hat, dort zu wohnen. Der Leiter, Herr Voit, ein Badenser aus Durlach, ist in jeder Weise besorgt um unser Wohlergehen, und wir sind ihm viel Dank schuldig für alle Mühe, die er sich wegen uns macht.“

Das offizielle Festprogramm in New York bestand aus dem obligatorischen Empfang bei Bürgermeister Jimmy Walker am Freitag auf der Treppe der City Hall sowie einem Empfang bei Präsident Hoover in Washington am Mittwoch, dem 2. September. Erst allmählich legte sich dann das öffentliche Interesse und es wurde stiller um die Do X und ihre Besatzung.

HUNGER UND LEBEN AUF PUMP IN NEW YORK

Landung vor dem Aquarium von New York.

Im Oktober 1931 ergab sich für die in New York verbliebene Do-X-Besatzung eine schwierige Lage, die Wilhelm Niemann meistern musste. Seine Schiffsführung hatte ihn als verantwortlichen Offizier allein gelassen. Fritz W. Hammer und Rudolf Cramer von Clausbruch waren erst mit der BREMEN nach Deutschland gefahren und mussten anschließend zurück nach Brasilien, weil eine WAL-Besatzung des Condor-Syndikats am 11. September tödlich verunglückte. Friedrich Christiansen, schon seit Rio nach Deutschland zurückgekehrt, freute sich auf ein geruhsames Weihnachtsfest, wie sein Biograf berichtete. Paul Berner und Maurice Dornier wurden in Altenrhein beziehungsweise Friedrichshafen gebraucht. Funkoffizier Henry Kiel hatte man aus Kostengründen nach Deutschland zurückgeholt; er stand von der DEBEG ausdrücklich erst dann wieder zur Verfügung, wenn in den USA seine Anwesenheit benötigt würde. Der in der Nähe von New York wohnende Clarence Schildhauer war als Pilot zwar abrufbereit, aber hauptsächlich bemühte er sich in den Staaten um Kontakte für Charter- und Verkaufsmöglichkeiten des Flugschiffs. Horst Merz fehlt in den Berichten aus New York. Offenbar war er nach der Ankunft der Do X zur Berichterstattung an das Reichsverkehrsministerium nach Hause gefahren. Auch Bordingenieur Otto Eitel reiste am 18. November wegen dringender Familienangelegenheiten mit dem Dampfer NEW YORK nach Hamburg. Seine sechs Monteure dagegen hatten reichlich Arbeit. Der Motorenwechsel und die Wartungsarbeiten am Flugschiff beschäftigten sie bereits seit September, und Niemann äußerte sich zuversichtlich über ein Ende der Arbeiten Anfang Dezember 1931. Dann wäre die Do X komplett überholt für jegliche Aufgaben startklar.

Ehrenflug entlang der Skyline von Manhattan, die Straßen und Plätze schwarz vor Menschen.

Doch bis dahin hatte sich Niemann um Dinge zu kümmern, die ihm nach Aussage seiner Tochter überhaupt nicht lagen: „*Vater war liebenswert und auf seinem Gebiet der Navigation ein Genie, aber Geldsachen waren ihm ein Greuel, das machte alles meine Mutter.*“ Jetzt hatte Wilhelm Niemann in New York in erster Linie Geldangelegenheiten am Hals und musste sich um das Wohl seiner Mannschaft und deren Zusammenhalt bemühen. Er logierte mit der Besatzung im Hotel „The Sherry Netherland“, und von dort aus verschickte er seine Bitten, Hilferufe und Drohungen per Telegramm und Brief an die Friedrichshafener Adresse der Dornier Metallbauten GmbH.

Empfang beim New Yorker Bürgermeister. Vorne von links: Fritz W. Hammer, Jimmy Walker, Paul Berner, Maurice Dornier. Dahinter stehen die Monteure Schmidt, Brombeis, Fischer, Jäger, Marquardt und Dabering.

Durch Eintrittsgelder für die Besichtigung des Flugschiffs und den Verkauf von Souvenirs sollte der Lebensunterhalt der Besatzung finanziert werden. Dazu schrieb Niemann am 2. November 1931 nach Friedrichshafen: „*Der Verkauf der Do-X-Briefumschläge ist sehr wenig aussichtsreich. Wir haben leider erst zwei dieser Umschläge bis jetzt absetzen können. Von den Aero-Revue-Heften haben wir 25 verkauft und Do-X-Nadeln ca. 35 Stück. Ferner haben wir ca. 50 graue Postkartenalben umgesetzt. Die Preise für die verschiedenen Artikel habe ich nach Rücksprache mit einigen Herren wie folgt festgesetzt: Do-X-Heft 1 $, Nadel 50 Cent, Postkartenalbum 80 Cent und Do-X-Briefumschlag 2,75 $ für einzelne Stücke und 2,50 $ bei Abnahme von 100 Stück und darüber. Für die erstgenannten Artikel bekommt Steward Krause eine Kommission von 20 Prozent. Wie Sie aus den obigen Angaben ersehen können, ist es mir nicht möglich gewesen, genügend Geld für die Auszahlung der Besatzung aus dem Souvenir-Verkauf zu bekommen. Da ich bis zum 24. Oktober an Tagesgeldauszahlungen um ungefähr 1.200 $ rückfällig war und mein Tele-*

Die Do X auf dem Hudson River vor der markanten Silhouette der Weltstadt.

Anstatt auf dem (ausgefallenen) Weltflug mit der „American Legion" 1930 wurde dieser Brief mit Do X transportiert und trägt die Stempel beider Anlässe.

gramm um Geld unbeantwortet blieb, befinde ich mich hier in einer sehr prekären finanziellen Lage. Da nun auch meine Anfrage um Angaben eventueller Kreditmöglichkeiten hier keine Beachtung fand, und die Besatzung hier unmöglich ohne Geld gelassen werden kann (wir haben uns bis jetzt ausnahmslos bei Freunden und Bekannten durchpumpen müssen), werde ich, falls bis Dienstag Morgen keine Geldüberweisung eintrifft, mich gezwungen sehen, hier in irgendeiner Form Geld aufzutreiben. Bis jetzt habe ich es vermieden, irgendeiner bekannten Firma Kenntnis von diesem Zustand zu geben. Sollte aber bis Dienstag Morgen keine Anzeige einer Geldüberweisung eintreffen, sehe ich mich gezwungen, mit White & Case Verbindung aufzunehmen, um mit deren Hilfe so viel Geld aufzutreiben, daß ich der Besatzung wenigstens die rückfälligen Tagesgelder ausbezahlen kann. Ich würde sehr bedauern, diesen Schritt unternehmen zu müssen. Es liegt aber darin die einzige Möglichkeit, die Besatzung noch länger zusammenzuhalten. Wie sie aus meinem vorgestrigen Telegramm ersehen, hat Marquardt bereits aus diesem Grunde seine Abmusterung verlangt. Ich nehme an, daß bald weitere Gesuche dieser Art folgen werden."

Diese Drohung hatte bescheidenen Erfolg: 500 Dollar kamen aus Friedrichshafen, letztlich nur ein Tropfen auf den heißen Stein. Der Forderung nach regelmäßigen Geldeingängen konnten die Dornier Metallbauten nicht entsprechen, und auch in den nächsten Monaten gab es keine durchgreifende Besserung. Mehrmals drohte die nur noch aus sechs Monteuren bestehende Besatzung mit ihrer Abmusterung. Bereits am 18. November musste Niemann deshalb einen weiteren Hilferuf nach Deutschland senden: „*Die Bargeld-Schwierigkeit hier ist wieder einmal so groß geworden, daß die Besatzung in den nächsten Tagen nicht weiß, woher sie das Geld nehmen soll, um ihr Essen zu bezahlen.*"

Kurz nach der Ankunft in New York wollten noch Zehntausende das Flugschiff auf dem Glenn Curtiss Airfield besichtigen. Doch der Ansturm ließ schnell nach.

Gern hätte Claude Dornier dem ihm peinlichen Notstand durch entsprechende Überweisungen ein Ende bereitet, doch das Deutsche Reich hielt die vertraglich vereinbarten Zuschüsse für das Do-X-Unternehmen zurück. So kam auch die zugesagte Beihilfe in Höhe von 100.000 Reichsmark für den Flug von Rio de Janeiro nach New York vorerst nicht zur Auszahlung, weil das Reichsverkehrsministerium die Überprüfung der Gesamtkosten von 171.642,65 Reichsmark durch die Deutsche Revisions- und Treuhand AG forderte. Diese legte ihren Bericht aber erst Anfang April 1932 vor, was Claude Dornier im November des Vorjahres nicht ahnen konnte. Er lebte zu dieser Zeit mit der Verantwortung für seinen

Do X auf der Slipanlage in New York. Für die Überholung kam das Flugschiff an Land und blieb dort bis zum Frühjahr 1932 eingelagert.

Riesenapparat von den Hoffnungen des Tages und stand aufgrund der ausbleibenden Zahlungen des Reiches finanziell mit dem Rücken zur Wand.

In dem zuvor zitierten Brief schildert Wilhelm Niemann auch den Fortschritt des Motorenwechsels der zwölf Curtiss-Conqueror-Triebwerke. Danach trafen die ersten beiden generalüberholten Motoren zum Wiedereinbau am 30. Oktober beim Flugschiff in New York ein. Nach Meinung von Harvey Brewton, der als Curtiss-Ingenieur alle Arbeiten in Zusammenhang mit den Motoren koordinierte, würden in der folgenden Zeit jeweils drei Motoren pro Woche angeliefert werden, so dass man um den 25. November alle Motoren gewechselt hätte.

In der Frage, wie man die Tagegelder der Besatzung auftreiben könnte, hatte Niemann eigene Vorstellungen. Er schlug eine Vortragsreihe mit entsprechenden Filmeinlagen über den Do-X-Flug vor. Der leitende Offizier wusste um das Interesse der amerikanischen Bevölkerung am Flugschiff. Auf diesen Vorschlag einzugehen, hätte sicherlich zur Lösung der finanziellen Probleme beitragen können. Doch die Idee verhallte ungehört, und Niemann schrieb: „*Ich erbat am 19. Oktober telegrafisch die schnellstmögliche Übersendung von für solche Vorträge in Betracht kommenden Filmen. Leider ist mir darauf keine Antwort zuteil geworden und ich sehe*

Eintrittskarte zur Besichtigung der Do X auf dem Glenn Curtiss Airfield in New York.

Beispiel eines Postkartenalbums für den Souvenirverkauf in New York. Der Verkauf sollte die Bordkasse aufbessern.

mich deshalb gezwungen, alle Angebote, die in dieser Richtung an mich gerichtet werden, abzuweisen."

Die geplanten Vorträge hätten sicher auch den Besucherstrom zum Glenn Curtiss Airfield und zur Besichtigung des Flugschiffs länger aufrechterhalten. Nun ging der Andrang derart rapide zurück, dass bei nur 2 bis 3 Dollar Tageseinnahmen die Besichtigungsmöglichkeit auf die Wochenenden beschränkt wurde.

Interessierte Fachleute kamen jedoch nach wie vor auch unter der Woche, und Niemann berichtet am 16. November 1932 von prominentem Besuch: „*Heute Nachmittag hatte ich Gelegenheit, Colonel Lindbergh selbst durch die Do X zu führen, der sehr interessiert und sehr begeistert sich vor allen Dingen über die saubere Arbeitsausführung im Do X äußerte. Unter anderem meinte er, er hätte schon gedacht, in der Sikorsky S 40 einen großen Fortschritt in der Fliegerei entdeckt zu haben, in der Do X aber wären tatsächlich so viele weitere Möglichkeiten gegeben, daß ihm die Sikorsky jetzt sehr klein dagegen erscheine. Col. Lindbergh sollte ursprünglich heute den italienischen Premierminister Grandi von New York nach Washington fliegen, und zwar mit der zweiten Sikorsky S 40, dem CARIBBEAN CLIPPER. Dieser Flug wurde aber im Laufe des Tages wegen zu nebeligen Wetters vom State Department abgeblasen. Nun fliegt Lindbergh morgen nach Miami, um dort die ersten Flüge mit der ersten Sikorsky S 40, dem AMERICAN CLIPPER, nach Havanna und der Panamakanalzone zu machen.*"

Charles Lindbergh besichtigte die Do X in New York.

HOFFEN AUF CHARTERVERTRÄGE

Groß waren die Hoffnungen in Friedrichshafen auf attraktive Charterverträge des Flugschiffs in den USA. Der Hauptgrund für die Atlantiküberquerung der Do X, die Feststellung des Bedarfs an Flugschiffen derartiger Größe für den Luftverkehrsbetrieb, sollte endlich erfüllt werden. Dafür schickte man gern vorab reichlich Gepäckaufklebezettel nach New York. Niemann bedankte sich und hatte ähnlich hohe Erwartungen wie Claude Dornier: „*Wir bitten um weitere Sendungen dieser Zettel, da wir sie bei künftigen Flügen gut verwenden können.*"

Kofferaufkleber für das Gepäck der erhofften Charterpassagiere. Große Mengen dieser Aufkleber wurden von Friedrichshafen nach New York geliefert.

Diese zukünftigen Flüge zeichneten sich Mitte November in Verhandlungen mit der Pan American Airways (PAA) konkret ab. Voller Hoffnung auf längere Charterverträge berichtete Niemann nach Friedrichshafen: „*Herr Schildhauer hat Mr. Trippe be-*

Zeitdokument

Dieser Brief aus der Schweiz ist der einzige bekannte Katastrophenbeleg mit Do-X-Stempel. Er wurde zunächst von Romanshorn nach Friedrichshafen transportiert und befand sich bis Rio de Janeiro an Bord der Do X. Auf dem Weitertransport von Rio nach Mexiko stürzte das transportierende Postflugzeug ab, wobei auch der Brief beschädigt wurde. Rückseitig trägt dieser Beleg einen Vermerk über das Unglück mit Datum vom 13. Juli 1931.

Empfang beim amerikanischen Präsidenten am 2. September 1931, von links nach rechts: Maurice Dornier, Otto Eitel, Horst Merz, Harvey Brewton, Konsul Schwarz, Clarence Schildhauer, Präsident Hoover, Wilhelm Niemann, Fritz W. Hammer, Paul Berner, Henry Kiel, Rudolf Cramer von Clausbruch, Ernst Brombeis.

reits einen Brief geschrieben, um Fühlung mit der PAA zu nehmen. Nachdem ich Mr. Trippe nochmals ausführlich die Möglichkeiten und Leistungen des Do X erläutert hatte, sagte er mir, daß er ein sehr großes Interesse daran hätte, den Do X wenn möglich in den Dienst Miami–Nassau einzustellen. Da unsere Motoren bis zur nächsten Grundüberholung ja ungefähr 300 Flugstunden haben können, würde es für diese Sache rund drei Monate ergeben. Die PAA ist bereit, uns ihre ganze Bodenorganisation für eine solche Charter zur Verfügung zu stellen und hat in ihrem Luftverkehr bereits Abmachungen mit 18 Eisenbahngesellschaften getroffen, denen zufolge ein Passagier Durchgangsfahrt- und Flugkarten von New York über Miami nach irgendeinem Punkt ihrer Luftverkehrsstrecken lösen kann. Da Mr. Trippe befürchtet, daß wenn der Do X in diesen Dienst eingereiht ist, die PAA wahrscheinlich einen Teil ihrer eigenen Flugschiffe stillegen müßten, weil auf Grund der schlechten finanziellen Verhältnisse in Amerika er einen verhältnismäßig schlechten Verkehr in Miami erwartet, so ist er bereit, auch dies in Kauf zu nehmen, bittet aber andererseits darum, unseren Charterpreis so niedrig wie möglich zu halten.“

Mit dem angeblich niedrigen Verkehrsaufkommen in Miami pokerte der Präsident der Pan American Airways jedoch. Niemann erfuhr nämlich von kompetenter Seite, dass es genau anders herum war. Der Zulauf für Miami würde eher über dem Durchschnitt liegen, da viele Amerikaner in wirtschaftlich schwierigen Zeiten auf einen Europabesuch verzichteten und dafür ins heimische Florida reisten.

Titelseite einer AERO-REVUE-Broschüre über den Flug der Do X mit einem Motiv des Flugschiffs über New York. In diesem Heft kamen die Reiseberichte von Maurice Dornier zum Abdruck.

Letztendlich konnte Niemann in Amerika aber keine Entscheidungen allein treffen. Also gingen die Vorschläge, Anregungen und Empfehlungen nach Friedrichshafen, wo aus für ihn nicht ersichtlichen Gründen hinhaltend taktiert wurde. Das Flugschiff gehörte de facto dem Deutschen Reich, und allen Charterentscheidungen musste zunächst auch das Reichsverkehrs- und Reichsfinanzministerium zustimmen. Die dort angestellten Modellrechnungen gingen jedoch nicht auf. Der notwendige Charter als Voraussetzung für einigermaßen kostendeckenden Betrieb war in den USA nicht zu erreichen.

Claude Dornier konnte letztlich nur die Entscheidungen aus dem Ministerium weiterreichen. Einem Brief aus Friedrichshafen ist zu entnehmen: „*Wir konnten Ihnen bisher auf Ihre verschiedenen Briefe und Anfragen, was mit Do X geschehen solle, keine definitive Antwort geben, weil das*

Zeitdokument

Ein illustrierter Beleg im Stil der Jahrhundertwende, der von der Do X in Südamerika ab Para bis New York transportiert wurde. Das aufgedruckte Motiv erinnert an Julio Argentino Roca, der von 1880 bis 1886 und 1898 bis 1914 Präsident Argentiniens war.

Reichsverkehrsministerium über die amerikanische Botschaft, Berlin, direkte Verhandlungen wegen eventuellen Verkaufs mit der Regierung drüben angeknüpft hat, wir also keine Möglichkeit hatten, hier einzugreifen ... Es bleiben also noch die schon viel besprochenen Good-Will-Touren, die jedoch nur bei Erlaß des Zolls möglich sind, oder die Einlagerung bis zum Frühjahr, um dann den Rückflug durchzuführen." Kurzum: Alle Verhandlungen mit der PAA, mit der Navy und potenten privaten Reiseunternehmen sowie mit staatlichen Stellen via amerikanische Botschaft in Berlin scheiterten.

DER RÜCKFLUG NACH DEUTSCHLAND NAHT

Das seit Dezember 1931 grundüberholte und eigentlich startbereite Flugschiff blieb eingelagert auf der Slipanlage auf dem Glenn Curtiss Airfield. Bis auf eine „Stallwache" musterte die Restbesatzung ab und fuhr nach Hause. Wilhelm Niemann blieb vor Ort und konnte sich endlich einen lang gehegten Wunsch erfüllen: Seine Frau kam im Frühjahr zu Besuch über den Großen Teich, und die beiden verbrachten erholsame Wochen in den Staaten und in Kanada.

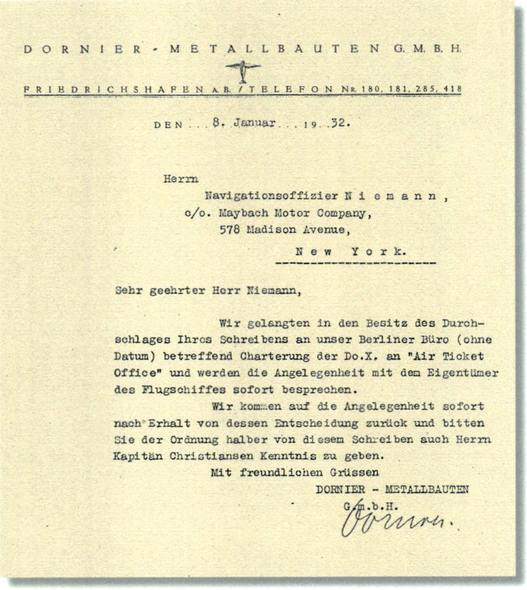

DORNIER-METALLBAUTEN G. M. B. H.

FRIEDRICHSHAFEN A.B. / TELEFON NR. 180, 181, 285, 418

DEN 8. Januar 19 32.

Herrn
Navigationsoffizier N i e m a n n ,
c/o. Maybach Motor Company,
578 Madison Avenue,
N e w Y o r k.

Sehr geehrter Herr Niemann,

Wir gelangten in den Besitz des Durchschlages Ihres Schreibens an unser Berliner Büro (ohne Datum) betreffend Charterung der Do.X. an "Air Ticket Office" und werden die Angelegenheit mit dem Eigentümer des Flugschiffes sofort besprechen.

Wir kommen auf die Angelegenheit sofort nach Erhalt von dessen Entscheidung zurück und bitten Sie der Ordnung halber von diesem Schreiben auch Herrn Kapitän Christiansen Kenntnis zu geben.

Mit freundlichen Grüssen
DORNIER - METALLBAUTEN
G.m.b.H.
Dornier.

Claude Dornier war im Januar 1932 nicht mehr Herr seines Flugschiffs. Ihm waren bei Entscheidungen die Hände gebunden, wie sein Brief an Wilhelm Niemann in New York zeigt.

Wann genau die Entscheidung für den Rückflug getroffen wurde, ist aus den noch vorhandenen Akten nicht ersichtlich. Dass Dornier nicht mehr Eigentümer des Flugschiffs war und nun überhaupt keine Entscheidung mehr von ihm ausgehen konnte, wurde in den Briefen der Dornier Metallbauten immer deutlicher. In einem Schreiben an Wilhelm Niemann vom 8. Januar 1932 heißt es: *„Sehr geehrter Herr Niemann, wir gelangten in den Besitz des Durchschlages Ihres Schreibens an unser Berliner Büro (ohne Datum) betreffend Charterung der Do X an ‚Air Ticket Office' und werden die Angelegenheit mit dem Eigentümer des Flugschiffes sofort besprechen. Wir kommen auf die Angelegenheit sofort nach Erhalt von dessen Entscheidung zurück und bitten Sie der Ordnung halber, von diesem Schreiben auch Herrn Kapitän Christiansen Kenntnis zu geben. Mit freundlichen Grüßen Dornier Metallbauten GmbH, Claude Dornier*"

Die Würfel waren bereits gefallen. Claude Dornier war bei wichtigen Entscheidungen ausgebootet, und Friedrich Christiansen trat als Gefolgsmann des Reichsverkehrsministeriums wieder auf den Plan. Die Vorbereitungen für die Rückführung des Flugschiffs nach Deutschland begannen. Um die Besitz- und Zuständigkeitsverhältnisse der Do X zu ordnen, erfolgte in Berlin am 24. März 1932 die Gründung der Deutschen Flugschiff Gesellschaft mbH, die künftig die Do X betreiben sollte.

Die Fahrtsaison der Liniendampfer über den Nordatlantik begann in der Regel im April, resultierend aus langjährigen Wettererfahrungen. Sturm, Nebel und Eisberge, die Risikofaktoren der Schifffahrt für diesen Teil des Atlantiks, reduzierten den Passagierverkehr in der Nebensaison auf nervenstarke Einzelfahrer. Noch kamen die Flug-

— 3 —

Bezeichnung des Inhabers.

Vor- und Zunamen: Brombeis

Geburtsort: Lindau i. Bayern

Wohnort:

Staatsangehörigkeit: Staatsangehörigkeit: Deutsch

Jahr und Tag der Geburt: 1894 10. 4.

Haare:

Augen:

Besondere Kennzeichen: keine

Ergebnis der Untersuchung auf

Farbenblindheit:

Sehvermögen:

Familienstand nach dem Steuerbuch:

Unterschrift des Inhabers:

Ernst Brombeis

Erste Versicherungsanstalt:

Unterschrift des Inhabers:

Ernst Brombeis

Es wird bescheinigt, daß der Inhaber die durch das obenstehende Lichtbild dargestellte Person ist und die darunter befindliche Unterschrift eigenhändig vollzogen hat.

Hamburg, den 20ten APR. 1932

Das Seemannsamt.

SEEMANNSAMT HAMBURG

Die Besatzungsmitglieder an Bord des Flugschiffs waren faktisch Seeleute und wurden jeweils von Reise zu Reise durch das Seemannsamt in Hamburg angeheuert. Der Seemannspass von Ernst Brombeis wurde bei der Anmusterung der Besatzung zum Rückflug der Do X im April 1932 ausgestellt.

schiffpioniere und Luftfahrtvisionäre nicht auf die Idee, sich über derartige seetechnische Probleme hinwegzusetzen oder genauer hinwegzufliegen. Die Möglichkeit, jederzeit wassern zu können und als Schiff weiterzurollen, also eindeutig schiffsbezogenes Denken, herrschte noch vor. Moderates Seewetter schien für den Überflug unabdingbar, und deshalb konnte frühestens im Mai gestartet werden.

Im April trommelte Friedrich Christiansen seine neue Mannschaft zusammen, die für den 1. Mai 1932 angeheuert wurde. Mit Ausnahme von Flugkapitän Walter Diele, Fluglehrer an der Deutschen Verkehrsfliegerschule in Warnemünde, und der in New York dazustoßenden Sportfliegerin Antonie Straßmann bestand die Besatzung aus erfahrenen und Do-X-erprobten Leuten. Mit „Gücklicher Stapellauf" betitelte die populäre Antonie Straßmann den Beginn ihres langen Berichts über den Do-X-Flug. Nach der Ankunft in Berlin erschien der „Sensationelle Bericht der einzigen Frau, die im Do X mitflog" als Fortsetzungsreihe exklusiv in der „Berliner Illustrierten Nachtausgabe", beginnend mit der Ausgabe 120 vom Mittwoch, dem 25. Mai 1932: „*New York, den 14. Mai. Stapellauf. Alle Mann an Bord. 5 Uhr 20, wir sind auf der Schräge. Ein leiser Anstoß. Wir gleiten auf dem eingeschmierten Schlitten – ein Zischen, wir sind im Wasser. Ein Motorboot zieht uns herum. Zwei Motoren werden in Gang gesetzt. – Wir gehen unter eigener Kraft an die Boje. – Nochmalige scharfe, kurze Kontrolle des Schiffes. – Es gewittert. Wir exerzieren Bojenmanöver. Kapitän Christiansens Stimme: „Klar zum ersten Probeflug!" Alle Motoren*

Auch beim Rückflug der Do X aus Amerika nach Europa befanden sich Dornier-Eigenbelege an Bord. Bordpostaufgabe mit Bordpoststempel vom 19. Mai 1932.

brummen. Los von der Boje. Wir drehen gegen den Wind. Vollgas. 35 Sekunden – wir schweben. Sonntag, den 15. Mai. Mittags auf einem längeren Probeflug. Den Long Island Sound herunter, herüber an die atlantische Küste und über den Strand zurück nach New York. Ein heißer Tag. Zehntausende von Menschen draußen. Wohin wir kamen, alles winkte, Autos blieben stehen, eine Begeisterung ohnegleichen. Ein Kreis über Floyd Bennett Field, New Yorks größtem und schönstem Flugplatz. Zu Ehren Floyd Bennetts, der sein Leben verlor, als er die BREMEN-Besatzung, Köhl, von Hünefeld und Fitzmaurice holen wollte. – Eine Kurve um die Freiheitsstatue – über die Hapagpiers, quer über New York zum Heimathafen North Beach. Vier Stunden in der Luft. Nichts, aber auch gar nichts hatte sich herausgestellt. Keine Beanspruchung durch das achtmonatige Aufliegen. Seit dem 5. November 1930 hat der Vogel kein Dach mehr über dem Kopf gehabt – Wer den Do X noch nicht gesehen hat, soll überhaupt nicht darüber reden. Darüber urteilen darf nur der, der darin geflogen ist. Warum erkennt das Ausland so oft deutsche Höchstleistungen so viel eher an als wir selbst? Kritik kann produktiv sein, aber nie, wenn sie von Unverstand ausgeübt wird oder von Mißgunst beeinflußt ist.“

Am 16. Mai bestand die letzte Möglichkeit für eine ausgesuchte Gruppe amerikanischer Passagiere, vor allem Pressevertreter, die Do X an Bord während zweier Rundflüge zu erleben. Es folgten noch zwei Tage technischer Vorbereitungen, in denen das Interesse am Mitfliegen „um jeden Preis“ kräftig anstieg. Bei der Atlantiküberquerung würden keine Passagiere an Bord sein. Genauso wenig wie Postbeförderung amerikanischer Auflieferung möglich war. Lediglich deutsch frankierte Bordpost durfte aus New York mitgenommen werden. Der genaue Abflugtag wurde geheimgehalten, um zu viel Pressetrubel zu vermeiden.

Dass sich der Abflug näherte, zeigte sich an der Proviantierung des Flugschiffs für den bevorstehenden Flug, die Antonie Straßmann wie folgt beschrieb: *„Die Schlüssel zur Küche sind in meiner Tasche. Der Proviant war schon morgens an Bord gekommen. Begeisterte Amerikaner deutscher Abkunft hatten alles gestiftet. Unter anderem: 60 Eier, 10 Pfund Butter, 20 Pfund*

Ein mündlicher Bericht von Kapitän Christiansen über die „Amerikafahrt des Do X“ wurde auf Schallplatte gepresst und in Form dieser Bildplatte mit den Porträts der Besatzungsmitglieder sowie einem Bild des Flugschiffs vertrieben.

Antonie Straßmann

– BROTE SCHMIEREN UND KAFFEE KOCHEN –

„New York, den 6. Mai 1932. Jetzt sieht es wirklich so aus, als ob es ernst wird. Heute auf dem deutschen Generalkonsulat, Abteilung für Seefahrt, angeheuert und in unsere Musterrolle eingetragen worden. Heuerschein: Hilfspilot und Zahlmeisterassistent. Kinder, ich hab mich ja sooo gefreut!“ Dieser euphorische Postkartengruß von Antonie Straßmann ging an Freunde nach Berlin, ihrer Geburts- und Heimatstadt.

Mit zwei Brüdern und einer Schwester wuchs die am 14. April 1901 geborene Antonie in der Schumannstraße 18 auf. Ihre patriarchalisch geprägte, großbürgerliche Familie um den Vater Paul Straßmann, renommierter Professor für Gynäkologie mit eigener Klinik in Berlin, war lebhafter Anstoß für ein schillerndes Leben als Frau auf eigenwilligen Wegen. Ihr ständiges Aufbegehren trieb sie erstmalig auf die Spitze, als sie mit 16 Jahren ihrem Vater mitteilte, Schauspielerin werden zu wollen. Für den jüdischen Vater, der 1895 zum evangelischen Christentum konvertierte und der deutschnational und gesellschaftsbewusst dachte, ein Unding. Doch seine sportlich in vielen Disziplinen aktive und kunstsinnige Tochter setzte sich trotzig gegen ihn durch. Die Liste der von ihr betriebenen Sportarten reichte von Turnen, Schwimmen, Bergsteigen und Skilaufen bis hin zu Reiten, Eislaufen und Boxen. Alles ein wenig exzentrisch und beim Boxen ganz aktuell im Stil der „Neuen Frau“. Mit Vicky Baum, Leni Riefenstahl und Marlene Dietrich befand sie sich diesbezüglich in bester Gesellschaft.

Durch Ihren Bruder Erwin kam sie erstmals mit der Fliegerei in Berührung. Der Leutnant der Luftschiffertruppe im Ersten Weltkrieg und Ballonfahrer stellte wohl die Weichen für Antonies Sportflugleidenschaft. Am 25. Februar 1928 hatte sie ihren Pilotenschein in der Tasche und wenige Monate später auch ihre Kunstflugberechtigung. Bald sah man sie auf den vielen Flugtagen dieser Jahre als Teilnehmerin hinter dem Steuerknüppel und als sportliche, elegante Freundin populärer Zeitgrößen. Der preußische Kronprinz Friedrich Wilhelm, der Schauspieler Rudolf Forster und der Flieger Ernst Udet wechselten sich in dieser Reihenfolge als Liebhaber ab. Antonie Straßmann gehörte bald zum kleinen Kreis deutscher Pilotinnen, die wie Marga von Etzdorf, Thea Rasche oder Elly Beinhorn immer häufiger in der Presse Erwähnung fanden.

Zufällig in New York, ergriff sie im Mai 1932 die Chance, mit der Do X nach Europa zurückzufliegen. Die Herren der Do-X-Besatzung fühlten sich geschmeichelt, dass eine populäre Dame der Gesellschaft an Bord die Brote schmierte und Kaffee kochte. Bei gesellschaftlichen Anlässen war Antonie Straßmann ebenfalls ein gern gesehener Mittelpunkt. Journalistisch ambitioniert, verdanken wir ihr zudem ausführliche und spannende Beschreibungen des Überfluges.

Da sie den unseligen Zeitgeist in Deutschland spürte, hatte sie bereits 1931 in den USA ein Dauervisum beantragt und auch bekommen. Aufgrund ihrer jüdischen Abstammung emigrierte sie 1933 sofort nach der Machtergreifung der Nazis. In New York entdeckte sie ihren Geschäftssinn und betätigte sich bis Mitte der 1930er Jahre im Technologietransfer zwischen deutschen und amerikanischen Flugzeugherstellern wie Junkers, Messerschmitt, Siemens, Bendix und Goodyear. Als weiterhin erfolgreiche Geschäftsfrau profitierte sie auch besonders von der Freundschaft mit dem Präsidenten der Zenith-Radiowerke, Commander Eugene F. McDonald, dem Erfinder des Radio-Weltempfängers. Antonie Straßmann erlag am 9. Januar 1952 im Alter von 51 Jahren einem langjährigen Krebsleiden.

Corned Beef, 25 Brote, 10 Pfund Aufschnitt, 40 Dosen Milch, 40 Dosen Sardinen, 20 Pfund Schokolade, 10 Pfund frischer Aufschnitt, 6 Dauerwürste, 20 Pfund Speck, 25 Flaschen Mineralwasser, 2 Pfund Kaffee, Tee und Zucker, 30 Pfund Obst usw. usw."

13 Mann und eine Frau als Besatzung wollten gut sechs Tage verpflegt sein. Was es damals zu essen gab, lässt sich mit ein wenig Phantasie aus der „Speisekammerliste" ablesen. Die Aufgabe der Verpflegung übernahm Antonie Straßmann allein und mit gewissem Ehrgeiz, eine Aufgabe, in der allerdings ein eher traditionelles Rollenverständnis zu Tage trat.

Walter Diele, Fluglehrer an der Deutschen Verkehrsfliegerschule in Warnemünde, steuerte die Do X als Kopilot von New York nach Berlin.

Dass eine Frau als Besatzungsmitglied der Do X nach Deutschland mitflog, stieß in der amerikanischen Öffentlichkeit auf großes Interesse. Jimmy Walker, Bürgermeister von New York, sowie Mrs. William Dick Sporborg, Präsidentin der einflussreichen New Yorker Frauenvereinigungen, gaben Antonie Straßmann Grußadressen und ein Buchgeschenk für Reichspräsident von Hindenburg ins Gepäck. Walkers Brief an von Hindenburg begann sinngemäß: „*Erlauben Sie mir, die willkommene Gelegenheit des Fluges der Do X von Amerika nach Deutschland wahrzunehmen und Ihnen durch die deutsche Fliegerin Antonie Straßmann meine aufrichtigsten Grüße zu übersenden. Dieser Flug zeigt wieder einmal, dass die Zeit gekommen ist, in der Erfinder- und Unternehmergeist sogar den Luft-Ozean zu einem Glied der Kette macht, die die Menschen verbindet.*" Dazu gab er „Legendary Germany", ein Buch von Regina Jais, mit auf den Weg über den Atlantik.

RÜCKFLUG NACH DEUTSCHLAND

Vier Tage nach Pfingsten, am Donnerstag, dem 19. Mai 1932, startete die Do X bei Tagesanbruch. Mit 51,1 Tonnen Abfluggewicht erhob sich das Flugschiff bereits nach 53 Sekunden aus der ruhigen See. Am geheim gehaltenen Startpunkt, 15 Seemeilen vor New York auf dem Long Island Sound zwischen Sands Point und New Rochelle, gelang ein Start bei idealen Bedingungen.

Gargoyle Mobiloel Aero H mochten die gefräßigen Curtiss-Motoren am liebsten. Die internationale Vacuum Öl AG sponserte einen großen Teil des Betriebsstoffes und sorgte „weltweit" für die pünktliche Belieferung des Flugschiffs.

Alles ließ für den Anfang auf einen glatten Überflug hoffen. Doch schon an diesem ersten Tag zeigte die Nordatlantikroute ihre Tücken. Dichter Nebel verhinderte das Anfliegen des eigentlichen Etappenziels Holyrood (St. Johns) auf Neufundland, wo der Betriebsstoff lagerte und Postsäcke warteten. Nach einem Zwischen- und Tankstopp bei Dildo in der Trinity Bay landete das Flugschiff erst am 20. Mai in der Conception Bay von Holyrood. Jetzt wurde für den Überflug bis zur Halskrause vollgetankt und im Passagierdeck Benzinkanister mit insgesamt 3.660 Litern Treibstoff verstaut.

DER ZWEITE ATLANTIKÜBERFLUG AUS DER SICHT VON HORST MERZ

„Flieger und was sie erlebten" lautete ein Buchtitel von Werner von Langsdorff, der 1935 erschien. Darin schilderte Horst Merz die Atlantiküberquerung von Neufundland über die Azoren ins spanische Vigo aus dem Blickwinkel des Flugzeugführers vom linken Sitz aus:

„Ein schwerer Tag lag am Abend des 20. Mai im Hafen von Holyrood hinter uns. Hatten wir doch 27.000 Liter übernehmen müssen. Das war schwierig und zeitraubend, weil uns nur zwei Ruderboote zur Verfügung standen und immer nur zwei bis drei von den vielen Fässern von der Landungsbrücke zum etwa 100 Meter entfernt vor Anker liegenden Schiff gebracht werden konnten, wo sie dann mit der Handpumpe entleert werden mußten. Öfter gab es bei dieser Arbeit eine Unterbrechung, wenn das Schiff bei dem böigen Wind und steinigen Untergrund auf Drift ging und mit eigener Motorenkraft an die alte Stelle zurückgeholt werden mußte. Nebenher wurde das ganze Schiff noch einmal gründlich durchgeprüft, denn morgen galt es!

Jeder überholte zum letzten Male das, was ihm anvertraut war. Mein Kamerad Walter Diele und ich überprüften alle Steuerungen mit ihren Stoßstangen, Seilen und Lagerungen, denn dafür hatten wir als Flieger zu sorgen. Der Funker holte Wettermeldungen ein. Ganz besondere Sorgfalt ließen die Motorenwarte ihren Motoren angedeihen. Denn von denen hing ja in erster Linie das Gelingen unseres Fluges ab. Wenn auch unter normalen Verhältnissen der Ausfall selbst mehrerer Motoren für das Flugschiff nichts ausmacht, so waren wir doch bei diesem Fluge infolge der nötigen Brennstoffmengen und des durch sie bedingten sehr hohen Abfluggewichtes mindestens auf dem ersten Teil der Strecke auf alle Motoren angewiesen. Im Laufe des Tages wurde alles dem Kommandanten klargemeldet, und abends einhalb neun Uhr (21.30 Uhr) war die Benzinübernahme beendet.

Blick in den Steuerstand der Do X mit dem Arbeitsplatz von Horst Merz.

Ein warmes Abendessen an Land sollte uns für die Mühe des harten Arbeitstages entschädigen und etwas aufwärmen. Was wir nach stundenlangem Warten an Essen erhielten, war wenig und kalt! Nun wollten wir wenigstens schnell an Bord und noch ein Auge voll Schlaf nehmen. Bis zur Landungsbrücke kamen wir. Dann mußten wir feststellen, daß der Besitzer des Bootes wohlweislich die Riemen mitgenommen hatte. Bis beide herbeigeschafft waren, verging wieder eine Stunde, und wir standen frierend in der nächtlichen Hundekälte. Da wurde manch kerniges Wort gesprochen! Als wie schließlich gegen einhalb ein Uhr (1.30 Uhr) in unsere Schlafsäcke krochen, war die Stimmung nicht gerade rosig.

Einhalb drei Uhr (3.30 Uhr): „Reise-Reise!" Schweigend verlief Anziehen und Kaffeetrinken. Bot doch dieser Tag der Entscheidung manche schwere Aufgabe: Start mit einem noch nie dagewesenen Abfluggewicht; Überquerung der wegen ihrer Nebel und Eisberge so berüchtigten Neufundlandbänke, Finden der „Nadel im Heuhaufen", der Azoren, und schließlich die voraussichtliche Landung bei Dunkelheit. Aber schon wurden alle Gedanken abgeschnitten durch das Kommando: „Klar zum Manöver!" Zuerst war es gar nicht einfach, den Anker hochzubekommen, der hinter einem Steinblock gehalten hatte. Dann wollten die Motoren bei der Kälte – es waren nur wenige Grad über Null! – nicht anspringen. Endlich liefen alle, und vor dem kräftigen Süd-

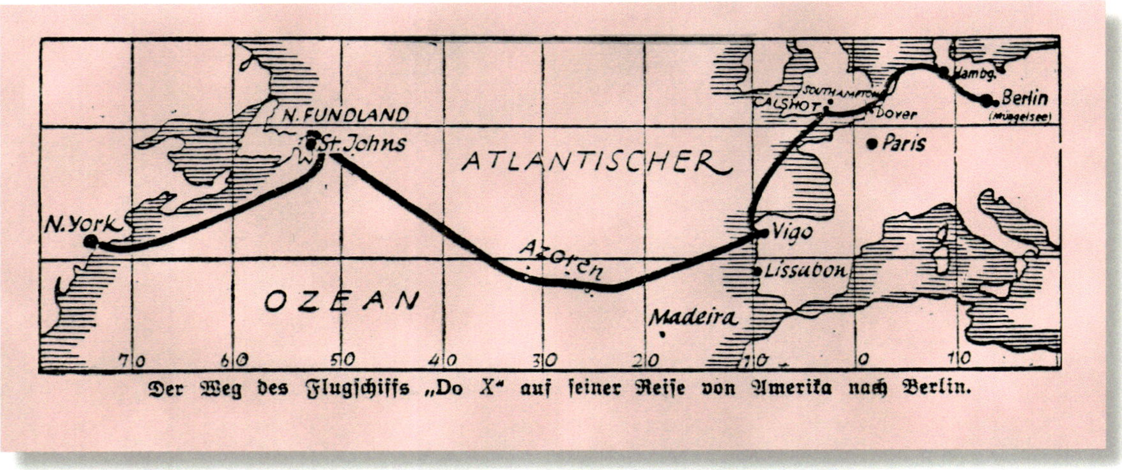

Flugroute der Do X von Neufundland bis Europa.

wind rollten wir in die Conceptionbucht hinaus. Wir ließen den Motoren Zeit, sich ordentlich durchzuwärmen, und rollten weit nach Norden, da wir ja nach Süden gegen Land zu starten und dann noch innerhalb der Bucht mit der schweren Maschine eine Kurve fliegen mußten. Endlich war der Startplatz erreicht. Kehrt! Ein letzter prüfender Blick über alle Instrumente und das Steuer. Los! Vollgas!! Schnell kommt das Schiff trotz seiner 55,5 Tonnen – in Wirklichkeit waren es 57,5 Tonnen, wie wir später im November durch Nachwiegen nach der Rückkehr in Altenrhein einwandfrei feststellen konnten – auf Stufe und legt an Geschwindigkeit zu. Günstig sind die kalte, gut tragende Luft, der scharfe Wind und die ziemlich starke kurze See ohne Dünung. Aufs äußerste angespannt saß ich am Steuer: noch nie war ein Flugzeug mit solchem Gewicht gestartet und geflogen, und meine Erfahrungen gingen nur bis 52 Tonnen. Daß ich den Start schaffen würde, glaubte ich wohl. Was das Schiff dann in der Luft und besonders in der Kurve machen würde, das mußte abgewartet werden. Aber auch da hatte ich vollstes Vertrauen. 120, 130, 140 Stundenkilometer zeigte der Geschwindigkeitsmesser. Nur ruhig weiterlaufen lassen, denke ich, bis sie von selbst raus will, denn noch einmal hineinfallen darf sie bei dem Gewicht nicht! Endlich bei 155 Kilometer ein leichter Zug am Höhenruder – wir sind frei!!! Startdauer eine Minute und 46 Sekunden. Jetzt erst mal ordentlich gedrückt und Fahrt aufgenommen! Dann auf 30 Meter und in die Kurve: die Maschine liegt wunderbar fest. Der erste Stein ist uns vom Herzen! Schon sind wir auf Nordkurs, und ich kann sogar die Motoren etwas drosseln, so daß sie nun nicht mehr mit Höchstbelastung zu arbeiten haben. Als an Steuerbord die Landzunge zu Ende geht, drehe ich langsam auf Ostkurs. Beim Passieren des Kaps kommt noch ein kritischer Augenblick, als wir in die Abwindböen kommen, die uns bei unserem geringen Kraftüberschuß fast aufs Meer drücken. Vollgas und Zähne aufeinander! Nach einigen Sekunden sind wir durch und stehen mit südöstlichem Kurs auf den Bänken.

Was werden uns die nächsten Stunden bringen? Blindflug durch Nebel kommt bei der Überlastung nicht in Frage; Hochgehen auch nicht. Bleibt also nur das Tieffliegen ganz dicht über Wasser. Und der Neufundlandnebel – nach der Monatskarte ist die Häufigkeit dicken Nebels 50 Prozent – und die vielen Fischerfahrzeuge und Eisberge?! – Die See ist ziemlich unruhig; in ein bis zwei Meter Höhe fliegen wir darüber hin. So können wir die Motoren am besten schonen und Benzin sparen, da so dicht über Wasser die Luft am besten trägt. Der Himmel ist bedeckt; einzelne Schauer trüben die Sicht. Aber wir kommen gut unter den tiefen Wolken durch. Diele und ich lösen uns in kurzen Abständen am Steuer ab. So vergehen die Minuten, die viertel und halben Stunden. Es wird allmählich wärmer. Auf einmal sind die Wolken weg und die Sonne scheint. Und nach unserem Standort auf der Karte läßt es sich nicht länger verheimlichen: Wir haben die Neufundlandbänke hinter uns, und wir haben keinen Nebel und keine Fischer und keine Eisberge gesehen!!! Weitere größere Steine fallen ungesehen von verschiedenen Herzen!

Jetzt wird's ordentlich gemütlich; binnen und buten ist heller Sonnenschein! Stunde um Stunde ziehen wir in zwei Meter Höhe unseren Kurs. Wie gestochen steht die Kimm vor unseren Augen. Und doch kommt keine Langeweile auf. Zweimal treffen wir Walfische, die sich träge durch die lange Atlantikdünung wälzen und von Zeit zu Zeit Wasserstrahlen hochjagen. Den einen überfliege ich unmittelbar. Und obwohl unsere 12 Motoren mit immerhin 8.000 PS in nur wenigen Metern über ihm donnern, läßt er sich gar nicht stören. Ein menschlicher Körper, der in braunes Segeltuch genäht wie eine klobige Holzfigur auf den Wellen treibt – ein Möwenschwarm ließ mich ein wenig vom Kurs abhalten und ihn so entdecken –, stimmt ernst und erinnert an so manche packende Schilderung von Gorch Fock. Eine unter Vollzeug heimwärts rollende dänische Bark läßt alle seebegeisterten Herzen höher schlagen und bekommt eine Ehrenrunde. Dann geht es eintönig den alten Kurs weiter.

Endlich kommen Flores und Corvo, die beiden nordwestlichen Inseln der Azorengruppe, in Sicht. Aber schon ist es dick: eine Viertelstunde fliegen wir durch dicken Nebel. Dann hört dieser auf. Dafür kommt die Nacht. Wir hatten gehofft, die Azoren eher zu erreichen. Aber die angetroffenen Winde waren uns keineswegs günstig gewesen. Wir hatten ja auch unseren Starttag nicht nach der besten Wetterlage gewählt, sondern mit Rücksicht auf den New Yorker Postschluß von vornherein den 19. Mai als Abflugtag festgesetzt. Nun sollte Do X zeigen, daß sie nicht nur unter besonders günstigen Verhältnissen den Nordatlantik bezwingen konnte! Jetzt also wurde es dunkel und wir mußten hoch fliegen, da die Wasseroberfläche nicht mehr zu erkennen war. Wir schalteten die Beleuchtung ein und flogen nach den Instrumenten. Diele und ich lösten uns wieder häufiger ab. Zustatten kam uns die sehr gute Längsstabilität der Maschine. Seiten- und Querlage hielten wir nach Wendezeiger und Sperry-Horizont. Endlich kamen die Feuer der Insel Fayal in Sicht, an der wir nördlich entlangflogen, um das in der Straße zwischen Fayal und Pico liegende Horta mit seinem Hafenfeuer in Sicht zu bekommen. Aber das war offensichtlich verdeckt, und so flogen wir weiter nach Osten gut frei von der Insel Pico mit ihrem 3.000 Meter hohen Berge.

Horst Merz als Kapitän der Luft Hansa im Mai 1933.

Nachdem wir kehrtgemacht hatten, konnten wir an Backbord in der Ferne Horta ausmachen. Zugleich aber kam die Meldung, daß das Benzin zu Ende gehe. Eine genaue Nachprüfung ergab, daß der Vorrat nicht mit Sicherheit ausreichte, um Horta zu erreichen und dort mit Gas zu landen, daß heißt die Maschine mit laufenden Motoren allmählich an das Wasser heranzufühlen. Das aber war unbedingt erforderlich, da bei Dunkelheit vom Wasser nichts zu sehen, also ein rechtzeitiges Abfangen der Maschine im Gleitflug mit abgestellten oder von selbst stehen gebliebenen Motoren unmöglich war. Also mußte der schwere Entschluß gefaßt werden, sofort hier draußen, auf freiem Atlantik außerhalb der Inseln zu landen.

Horta hatte Wind und Dünung aus Süd gemeldet, also legte ich die Maschine auf Westkurs, um nicht gegen, sondern längst der Dünung zu landen und so ein Wiederherausspringen der Maschine und Gegenknallen gegen den nächsten Dünungsberg zu vermeiden. Dann nahm ich soviel Gas weg, daß die Maschine auf ebenem Kiel liegend ganz allmählich an Höhe verlor. Hinter uns herrschte äußere Spannung im ganzen Schiff. Denn jeder wußte, die nächsten Minuten entschieden über den Rückflug! Meine Augen hingen an den Instrumenten, und mit leichten Steuerausschlägen verbesserte ich nach ihnen die Lage der Maschine. Diele hielt Ausschau nach Steuerbord unten, um doch noch im letzten Augenblick einen Schein der Wasseroberfläche zum Abfangen zu erhaschen. Die Zeit stand still. Meter um Meter ging der Höhenmesser zurück. Als er noch etwa zwanzig Meter zeigte, zog ich das Höhenruder etwas an. Im nächsten Augenblick berührte die Hacke das Wasser! Gas raus! Weich und ohne jeden Stoß setzte die Maschine ins Wasser ein und lief längs der Dünung aus. Das schwerste Stück des Rückfluges war geschafft: In 15 Stunden 20 Minuten hatten wir die Strecke Neufundland–Azoren überwunden. Fast vier Stunden mußten wir mit dem Antrieb zweier Motoren noch rollen. Bald ging auch der Mond auf, der sich bisher hinter dem Pic versteckt hatte. Gegen Mitternacht liefen wir in dem Hafen von Horta ein und machten an derselben Boje fest, an der ich im November 1927 mit meiner Heinkel-Atlantikmaschine D-1220 gelegen hatte."

Nicht zuletzt aufgrund der zahlreichen Probeflüge über dem Bodensee (wie hier im Herbst 1929) war die Technik der Do X so gut ausgereift, dass der Rückflug des Flugschiffs aus Amerika bis zur problematischen Nachtlandung auf den Azoren ohne nennenswerte Zwischenfälle verlief.

REISEEINDRÜCKE DER BESATZUNG

Auf der Rückflug-Etappe befanden sich zwei journalistisch ambitionierte Besatzungsmitglieder an Bord. Neben Antonie Straßmann war dies besonders Horst Merz. Er begann seinen Bericht mit einer Aufzählung der Akteure auf dem Flugschiff: „*Kommandant: Kapitän Friedrich Christiansen; 1. Flugzeugführer: Flugkapitän Horst Merz; 2. Flugzeugführer: Flugkapitän Walter Diele; Navigationsoffizier: Kapitän Wilhelm Niemann; Funkoffizier: Henry Kiel; Maschineningenieur: Otto Eitel; Bordwarte gleich Meister: Ernst Brombeis, Adolf Marquardt, Emil Fischer; Monteure: Heinrich Jäger, Fredy Schmidt, Josef Dabering; Curtissingenieur: Harvey Brewton.*“

Offenbar bewusst hatte er bei seiner Aufzählung in dem erst 1935 veröffentlichten Text die Jüdin Antonie Straßmann nicht erwähnt. Für Merz, linientreuer Nationalsozialist, der seit 1922 der Partei angehörte, existierte sie schlichtweg nicht. Außerdem war seine Besatzungshierarchie etwas verdreht. Auf einem Schiff ist der Navigationsoffizier immer der Erste Offizier und damit Vertreter des Kapitäns oder Kommandanten. Er wird an zweiter Stelle einer Besatzungsliste genannt. Wilhelm Niemann, seit Beginn des Do-X-Fluges unbestritten Erster Offizier, waren diese Feinheiten unwichtig – im Gegensatz zu Horst Merz, der damit seine Probleme hatte.

Persönlicher geht es in den Schilderungen von Antonie Straßmann zu, die sich über einige Besatzungsmitglieder recht ausführlich äußerte. Besonders abenteuerlich erscheinen uns heute die darin beschriebenen Umstände an Bord der Do X beim Betanken während des Fluges: „*Die Tatsache des Ozeanfluges kommt einem durch das dauernde Beschäftigtsein gar nicht zum Bewußtsein ... Das Benzin aus den Kanistern wird in die Tanks umgefüllt. Jeder, der gerade unbeschäftigt ist, faßt zu. Ich schleppe leere und volle Kannen herum. ‚Krischan' (Kommandant Christiansen) mit unerschütterlicher Ruhe vergießt beim Einfüllen nicht einen Tropfen ... Wir sind sechs Stunden unterwegs. Der erste Frachtdampfer wird passiert. Es ist erstaunlich, wie sich der Mensch an alles gewöhnt, sogar an einen Ozeanflug.*

Im Jahr 1979 warb Dornier mit dem 50-jährigen Jubiläum der Do X.

Man lebt auf diesem Schiff wie auf einem wirklichen Dampfer. Jeder hat seine Ecke. Man erkennt sie bei Merz zum Beispiel an der Danziger Flagge, beim Kapitän und Niemann an den sauberen, bereits auf Bügeln hängenden Landanzügen. Bei Diele liegen Berge von Kaugummipaketen ... Diele hat eine in Anbetracht unserer Beschränkungen im Flugwesen außergewöhnlich schnelle Karriere gemacht. Es spricht für die Organisatoren des Rückfluges, ihn ausfindig gemacht zu haben. Nach der üblichen Ausbildung bei der Deutschen Verkehrsfliegerschule war er nach der Abschlußprüfung sofort als Lehrer in Warnemünde und List eingestellt worden. Er ist 26 Jahre alt und gerade acht Tage vor dem Abflug stolzer und glücklicher Vater eines kleinen Mädelchens geworden. Kein Wunder also, wenn es ihn zur schnellsten Flugzeit nach Europa antreibt ... Hinter dem Maschinenraum krieche ich durch eine kleine Tür zum Funkraum. Kiel, der Bordfunker, sitzt mit dem Kopfhörer über seinem blonden Hamburger Jungenskopf. Er ist wohl einer unserer besten Funker. War er doch selbst von Dr. Eckener schon für Zeppelinfahrten ausersehen. Für mich ist der ganze Funkapparat ein Buch mit sieben Siegeln. Kiel drückt auf Knöpfe, dreht an Schaltern. Ich sehe Nadeln schwingen, Lichter aufflammen. Seine linke Hand drückt auf den kleinen Schalter lang und kurz. Er schaltet um und nimmt Telegramme auf. Wetterberichte aus Hamburg, aus New York. Unsere Kurzwellen von etwa 35 Meter, aus diesem kleinen Raum in einem fliegenden Schiff, umspannen die Welt in Bruchteilen von Sekunden ...

Auf meinem Rückweg im Maschinenraum. Am Instrumentenbord steht der Chefingenieur Eitel. Ein Schweizer. Er kennt den Do X aus seinen allerersten Anfängen heraus und in jedem Winkel. Das wachsame Ohr über die Motoren ist Brewton. Er ist von Curtiss mitgeschickt und hat bereits den Flug vom Bodensee aus mitgemacht. Den Conqueror-Motor hat er in Amerika mit entwickeln helfen. Brewton ist großartig. Er steht an das Instrumentenbord angelehnt und schläft. Schläft im Stehen und rührt sich nicht. Sowie aber irgendein ungewöhnliches Geräusch ist, wird er sofort munter."

Vor Anker liegend wird das Flugschiff wieder zum Schiff und muss seine Seetüchtigkeit unter Beweis stellen.

Brewton hätte beruhigt durchschlafen können, denn während des Fluges traten keinerlei Störungen auf. Ein gewisses Sorgenpotenzial ergab nach über 2.300 Kilometern Flug die notwendige Landung auf den Azoren bei Nacht. Wie wir uns erinnern, hatte es einmal ein Nachtflugver-

Überraschung im spanischen Vigo, der ersten Station auf europäischem Festland während der Rückreise. 150 Meter vom Flugschiff entfernt ankerte die CAP ARCONA der Hamburg-Süd-Reederei.

bot für das Flugschiff gegeben. Doch die Zeiten und Einstellungen änderten sich. Niemanns geniale Navigationskunst fand die Azoren als Stecknadel im Heuhaufen in der Weite des Atlantiks auf den Punkt genau. Flores und Corvo, die beiden nordwestlichen Inseln der Azorengruppe, kamen bei Einbruch der Dunkelheit in Sicht. Da das Leuchtfeuer vom Etappenziel Horta nicht sofort ausgemacht werden konnte und kostbarer Sprit beim Vorbeiflug vergeudet worden war, musste die Do X zunächst im Dunkeln auf offener See landen. Das Feuer war jetzt zwar zu erkennen, aber auf dem Wasser rollend benötigte die Do X gut und gerne vier Stunden bis zum Einlaufen in den Hafen. Die bisherige Flugzeit von 15 Stunden und 20 Minuten von Neufundland bis zu den Azoren erhöhte sich damit drastisch, bevor die Do X kurz vor Mitternacht im Hafen von Horta an der Boje festmachen konnte.

Über die Erlebnisse der Besatzung auf den Azoren und den anschließenden Weiterflug zum europäischen Festland berichtet Antonie Straßmann: „*Die Behörden kommen an Bord. Geschäftspapiere werden abgestempelt. Der Zivilgouverneur besieht sich das Flugschiff. Fünf Minuten später wird mit Bunkern angefangen. An Bord herrscht allgemeine Freude über den gelungenen Flug. Auf dem Stummel stehend, sieht man Horta, eine typisch portugiesische Stadt. Wir kriegen einen Haufen Telegramme, Glückwünsche und dienstliche. Mit der Schreibmaschine unter dem Arm klettere ich in den Navigationsraum. Als ob nichts geschehen sei, diktiert ‚Krischan' mir in die Maschine. Die Thermosflaschen sind an Land geschickt worden, um mit heißem*

Der Kapitän der CAP ARCONA begrüßte seine fliegenden Kollegen mit frisch gebackenem Weißbrot, Brötchen und Wurst.

Kaffee aufgefüllt zu werden. Es soll sofort weitergehen. Um 1 Uhr lege ich mich aufs Ohr. Gebunkert wurde bis um 2.30 Uhr. Ich habe nichts gehört ... Wir starten um 6.25 Uhr Ortszeit direkt aus dem Hafen heraus, Kurs Vigo. Es geht bei klarem Wetter europawärts. Das Leben an Bord ist einem eine liebe Gewohnheit geworden. Wir sind vollständig zu Hause. Frühstück, zweites Frühstück, Obst. Alles geht seinen gewohnten Gang. Wir fliegen knapp zwei Meter hoch. 11 Uhr an Bord tiefer Friede. Die Monteure können bei den Motoren entbehrt werden. Wir haben die leeren Benzinkanister in Horta mit Müh und Not loswerden können (man wollte Zollschwierigkeiten machen). Und nun werden die Kabinen wieder eingerichtet. Die Teppiche werden gelegt, Gardinen angemacht, die Sessel festgeschraubt ... 17 Uhr Land voraus. Europa. Schnell nähern wir uns. Wir haben Radioverbindung mit fünf deutschen Dampfern gehabt. Die Frachtschiffe, die Segelboote mehren sich. Noch ein paar Meilen die Küste nordwärts. Da ist auch schon die Bucht. Vor uns breitet sich der schöne Hafen von Vigo aus. Die Straßen sind schwarz von Menschen. Automobile, Straßenbahnen, alles stoppt. Begeistertes Winken. Viele spanische Kriegsschiffe liegen im Hafen. Viele Segelboote, Dampfbarkassen und Motorboote liegen zu unserer Begrüßung da. Wir drehen eine Ehrenrunde um den ersten europäischen Hafen. 18.45 Uhr Ortszeit. Wir landen in Vigo. Wir landen in Europa!“

24.5.1932

Einladung
zum Empfang des Dornier-Flugschiffes
Do X
auf dem Müggelsee.

DORNIER-METALLBAUTEN
G. m. b. H.

Diese Einladung berechtigt zum Passieren der polizeilichen Absperrung und zum Betreten des Gästeschiffes „Wintermärchen“, Landungsbrücke des Gartenlokals „Bellevue“ in Friedrichshagen

Während die Do X der Heimat entgegenflog, verschickte Dornier solche Einladungen zum Empfang des Flugschiffs bei seiner Ankunft nahe Berlin.

Ursprünglich war nach der Landung in Spanien ein Ruhetag vorgesehen. Doch der Drang nach Hause, nach Deutschland, und ein bis dahin unproblematisch verlaufener Flug ließen die Schiffsführung am 23. Mai um 10.45 Uhr die Entscheidung treffen, wieder zu starten. Nachts war getankt worden, und im Morgengrauen gab es noch eine Überraschung. Nur 150 Meter entfernt ankerte der Hamburg-Süd-Dampfer CAP ARCONA neben dem Flugschiff. Nach altem Brauch schickte der Kapitän des Passagierdampfers seinen „Kollegen“ frisches Weißbrot, Brötchen und Zervelatwurst herüber. Dazu gab es 20 Liter frische Milch, die in Vigo an Bord kamen und nun im Handumdrehen verschwunden waren, wie „Proviantmeisterin“ Straßmann berichtete.

Auf der etwa 1.300 Kilometer langen Etappe von Spanien nach Calshot in England war die Flugschiffsbesatzung erstmals richtig froh, mit einem fliegenden Schiff unterwegs zu sein. Die Biskaya tobte sich bei einem Nordsturm mit 70 Kilometern pro Stunde aus. Keiner hätte gern mit den Seeleuten auf dem Wasser getauscht, die mit ihren Dampfern auf die Wellen kletterten, um dann in den Tälern wieder zu verschwinden. Wilhelm Niemann bewies einmal mehr seine Navigationskunst. Trotz einer Abdrift von 22 Grad ermöglichte er einen Punktanflug auf die französische Insel d'Quessant zur genau berechneten Zeit. Gegen 18.15 Uhr erreichte die Do X dann die Seeflugstation der Royal Air Force in der Nähe von Southampton, was mit einer Ehrenrunde bedacht wurde.

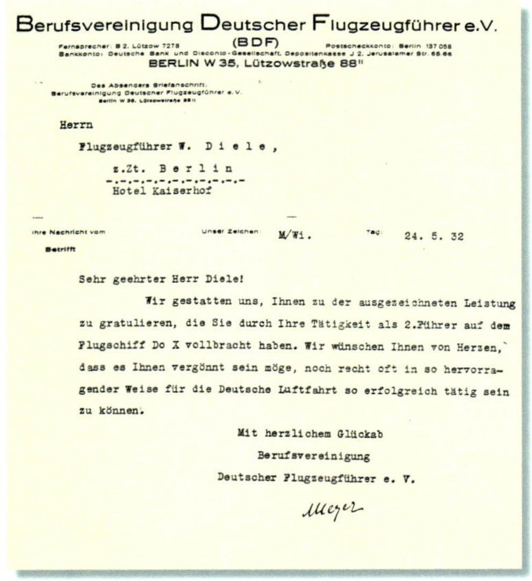

Berufsvereinigung Deutscher Flugzeugführer e.V.
(BDF)
Fernsprecher: B 2. Lützow 7278 Postscheckkonto: Berlin 137 058
Bankkonto: Deutsche Bank und Disconto-Gesellschaft, Depositenkasse J 2, Jerusalemer Str. 65.66
BERLIN W 35, Lützowstraße 88 II

Des Absenders Briefanschrift:
Berufsvereinigung Deutscher Flugzeugführer e.V.
Berlin W 35, Lützowstraße 88 II

Herrn
Flugzeugführer W. D i e l e ,
z.Zt. B e r l i n
Hotel Kaiserhof

Ihre Nachricht vom — Unser Zeichen: M/Wi. Tag: 24. 5. 32
Betrifft

Sehr geehrter Herr Diele!

Wir gestatten uns, Ihnen zu der ausgezeichneten Leistung zu gratulieren, die Sie durch Ihre Tätigkeit als 2.Führer auf dem Flugschiff Do X vollbracht haben. Wir wünschen Ihnen von Herzen, dass es Ihnen vergönnt sein möge, noch recht oft in so hervorragender Weise für die Deutsche Luftfahrt so erfolgreich tätig sein zu können.

Mit herzlichem Glückab
Berufsvereinigung
Deutscher Flugzeugführer e. V.
Meyer

Nach dem gelungenen Überflug gingen viele Gratulationsbriefe an die Besatzung ein.

EUPHORISCHER EMPFANG IN BERLIN

Nach dem Rückflug liegt die Do X, das „größte Flugboot der Welt“, am Landungssteg auf dem Müggelsee bei Berlin.

Claude Dornier hatte sich mit seiner Frau als Passagier für die letzte Etappe von Calshot nach Berlin angekündigt. Ihnen wurde an diesem Dienstag, dem 24. Mai 1932, ein begeisterter Empfang durch die Do-X-Besatzung zuteil. Mit einem dreifachen, von Herzen kommenden „Hipp, Hipp, Hurra!“ ließ die Besatzung den genialen Schöpfer der „Mauretania der Lüfte“, wie die Engländer die Do X nannten, hochleben. So schnell wie möglich wurde gestartet, um die letzte Etappe bis Berlin zu absolvieren. Antonie Straßmann wurde von der Entscheidung, nicht nach Friedrichshafen an den Bodensee, sondern nach Berlin zu fliegen, angenehm überrascht und freute sich besonders auf den Flug in ihre Heimatstadt. Nach dem Überfliegen der Ostfriesischen Inseln stattete die Do X Hamburg einen Kurzbesuch ab, drehte eine Runde über dem Verwaltungsgebäude der Hapag an der Binnenalster und machte sich dann auf den Luftweg nach Berlin.

Auftrieb der Zehntausenden am Müggelsee in Berlin. Nicht nur das Ufer war schwarz vor Menschen, auch auf dem Wasser wurde es beängstigend eng.

Über die letzte Etappe des Fluges von Hamburg nach Berlin berichtet Antonie Straßmann: *„Ich habe nie gewußt, daß Hamburg–Berlin eine so entsetzlich lange Strecke ist. Wie oft ich wohl in diesen zwei Stunden aufgestanden bin, mich wieder hingesetzt habe, rauf in den Navigationsraum, wieder runter, rechts ans Fenster, links ans Fenster, vordere Kabine, hintere Kabine. Endlich Havelberg. Und nun Kurs nach Osten. Als ich Brandenburg sah, war es mit mir aus. Ich glaube, es gehörte die ganze Langmut von ‚Krischan‘ und unserem Navigationsoffizier dazu, mich nicht in der Küche oder irgendwo einzusperren. Ich habe ihnen in ganz dienstwidriger Weise ständig mit sämtlichen Zeigefingern vor der Nase herumgefuchtelt. Ja, ich kenne doch von Brandenburg ab bis Frankfurt an der Oder, von Treuenbrietzen bis Oranienburg jeden Winkel um Berlin herum. Fahrland. Da drüben liegt Werder. Kinder, da müssen doch jetzt die Bäume blühen! Wir fliegen genau über Cäcilienhof, Nikolskoe. Der obligate Pflaumenkuchen mit Schlagsahne fällt mir ein. Pichelsdorf. Grüner Aal und Gurkensalat mit Pilsener Bier. Drüben die Kaiser-Wilhelm-Gedächtniskirche. Und schon sind wir über dem Großen Stern. Was meine Schutzleute wohl da unten denken? Eine Ehrenrunde um die Siegessäule umschließt gleichzeitig mein Elternhaus. Meine Schumannstraße. Ich sehe die Ärzte in weißen Kitteln aus der Klinik herausstürzen. Sehe den Schupo auf dem Hof der Kaserne des ehemaligen 2. Garderegiments. Hier ist die Rampe vom Reichstag, wo ich als Kind auf Rollschuhen runtergelaufen bin. Das Haus, in dem ich geboren bin – da können einem schon mal die Tränen kommen. Daß ich jemals so nach*

Berlin kommen darf! Schon liegt unter mir das Scherlhaus. Die Jerusalem-Kirche. Das Treptower Eierhäuschen, die Sternwarte, Grünau und hier die Müggel. Die Berliner haben uns nicht enttäuscht. Im Gegenteil, weit über Erwarten groß war die winkende Menge, die den Müggelsee schwarz einsäumte, weit über Erwarten groß die Zahl der Boote in allen Größen, die sich zu unserer Begrüßung eingefunden hatten. Ich war die einzige Berlinerin unter der Besatzung, und ich war ja so stolz auf die Begeisterungsfähigkeit und das Verständnis, das meine Berliner dem epochemachenden gelungenen Ozeanflug des ersten Großflugschiffes entgegengebracht haben. Eine Runde um den Müggelsee, dann die gewohnt glatte Landung."

Die Begeisterung der Berliner kannte keine Grenzen und das Flugschiff wurde förmlich „gestürmt".

Ähnlich enthusiastisch empfanden die Berliner die Ankunft der Do X D-1929. Euphorisch und in der ganzen Bandbreite möglicher Darstellung mit Worten, Ton und Film berichteten die Medien von dem Schauspiel: „*Ist das Traum – oder ist's Wirklichkeit: aus den Wolken kommt vom Westen, sogar vom Fernen Westen, dem unsere Knabenträume gehörten, die Donnermaschine, immer größer, immer gigantischer werdend – nun rauscht sie donnernd über uns hinweg, mit dem metallenen Flügelschlag unserer Zeit, des Jahrhunderts der Technik! Jetzt entlädt sich mit einem Male diese Stille, diese mit Spannung geladene Atmosphäre – was an Menschen den großen See umringt, was auf den Schiffen und Motorbooten sich ballt, das brüllt fassungs- und hemmungslos dem Wundervogel zu, der mit einer Sicherheit und Selbstverständlichkeit über uns alle hinwegrauscht: Hier bin ich – aus Amerika komme ich – vor wenigen Stunden sah ich die Freiheitsstatue im New Yorker Hafen, und eben flog ich über das Häusermeer von Berlin hinweg. Die Dampfsirenen sind jetzt wie losgelassen, und es tutet und hupt und schmettert und schreit hinauf – es ist, als grüße die Erde den Bezwinger der lichten Höhe. Und man wird stolz, Kind dieser Zeit, Augenzeuge dieses Ereignisses, ein Deutscher zu sein ...*"

Dieser Originalton einer Rundfunkreportage vom 24. Mai 1932 lässt erahnen, was über die Besatzung hereinbrechen sollte. Nachdem einige Scherl-Reporter die Do X noch während des Anlaufens auf die vorbereitete Boje über die Stummel „erobert" hatten, war es mit der Ruhe für die nächsten Stunden und Tage vorbei. An Bord des Regierungsdampfers beglückwünschten Reichsverkehrsminister Gottfried R. Treviranus (1891–1971) und Berlins Oberbürgermeister Dr. Heinrich Sahm (1877–1939) Claude Dornier und seine Besatzung im Namen des Reiches für ihre epochale Leistung für den Luftverkehr. Es folgten offizielle Empfänge und Interviews am laufenden Band.

Der frühere Kronprinz Friedrich Wilhelm und Kapitän Christiansen bei der Besichtigung der Do X am Müggelsee bei Berlin.

Posthilfsstelle auf Flugschiff Do X – Wilhelm Niemann und die Bordpost

Wilhelm Niemann – Postmeister und Navigator

Beginn der Do-X-Flugpost

Private Bordpost beim Rheinflug 1930

Erste Postmitnahme in Amsterdam

Dornier-Eigenbelege

Do-X-Postbeförderung in Amerika

Eigenbelege als Ladenhüter

Belege des Rückflugs nach Deutschland

Letzter Postflug in die Schweiz

Geplante Postflüge 1933

Ausgewählte Do-X-Flugpostbelege

Kapitel 4

WILHELM NIEMANN – POSTMEISTER UND NAVIGATOR

Wilhelm Niemann (1892–1935), Navigationsoffizier der Do X und erster deutscher Flugschiffspostmeister.

von Lena Niemann, Tochter von Wilhelm Niemann

„*Lena, Du hast bei der ganzen Aufregung ja selig geschlummert!*" Immer wenn bei meiner Mutter die Sprache auf die schaurig schöne Szene kam, die wir als Familie gemeinsam erlebten, beziehungsweise die ich verschlafen hatte, dann erzeugte das ein Gänsehautgefühl.

An diesem 26. Juli 1932, einem Dienstag gegen 13.40 Uhr, befand sich die Do X auf einer Etappe ihres Deutschlandfluges und war in wenigen hundert Metern Höhe auf dem Weg von Travemünde nach Kiel mit der kompletten Familie Niemann an Bord. Mein Vater war oben im Navigationsraum und meine Mutter mit mir, der schlafenden Lena, bei den Passagieren. Man blickte etwas skeptisch aus den Backbordbullaugen auf die grüne Insel Fehmarn, über der sich ein drohender Berg schwarzgrauer Gewitterwolken türmte. Doch an Steuerbord schien die Sonne auf den wenig bewegten Fehmarnbelt. Neugierig schauten die Passagiere des gut besetzten Flugschiffs auf eine unter Vollzeug dort kreuzende Dreimastbark. Offenbar war die gesamte Besatzung an Deck gepfiffen worden und grüßte nun die vorbeiziehende Do X. „*Das ist doch die NIOBE, das Segelschulschiff der Reichsmarine*", bemerkte einer der männlichen Mitreisenden, und langsam verschwand das Schiff aus dem Blickfeld. Keiner im Flugschiff ahnte die Tragödie der nächsten halben Stunde auf dem Wasser des Belts. Eine plötzliche Gewitterböe ließ den Segler in nur drei Minuten kentern und versinken. Er riss 69 Mann der Besatzung in den Tod, darunter 47 junge Matrosen, Laufbahnanwärter der Reichsmarine, die unter Deck Unterricht hatten. Ein nationales Unglück, das jegliche Tagespolitik dieser Monate in den Hintergrund drängte. In Kiel gelandet, erfuhr mein Vater von dem Geschehen und stellte sich sofort den auslaufenden Sucheinheiten der Marine zur Verfügung, die jedoch nicht mehr helfen konnten.

Mein Vater konnte sehr gut nachempfinden, was auf dem Fehmarnbelt passiert war. Als Landwirtssohn in Ellingstedt bei Schleswig am 25. August 1892 geboren, verlor er in jugendlichen Jahren seine Eltern. Der Vater kam bei einem Unfall mit dem Pferdegespann ums Leben, und seine Mutter, mit vier Kindern allein gelassen, starb ein Jahr später. Nach dem Realschulabschluss 1908 stellte er sich als Ältester der Geschwister Niemann, die in der Verwandtschaft verteilt waren, auf seine eigenen Füße und ging zur See. Bis zum Herbst 1913 fuhr er als Junge, Leichtmatrose und Matrose auf verschiedenen Segelschiffen und Dampfern, und bestand im Frühjahr 1914 seine Steuermannsprüfung auf großer Fahrt in Flensburg.

In niedriger Höhe passiert ein Flugzeug die NIOBE II, das Segelschulschiff der Reichsmarine. Einen ähnlichen Anblick bot die Dreimastbark den Passagieren der Do X am 26. Juli 1932 auf dem Fehmarnbelt während des Fluges von Travemünde nach Kiel.

Sein erstes Schiff als Offizier wurde der Hamburger Viermaster ERNST, dessen Reise nach Australien zu Kriegsbeginn 1914 ihm die

Kriegsgefangenschaft bis 1919 einbrachte. Aus heutiger Sicht ein eher glücklicher Umstand, denn im Gefangenenlager Berryma in der Nähe von Sydney führten die Herren Offiziere kein schlechtes Leben, wie Fotos eines Bekannten von damals zeigen. Gern wäre mein Vater als Landwirt in Australien geblieben, doch der karge Boden ließ keine Landwirtschaft zu.

Zurück nach Deutschland kam Wilhelm Niemann über Brasilien. Dort hatte er sich ebenfalls ein Auskommen in der Landwirtschaft erhofft. Dass er dann eine im wahren Sinne des Wortes im Urwald in der Hängematte schaukelnde Landsmännin kennen lernte, zeigt einmal mehr, wie klein die Welt doch sein kann. Die Tochter eines Sägewerksbesitzers aus Schleswig verschaffte ihm zunächst Arbeit als Holzfäller. Doch die wieder erstarkende Handelsschifffahrt in Deutschland lockte meinen Vater nach Hamburg zurück, wo er bei der Hamburg-Amerika-Linie in den nächsten Jahren auf verschiedenen Dampfern vom Vierten bis zum Ersten Offizier aufstieg. Er holte sein Abitur nach und legte die Bordfunkerprüfung II. Klasse und 1923 in Elsfleth sein Patent als Schiffer auf großer Fahrt ab. In diesem Jahr lernte er auch meine Mutter kennen. Eigentlich wollte er nur den Kapitän eines von ihm befahrenen Dampfers in Hamburg besuchen. Doch Kapitän Jakob war nicht zu Hause. Um eine Nachricht zu hinterlassen, klingelte mein Vater beim Nachbarn, und wer stand dort im Türrahmen vor ihm? Meine liebe Mutter, die von Amors Pfeil genauso getroffen wurde wie mein Vater.

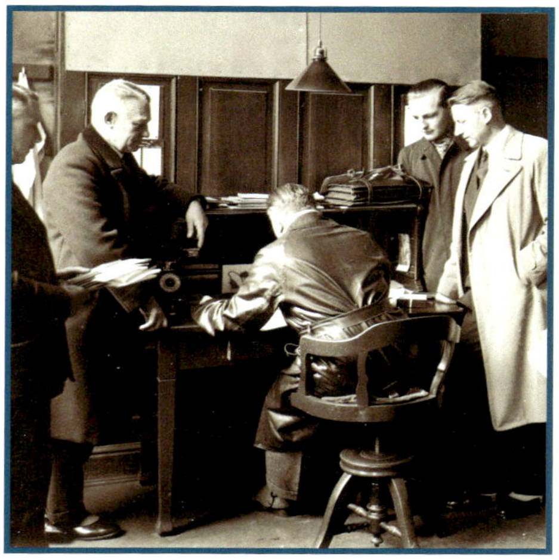

Offiziere des Flugschiffs bei der „Behördenarbeit". Kommandant Friedrich Christiansen (links) beobachtet Navigationsoffizier Wilhelm Niemann (sitzend) beim Quittieren. Als Zeugen sind Funkoffizier Henry Kiel (Zweiter von rechts) und Bordingenieur Otto Eitel (rechts) dabei.

Wilhelm Niemann bei der Ankunft in New York im August 1931 mit weißer Dornier-Sommermütze.

Sein Interesse an Seefahrt, Navigation, Funkerei und später auch Fliegerei prädestinierte Wilhelm Niemann für besondere berufliche Aufgaben in den stürmischen Jahren der Luftfahrt zwischen den beiden großen Kriegen. Bei seiner Reederei beobachtete die Abteilung Luftfahrt alle Luftverkehrsentwicklungen sehr aufmerksam. Im August 1927 entlieh sie meinen Vater an die Flugzeugfirma Rohrbach als Navigations- und Funkoffizier für ein Atlantikflugunternehmen, das allerdings nicht durchgeführt wurde. Gleiches galt übrigens auch für den geplanten Flug einer Junkers G 24 von den Azoren nach Neufundland. Danach schickten ihn die Hamburger im Mai 1928 zur fliegerischen Ausbildung auf die Verkehrsfliegerschule nach Warnemünde. Im selben Jahr, im Juli, bin ich dann dort zur Welt gekommen.

Mein Vater war zeitlebens ein Mensch, der durch Leistung wirken wollte und dem es überhaupt nicht lag, sich ins Rampenlicht zu drängen. Auf

Brief von New York nach Richmond, aufgegeben am 5. Oktober 1931. Sechs solcher Belege mit rotem Kastenstempel und Unterschrift des Offiziers Niemann sind bekannt.

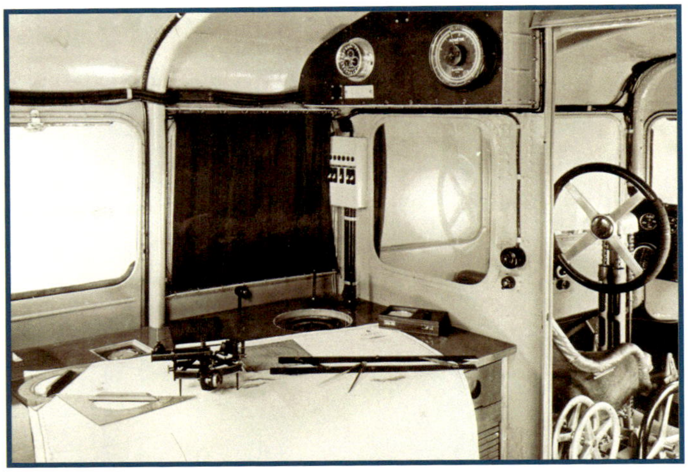

Blick auf Wilhelm Niemanns Arbeitstisch im Flugschiff. Gut zu sehen ist auch der Flugzeugführersitz mit Steuerhandrad und zwei Handrädern für die Höhenruder- und Seitenruder-Ausgleichsverstellung sowie das große Wasserruderhandrad.

sein berufliches Können und seine menschlichen Qualitäten wurden bald auch andere aufmerksam. Die Deutsche Verkehrsfliegerschule (DVS) erbat ihn für zwei Jahre von der Hamburg-Amerika-Linie, um die Abteilung Navigation und Funkwesen der Zweigstelle Warnemünde zu leiten. Er legte in Berlin seine Flugfunkprüfung II. Klasse ab und erlangte weitere fliegerische Befähigungszeugnisse. Als Claude Dornier beim Zusammenstellen seiner Do-X-Besatzung bei der DVS um einen tüchtigen Navigator mit See- und Fliegererfahrung nachfragte, fiel sofort der Name meines Vaters.

In dieser Zeit ereignete sich auch eine nette Geschichte, die den Familien- und Heimatsinn von Wilhelm Niemann deutlich werden lässt. In Warnemünde brachte er im Jahr 1929 den Söhnen des bolivianischen Staatspräsidenten das Fliegen bei. Nachdem die beiden zurückgekehrt waren und wohl begeistert vom Erlebten berichtet hatten, klingelte bei meinem Vater auf dem Schreibtisch bei der DVS das Telefon, und der Präsident persönlich bat ihn, nach Bolivien zu kommen, um die dortige Luftwaffe aufzubauen. Nach reiflicher Überlegung und Abwägung zusammen mit meiner Mutter lehnte er ab. Der Familienrat hatte entschieden: Bolivien war zu weit weg, zu anders, das konnte nicht ihre Heimat werden.

Wilhelm Niemann und Claude Dornier am Navigationstisch.

Am 1. Mai 1930 trat Wilhelm Niemann zunächst wieder in den direkten Dienst der Hamburg-Amerika-Linie ein und fuhr als Erster Offizier auf dem Dampfer HOHENSTEIN im Südamerikaverkehr, bevor ihn die Reederei nach Friedrichshafen zu den Dornier Metallbauten auslieh, um die Fahrten der Do X als Navigationsoffizier zu betreuen. Vom 29. Oktober 1930 bis zum November 1932 fungierte mein Vater dann auf dem Flugschiff als Erster Offizier und Vertreter des Kommandanten, als Navigationsoffizier und als Flugschiffspostmeister – als „N.-O. Do X", wie er sich selbst bescheiden abkürzte.

Wilhelm Niemann an seinem Arbeitsplatz am Navigationstisch an Bord der Do X.

In einem Brief vom 1. November 1930, kurz vor Beginn der Expedition mit dem Flugschiff, umriss er damals sein Aufgabenfeld an Bord: „*Mir ist die Navigation incl. Funkpeiler, der ganze Schriftverkehr, die Trimmung des Schiffes, die Versicherungsangelegenheiten, die Kontrolle über das eigentliche Boot sowie alle ins seemännische schlagende Arbeiten übertragen. Außerdem bin ich als Flugschiffspostmeister vereidigt worden. Da mein Wirkungskreis ziemlich umfangreich ist, steht mir der Funkoffizier für meine Arbeiten als Assistent zur Verfügung.*"

Die langen Monate mit der Besatzung und dem Flugschiff waren für den Familienvater nicht ganz einfach. Meine Eltern haben sich damals fast ein ganzes Jahr lang nicht gesehen. Oft erzählte meine Mutter von ihrer Überfahrt mit dem Dampfer nach Amerika, dem Wiedersehen in New York im Frühjahr 1932 und einem beeindruckenden Abstecher nach Kanada, bevor sie wieder zurück musste. In den Monaten während der Flüge in Deutschland haben sich meine Eltern häufiger gesehen, und die Familie war auch mehrere Male komplett an Bord der Do X.

Navigationsoffizier Niemann und Kapitän Christiansen im Navigationsraum.

Über ein Foto, das sie zu Gesicht bekam, war meine Mutter damals entsetzt. Der frühere deutsche Kronprinz Friedrich Wilhelm hatte die Do-X-Besatzung zum Essen geladen, und alle Herren saßen im Gesellschaftsanzug in großer Runde, nur mein Vater trug seine heiß geliebte braune Strickjacke. Zur Rede gestellt meinte er nur: *„Bin ich denn deshalb ein anderer Mensch?“* Den Kronprinzen hat das übrigens überhaupt nicht gestört.

Im September 1933 ging mein Vater nach Berlin-Adlershof zur Deutschen Versuchsanstalt für Luftfahrt. Er wurde Leiter der Navigationsabteilung und begann seine Erfahrungen aus der terrestrischen, funktechnischen und meteorologischen Langstreckennavigation in praktische Anwendungen umzusetzen. Er wollte den 400-Grad-Kreis als dezimale Rechengröße einführen. Den Aufschrei der traditionellen Fachwelt, die am 360-Grad-System festhalten wollte, kann man sich auch heute noch gut vorstellen. Mein Vater stellte der komplizierten traditionellen Kreisberechnung mit Rechenschieber und krummen Werten eine runde dezimale Logik entgegen. Faszinierend, wie auch die Mitglieder der Wissenschaftlichen Gesellschaft für Luftfahrt meinten, als ihnen mein Vater am 22. Januar 1935 seine Arbeitsergebnisse in einem Vortrag in Berlin präsentierte. Alle waren Feuer und Flamme und wollten sich auf den wohl steinigen Weg der Umsetzung begeben. Doch das Schicksal hatte mit meinem Vater anderes vor.

Für 1935 plante er einen Alleinflug um den Welt. Dafür startete er am 21. März 1935 zu einem Übungsflug, bei dem er in der Nähe von Beskow notlanden musste. Bereits wieder auf dem Boden, reagierte seine Maschine plötzlich unkontrolliert mit einem Satz nach vorn und verletzte ihn tödlich, als sein Kopf auf den Kompass am Armaturenbrett aufschlug. So hat man uns seinen Tod jedenfalls beschrieben. An der großen Trauerfeier in Berlin mit den Herren Milch und Christiansen und an der Beerdigung in Hamburg konnte meine Mutter nicht teilnehmen. Der Schmerz über den großen Verlust hatte sie zusammenbrechen lassen. Während der Beisetzung meines Vaters in Ohlsdorf kreisten drei Flugzeuge mit langen Trauerfloren über dem Friedhof. Die Worte des Kondolenztelegramms des Kronprinzen an meine Mutter *„Sie haben eines großen Mannes Liebe besessen!“* blieben uns eindringlich in Erinnerung.

Strich-Teilung	Alte Gradteilg.	Neue Gradteilg.	Strich-Teilung	Alte Gradteilg.	Neue Gradteilg.
Nord	**0,0**	**0**	**Süd**	**180,0**	**200**
NNO	22,5	25	SSW	202,5	225
NO	**45,0**	**50**	**SW**	**225,0**	**250**
ONO	67,5	75	WSW	247,5	275
Ost	**90,0**	**100**	**West**	**270,0**	**300**
OSO	112,5	125	WNW	292,5	325
SO	**135,0**	**150**	**NW**	**315,0**	**350**
SSO	157,5	175	NNW	337,5	375
Süd	**180,0**	**200**	**Nord**	**360,0**	**400**

1. Quadrant	=	000 — 100
2. Quadrant	=	100 — 200
3. Quadrant	=	200 — 300
4. Quadrant	=	300 — 400

DVL. 1934	**Verschiedene Winkelteilungen**	Navigations-Abteilung

Zusammenstellung verschiedener Winkeleinteilungen zur Verdeutlichung des 400-Grad-Systems. Abbildung aus dem gedruckten Vortrag, den Wilhelm Niemann vor den Mitgliedern der Wissenschaftlichen Gesellschaft für Luftfahrt am 22. Januar 1935 in Berlin hielt.

BEGINN DER DO-X-FLUGPOST

Die offizielle Geschichte der „Posthilfsstelle Flugschiff Do X“ begann am 29. Oktober 1930 mit der Vereidigung von Wilhelm Niemann im Büro des Postamtsleiters in Friedrichshafen. An diesem Mittwoch wurde der Navigationsoffizier des Flugschiffs der erste deutsche Flugschiffspostmeister.

Bezüglich der postalischen Aktivitäten der Do-X-Bordpoststelle kommen im Folgenden auch zahlreiche Unterlagen Niemanns zur Auswertung, dessen Korrespondenz, Berichte und Abrechnungen einen sehr detaillierten Einblick in seine Arbeit an Bord gewähren.

Bereits als die Öffentlichkeit allmählich von der Absicht eines Ozeanflugs mit Do X erfuhr – einige Zeit vor Niemanns Vereidigung –, war aus verschiedenen Kreisen der Wunsch aufgekommen, die Mitgabe von Post zu ermöglichen. Obwohl sich Claude Dornier und seine Mitarbeiter der Unsicherheiten des geplanten Erprobungsflugs bewusst waren, gaben sie dem Drängen von außen nach und stellten den Antrag beim Reichspostministerium, die Do X zur Postbeförderung zuzulassen. Nach langwierigen Verhandlungen einigten sich die Reichspostverwaltung und die Dornier Metallbauten GmbH (D.M.B.) auf einen Postvertrag.

Am 21. Oktober 1930 hatte das Reichspostministerium (RPM) in seinem Amtsblatt Nr. 92 die postalische Handhabung bekannt gegeben. In der Rubrik „Betriebsdienst“ verfügte das RPM unter Nr. 382/1930, Amerikaflug des Flugschiffs Do X: „*Das Dornier-Flugschiff Do X wird voraussichtlich Anfang November einen Flug nach Amerika unternehmen. Dieser Flug soll unter folgenden Bedingungen zur Beförderung von gewöhnlichen Briefen und Postkarten an Empfänger in beliebigen Bestimmungsorten benutzt werden: 1. das Einzelgewicht der Briefe darf 20 g nicht überschreiten; 2. der Absender hat als Leitvermerk auf der Sendung anzugeben: ‚Mit Flugschiff Do X nach Amerika‘; 3. die Gesamtgebühr beträgt 6 RM für einen Brief und 4 RM für eine Postkarte; 4. zum Freimachen können Luftpostmarken und gewöhnliche Freimarken verwendet werden; die Sendungen sind vollständig freizumachen; nicht oder unzureichend freigemachte Sendungen werden den Absendern zurückgegeben; 5. die Sendungen sind dem Postamt Friedrichshafen (Bodensee) im freigemachten Umschlag (hierfür nur innerdeutsche Gebühr, wie für Sendungen des gewöhnlichen Verkehrs) zu übersenden. Auf dem Umschlag ist anzugeben: ‚Sendungen für den Amerikaflug des Flugschiffes Do X – Postamt Friedrichshafen (Bodensee)‘; der Umschlag der Sammelsendungen und die Einzelsendungen müssen die Anschrift des Absenders tragen, die Sendungen müssen bis spätestens 30. Oktober, 23 Uhr, beim Postamt Friedrichshafen vorliegen.*“

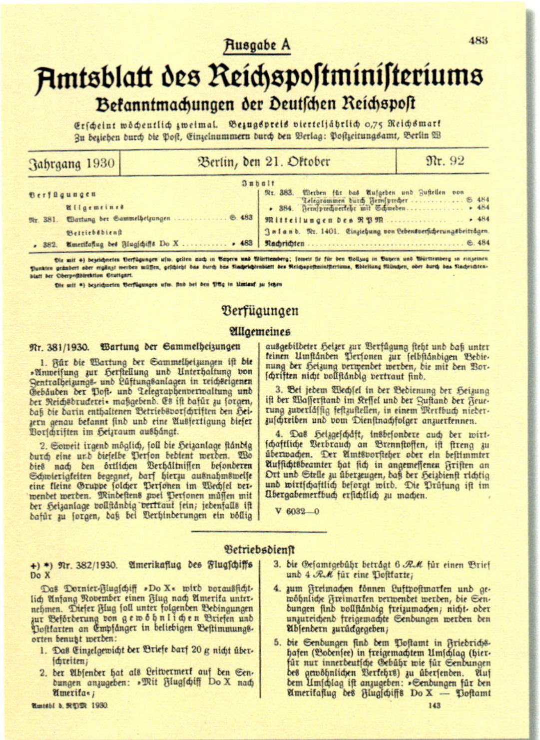

Ausgabe A 483

Amtsblatt des Reichspostministeriums

Bekanntmachungen der Deutschen Reichspost

Erscheint wöchentlich zweimal. Bezugspreis vierteljährlich 0,75 Reichsmark
Zu beziehen durch die Post, Einzelnummern durch den Verlag: Postzeitungsamt, Berlin W

Jahrgang 1930	Berlin, den 21. Oktober	Nr. 92

Inhalt

Verfügungen
Allgemeines
Nr. 381. Wartung der Sammelheizungen ... S. 483
Betriebsdienst
" 382. Amerikaflug des Flugschiffs Do X ... " 483
Nr. 383. Werben für das Aufgeben und Zustellen von Telegrammen durch Fernsprecher ... S. 484
" 384. Fernsprechverkehr mit Schweden ... " 484
Mitteilungen des RPM ... " 484
Inland. Nr. 1401. Einziehung von Lebensversicherungsbeiträgen.
Nachrichten ... S. 484

Die mit +) bezeichneten Verfügungen usw. gelten auch in Bayern und Württemberg; soweit sie für den Vollzug in Bayern und Württemberg in einzelnen Punkten geändert oder ergänzt werden müssen, geschieht das durch das Nachrichtenblatt des Reichspostministeriums, Abteilung München, oder durch das Nachrichtenblatt der Oberpostdirektion Stuttgart.

Die mit *) bezeichneten Verfügungen usw. sind bei den PAg in Umlauf zu setzen

Verfügungen

Allgemeines

Nr. 381/1930. Wartung der Sammelheizungen

1. Für die Wartung der Sammelheizungen ist die »Anweisung zur Herstellung und Unterhaltung von Zentralheizungs- und Lüftungsanlagen in reichseigenen Gebäuden der Post- und Telegraphenverwaltung und der Reichsdruckerei« maßgebend. Es ist dafür zu sorgen, daß die darin enthaltenen Betriebsvorschriften den Heizern genau bekannt sind und eine Ausfertigung dieser Vorschriften im Heizraum aushängt.

2. Soweit irgend möglich, soll die Heizanlage ständig durch eine und dieselbe Person bedient werden. Wo dies nach den örtlichen Verhältnissen besonderen Schwierigkeiten begegnet, darf hierzu ausnahmsweise eine kleine Gruppe solcher Personen im Wechsel verwendet werden. Mindestens zwei Personen müssen mit der Heizanlage vollständig vertraut sein; jedenfalls ist dafür zu sorgen, daß bei Verhinderungen ein völlig ausgebildeter Heizer zur Verfügung steht und daß unter keinen Umständen Personen zur selbständigen Bedienung der Heizung verwendet werden, die mit den Vorschriften nicht vollständig vertraut sind.

3. Bei jedem Wechsel in der Bedienung der Heizung ist der Wasserstand im Kessel und der Zustand der Feuerung zuverlässig festzustellen, in einem Merkbuch niederzuschreiben und vom Dienstnachfolger anzuerkennen.

4. Das Heizgeschäft, insbesondere auch der wirtschaftliche Verbrauch an Brennstoffen, ist streng zu überwachen. Der Amtsvorsteher oder ein bestimmter Aufsichtsbeamter hat sich in angemessenen Fristen an Ort und Stelle zu überzeugen, daß der Heizdienst richtig und wirtschaftlich besorgt wird. Die Prüfung ist im Übergabemerkbuch ersichtlich zu machen.

V 6032—0

Betriebsdienst

+) *) Nr. 382/1930. Amerikaflug des Flugschiffs Do X

Das Dornier-Flugschiff »Do X« wird voraussichtlich Anfang November einen Flug nach Amerika unternehmen. Dieser Flug soll unter folgenden Bedingungen zur Beförderung von gewöhnlichen Briefen und Postkarten an Empfänger in beliebigen Bestimmungsorten benutzt werden:

1. Das Einzelgewicht der Briefe darf 20 g nicht überschreiten;
2. der Absender hat als Leitvermerk auf den Sendungen anzugeben: »Mit Flugschiff Do X nach Amerika«;
3. die Gesamtgebühr beträgt 6 RM für einen Brief und 4 RM für eine Postkarte;
4. zum Freimachen können Luftpostmarken und gewöhnliche Freimarken verwendet werden, die Sendungen sind vollständig freizumachen; nicht- oder unzureichend freigemachte Sendungen werden den Absendern zurückgegeben;
5. die Sendungen sind dem Postamt in Friedrichshafen (Bodensee) in freigemachtem Umschlag (hierfür nur innerdeutsche Gebühr wie für Sendungen des gewöhnlichen Verkehrs) zu übersenden. Auf dem Umschlag ist anzugeben: »Sendungen für den Amerikaflug des Flugschiffs Do X — Postamt

Amtsbl d. RPM 1930 143

Am 21. Oktober 1930 gab das Reichspostministerium in seinem Amtsblatt Nr. 92 die postalischen Details zum Amerikaflug des Flugschiffs Do X bekannt.

Dieser späteste Termin für den Einsendeschluss beim Postamt in Friedrichshafen ist aufgrund der kurzen Vorlaufzeit, des sich abzeichnenden geringen Interesses an Do-X-Post und des unvorhersehbaren Geschehens zwei Mal postamtlich verschoben worden, zunächst auf den 8. November 1930, 23 Uhr (Amtsblatt des RPM, Nr. 98 vom 24. Oktober 1930, Mitteilung Nr. 1403/1930). Nach den Start- und Flugverzögerungen durch den Tragflächenbrand des Flugschiffs in Lissabon erfolgte die zweite Auflieferungsverschiebung (Amtsblatt des RPM, Nr. 108 vom 16. Dezember 1930, Mitteilung Nr. 1467/1930). Hier bestätigte die Reichspost das Sammeln der Postsendungen in Friedrichshafen und den Transport nach Lissabon zum Flugschiff bis zum vorgesehenen Beginn des Atlantiküberfluges im Januar 1931.

Dieser und ähnliche Zuliefer-Umschläge an das Postamt Friedrichshafen enthielten die für den Überseeflug der Do X vorgesehenen Postkarten oder Briefe.

In der Verfügung Nr. 382 vom 21. Oktober 1930 hieß es weiter: „*6. die Sendungen erhalten in Friedrichshafen außer dem Aufgabestempel dieses Postamtes den Abdruck eines Sonderstempels* (nach heutigem Sprachgebrauch Flugbestätigungsstempels) *‚Erster Überseeflug Europa–Amerika des Flugschiffes Do X'; 7. an Bord des Flugschiffes wird eine Posthilfsstelle eingerichtet, die während der Fahrt Luftpostsendungen unter denselben Bedingungen annimmt. Diese Sendungen erhalten den Aufgabestempel der Hilfsstelle mit der Angabe ‚Dornier-Flugschiff Do X – D 1929' und den Abdruck des unter 6 erwähnten Flugbestätigungsstempels; 8. die Deutsche Reichspost kann keine Gewähr für Beförderung der ihr übergebenen Sendungen mit dem Flugschiff Do X übernehmen. Im Amtsblatt des RPM werden die Flugzeiten und Landungen des Flugschiffs auf seinem Amerikaflug bekannt gegeben werden.*“

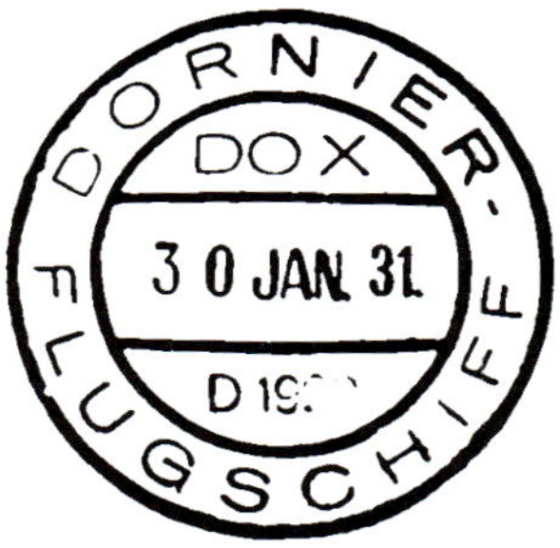

Die Übernahme eines Poststückes durch das Bordpostamt wurde durch den Abschlag des Bordpoststempels bestätigt.

Ursprünglich war für den Flug auch die Herausgabe einer Sonderbriefmarke angedacht, die dann jedoch nicht von der Reichspost genehmigt wurde.

Wilhelm Niemann quittierte nach seiner Vereidigung im Postamt Friedrichshafen, wo auch Do-X-Kommandant Friedrich Christiansen eidlich verpflichtet wurde, Ende Oktober 1930 den Empfang von zwei runden Bordpost-Tagesstempeln und zwei rechteckigen Flugbestätigungsstempeln „ERSTER ÜBERSEEFLUG EUROPA–AMERIKA DES DORNIER-FLUGSCHIFFS DO X“ sowie einer stattlichen Anzahl von Briefmarkenbögen für das Bordpostamt im Wert von 10.000 Reichsmark. Nur hohe Werte ab 50 Pfennig aufwärts erwiesen sich beim festgelegten Porto von sechs Reichsmark für den Brief und vier Reichsmark für die

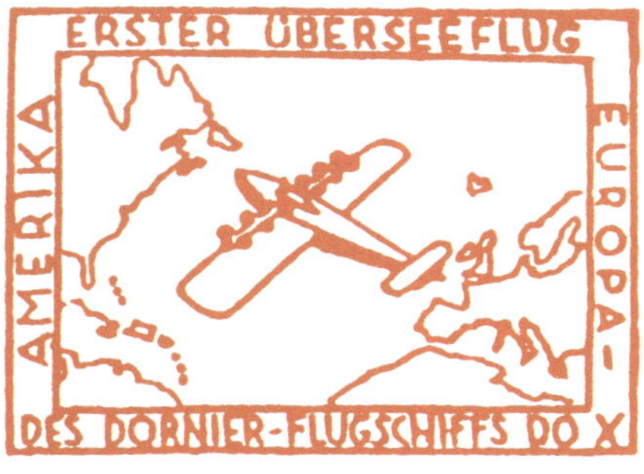

Wilhelm Niemann quittierte am 29. Oktober 1930 den Empfang von zwei Exemplaren des Flugbestätigungsstempels für die „Posthilfsstelle Flugschiff Do X“. Der Stempel kam an Bord des Flugschiffs noch bis zur Ankunft in Kuba am 21. August 1931 zum Einsatz.

Neben den Flugpostmarken der Serie „Adler“ gab es 1930 nur die Freimarken der Serie „Bauwerke” mit Nennwerten von einer bis drei Mark. Diese drei Werte gehörten zur Markenausstattung der Do-X-Bordpoststelle.

Postkarte als sinnvoll, und so kamen folgende Marken als Erstausstattung an Bord: „Bauwerke“ mit den Werten 1, 2, und 3 Mark, „Luftpost Adler“ mit Werten von 50 Pfennig aufwärts, „Luftpost Zeppelin“ für 2 und 3 Reichsmark sowie „Luftpost Zeppelin, 1. Südamerikafahrt“ für 2 und 3 Reichsmark.

Im Januar 1931 schickte das Postamt im Auftrag der D.M.B. nochmals Briefmarken der genannten Auswahl für 6.000 Reichsmark zusammen mit der Lieferung der in Friedrichshafen gesammelten Postsendungen für Amerika nach Lissabon. Niemann hatte anfänglich also insgesamt Briefmarken im Wert von 16.000 Reichsmark für sein Bordpostamt zur Verfügung. Die hier wiedergegebene Bordpostabrechnung vom 10. Oktober 1931 dokumentiert den Verbrauch und Verbleib der Marken.

„Überführungsflug Do X“ betitelte Navigationsoffizier Niemann seinen vierten Bericht vom 1. November 1930 und meinte damit den Beginn des Ozeanfluges mit der ersten Etappe von Altenrhein nach Amsterdam. Im Text vermerkte er: *„Zu dem Punkt Posthilfsstelle ist zu erwähnen, daß der Verkauf der Marken und der Besitz der Stempel mir übertragen ist. Die Firma Dornier sieht in dem Briefgeschäft einen so großen Verdienst, daß sie allein 500 Briefe an ihre eigene Adresse geschickt hat ... man hofft auf eine gute Frequenz* (gemeint war die offizielle Postbeförderung), *von deren Einnahmen 4/5 der Firma Dornier zufallen.“*

Sechs Reichsmark Brief- und vier Reichsmark Kartenfrankierung hatten die Verhandlungen mit der Reichspost ergeben, und so zahlte die Firma Dornier für jeden ihrer eigenen Briefe de facto nur eine Gebühr von 1,20 RM und erhoffte sich weitere Wertschöpfung der gelaufenen Postsendungen bei späterer Veräußerung. Die sparsam und vorsichtig agierenden Dornierleute gingen noch weiter. Sie lieferten „Flugschiffpostmeister“ Wilhelm Niemann adressierte Briefumschläge mit vier verschiedenen, aufgedruckten Dornier-Firmenadressen und der Vorgabe, diese erst dann mit Briefmarken freizumachen und zu entwerten, wenn die Do X tatsächlich über den Atlantik fliegen würde. Beim Abbruch der Unternehmung vor dem Überflug wären freigemachte und entwertete Briefe für Dornier wertlos gewesen.

Es blieb übrigens nicht bei den 500 Briefen, die Niemann in seinem Bericht erwähnte. Insgesamt 1.924 Briefe der Dornier Metallbauten GmbH hatte der Postmeister mit Briefmarken aus dem Bordbestand zu frankieren, wie seine spätere Abrechnung in New York vom 10. Oktober 1931 zeigte.

Am 5. November 1930 um 10.30 Uhr begann die Reise des Flugschiffs mit dem Start vom Bodensee. Erst nach 20 Monaten

Typischer Eigenbeleg der Firma Dornier Metallbauten GmbH. Wilhelm Niemann und seine Helfer mussten 1.924 dieser Briefe an Bord der Flugschiffs frankieren und abstempeln.

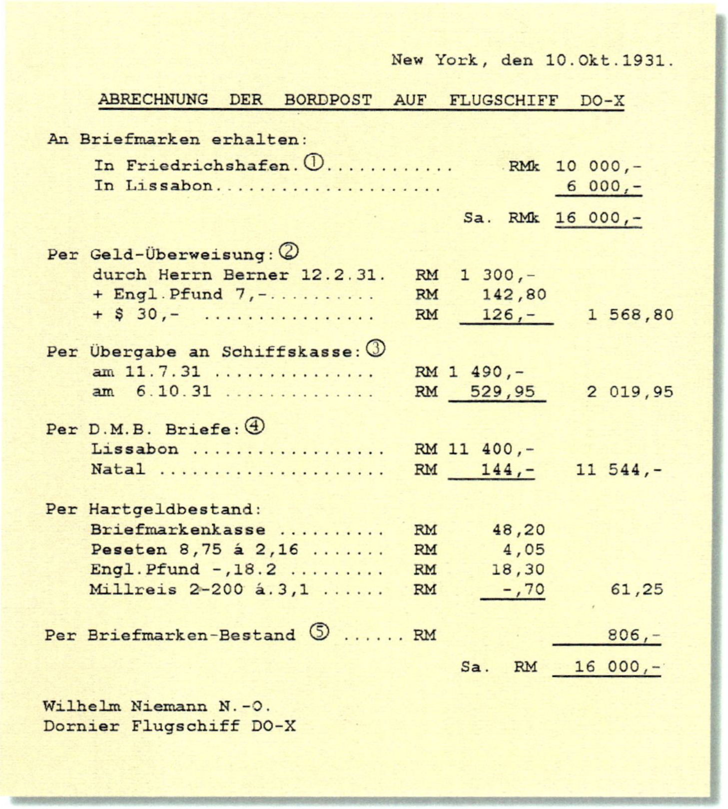

New York, den 10.Okt.1931.

ABRECHNUNG DER BORDPOST AUF FLUGSCHIFF DO-X

An Briefmarken erhalten:			
In Friedrichshafen.①............	RMk	10 000,-	
In Lissabon.....................		6 000,-	
	Sa. RMk	16 000,-	
Per Geld-Überweisung:②			
durch Herrn Berner 12.2.31.	RM	1 300,-	
+ Engl.Pfund 7,-..........	RM	142,80	
+ $ 30,-	RM	126,-	1 568,80
Per Übergabe an Schiffskasse:③			
am 11.7.31	RM	1 490,-	
am 6.10.31	RM	529,95	2 019,95
Per D.M.B. Briefe:④			
Lissabon	RM	11 400,-	
Natal	RM	144,-	11 544,-
Per Hartgeldbestand:			
Briefmarkenkasse	RM	48,20	
Peseten 8,75 á 2,16	RM	4,05	
Engl.Pfund -,18.2	RM	18,30	
Millreis 2-200 á.3,1	RM	-,70	61,25
Per Briefmarken-Bestand ⑤	RM		806,-
	Sa. RM		16 000,-

Wilhelm Niemann N.-O.
Dornier Flugschiff DO-X

Wilhelm Niemanns Bordpostabrechnung vom 10. Oktober 1931: (1) Die Briefmarken verrechnete die D.M.B. direkt mit der Reichspost und stellte sie dem Bordpostamt für den Verbrauch zur Verfügung. Deshalb musste Niemann hier mit D.M.B. abrechnen. (2) Durch den Startunfall in Las Palmas zeichnete sich ein längerer Reparaturaufenthalt ab, und Expeditionsleiter Paul Berner überwies 1.568,80 Reichsmark aus der Briefmarkenkasse an D.M.B. (3) Aus der Schiffskasse bekam die Besatzung ihr vertragliches Tagegeld ausgezahlt. Wenn die „Speisung" derselben aus Friedrichshafen nicht funktionierte, griff das Schiffskommando in die Portokasse. Dies war offenbar in Rio de Janeiro (11. 7. 1931) und New York (6. 10. 1931) notwendig. (4) Bei einem Briefporto von 6 RM wurden hier 1.924 D.M.B.-Eigenbelege verrechnet. (5) Zu den noch vorhandenen Briefmarken der Bordpost kamen weitere im Wert von 6.000 RM, die das Flugschiff seit Rio im verschlossenen Wertpaket mitführte. Sie sind in dieser Abrechnung noch nicht berücksichtigt.

würde es auf den Müggelsee bei Berlin nach Europa zurückkehren. Trotz vieler Wünsche und Hoffnungen und der daraus resultierenden sorgfältigen Planungen kam es oft anders als erwartet, und das galt besonders für die Do-X-Flugpost.

Bedingt durch die viel zu kurze Ankündigung der besonderen Brief- und Kartenbeförderung durch die Reichspost, die nur zehn Tage vor dem geplanten Start der Do X erfolgte, liefen beim Postamt Friedrichshafen keine nennenswerten Postmengen für das Flugschiff auf. Das in der Zeit der Weltwirtschaftskrise vergleichsweise hohe Porto von sechs Reichsmark für einen Brief reduzierte den Zuspruch der sicherlich interessierten Aerophilatelisten auf wenige hundert eingelieferte Postsendungen. Daraufhin erfolgte die Verlängerung der Einlieferungsfrist in Friedrichshafen vom 30. Oktober bis zum 8. November. Anschließend sollten die aufgelaufenen Briefe und Karten per Bahn nach Lissabon gebracht werden, wo man einen längeren Aufenthalt vor dem Überflug einplante.

Die Flugpostmarken der Serie „Adler" mit den Werten 50 Pfennig, eine, zwei und drei Mark gehörten zum Markenbestand der Do-X-Bordpoststelle.

Es war nicht gelungen, mit den betreffenden europäischen Staaten der ersten Etappe Postverträge für eine direkte Postauflieferung zur Do X auszuhandeln. Portugal und Holland reagierten hinhaltend, England und Spanien lehnten rundweg ab, und mit Frankreich war ein Streit entbrannt. Diverse nationale Luftpostmonopole engten den Handlungsspielraum der Do X in Europa ein. Wegen vieler ungeklärter Postannahme- und -abgabe-

Do-X-Beleg der Etappe Lissabon–Rio de Janeiro mit Anschlussbeförderung nach Barranquilla in Kolumbien. Der Brief ging an den Hauptaktionär und Generaldirektor der SCADTA, einer deutsch-kolumbianischen Luftfahrtgesellschaft, die Verbindungen von Bogotá in die Karibik unterhielt.

verhältnisse verblieb die bis zum Start aufgelieferte Do-X-Flugpost auch im Postamt Friedrichshafen, obwohl die Do X nicht von dort, sondern vom schweizerischen Altenrhein aus startete und die Post über den Bodensee und über die Schweizer Grenze hätte gebracht werden müssen. Das Flugschiff beförderte deswegen am 5. November 1930 beim „Rheinflug" nach Amsterdam keine „amtliche" Flugpost und auch keine Passagiere. Es befanden sich nur 16 Besatzungsmitglieder auf ihren Stationen an Bord.

PRIVATE BORDPOST BEIM RHEINFLUG 1930

Kurz nach der ersten Flugetappe kursierten bereits Gerüchte angeblicher, mit privatem Bordstempel versehener Postabwürfe aus der Do X, da entsprechende Belege aufgetaucht waren. Das erhitzte die Gemüter, und Niemann wurde von der Firma Dornier Metallbauten aufgefordert, dazu Stellung zu nehmen. Am 6. Oktober 1931 schrieb er aus New York an seinen Arbeitgeber: „*Bei dem Fluge von Altenrhein nach Amsterdam haben wir an Bord des Do X überhaupt gar keine Post befördert. In Amsterdam wurde entsprechend einer Vereinbarung zwischen dem Deutschen Reichspostministerium und dem Holländischen Postministerium die erste Flugpost an Bord genommen und zwar mit holländischen Marken. An Bordpost mit deutschen Marken wurden im Verlauf unseres Fluges von Amsterdam nach Lissabon, wie die Aufstellung in meiner zu ihnen übersandten Liste auch zu erkennen gibt, nur vereinzelt Briefe angenommen. Auf dem ganzen Fluge von Altenrhein bis Lissabon inclusive ist nicht ein einziger Brief an irgendein Postamt abgegeben worden. Es ist auf dem ganzen Fluge von Altenrhein bis New York entsprechend meinen Instruktionen vom Deutschen Reichspostministerium nicht ein einziger Postabwurf vorgenommen worden. Mit Bezug auf das Schreiben des Herrn Walter Bruckmann, Manila, an die Ina-Press, Den Haag, Holland liegen also die Verhältnisse so, daß die Do-X-Briefumschläge Zaandam, Halfweg und Bourg (Gironde) Fälschungen sind. Das Gleiche trifft auch zu für die Briefumschläge Mainz, Schaffhausen, weil auf dem Rheinflug ja nur die Besatzung an Bord war und dieselbe ganz genau instruiert war, keine Briefabwürfe zu machen.*" Hatte Postmeister Niemann, der auch Erster Offizier (der Besatzung) war, in

Einer der Belege vom Flug der Do X im November 1930 mit dem privaten, ovalen Bordstempel.

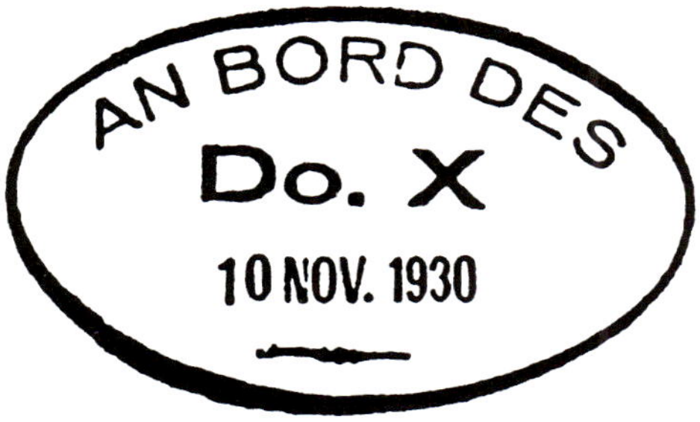

Privater, ovaler Bordstempel, der im November 1930 an insgesamt sieben Stationen des Fluges verwendet wurde.

Bezug auf heimliche – und sicher auch lukrative – Postabwürfe seine Leute etwa nicht im Griff?

Die Authentizität der mit einem privaten, ovalen Stempel versehenen adressierten Ganzsachenkarten und vorgedruckten, frankierten Briefumschläge aus Schaffhausen, Mainz, Möhlin, Zaandam, Halfweg, Bourg sur Gironde und Las Palmas ist zwar umstritten, aber nur durch diese Belege kann ein wesentlicher Teil des „Europa-Vorführungsfluges" dokumentiert werden. Unter den handverlesenen Männern, die sich dem Auftrag verschrieben hatten, die Do X nach Amerika zu fliegen, befand sich also eventuell ein „Schwarzes Schaf", das durch die Mitnahme privater Post – wohl im Auftrag der Schweizer Sammler Hunkeler und Bühler – seine Reisekasse aufzubessern versuchte.

ERSTE POSTMITNAHME IN AMSTERDAM

Wie Wilhelm Niemann erwähnte, kam in Amsterdam erstmals amtliche holländische Post zur Beförderung an Bord der Do X. Die sehr kurzfristige Vereinbarung mit den Holländern für die direkte Auflieferung ließ vorab kaum Werbung für die Postmitnahme in der Öffentlichkeit zu, und nur durch den wetterbedingt längeren Aufenthalt in Amsterdam vom 6. bis 9. November wurden doch noch insgesamt 498 Luftpostbelege aufgeliefert. Die meisten davon wurden in Amsterdam am Freitag, dem 7. November 1930 aufgegeben. Sie erhielten den Auflieferungsstempel „AMSTERDAM - CENTR. STATION 1930 -7.XI. - 2", und Niemann bestätigte die Übernahme durch das Bordpostamt mit dem Bordpoststempel „08.NOV.30".

Erst unmittelbar vor dem Abflug der Do X von Lissabon erhielten diese Belege am 30. Januar 1931 den Flugbestätigungsstempel des Überseefluges.

Niederländische Zuleitung zur ersten Etappe des Überseefluges der Do X von Lissabon nach Las Palmas. Der Abschlag des Bordpoststempels vom 8. November 1930 bestätigt die erstmalige Übernahme ausländischer Post durch das Bordpostamt.

Vereinbarungsgemäß durfte aus Holland nur Post an überseeische oder holländische Adressen befördert werden. Beförderung in andere europäische Staaten war untersagt. Die Amsterdamer Post flog mit der Do X bis zu den Kanarischen Inseln, wo das Flugschiff am 31. Januar 1931 im neuen Hafen von Las Palmas landete. Laut Vertrag sollte Niemann die Post hier sofort zum Weitertransport von Bord geben. Warum der Do-X-Postmeister die Postübergabe jedoch erst drei Monate später, nach dem missglückten Start und den langwierigen Reparaturarbeiten in Las Palmas am 1. Mai kurz vor dem Weiterflug nach Villa Cisneros erledigte, bleibt unklar.

Die Belege erhielten die Transitstempel „PUERTO DE LA LUZ (CANARIAS) – 2. May 31" und wurden an ihre Adressaten weitergeleitet. Sie haben, obwohl sie bereits

Erinnerungsbeleg des Mechanikers Ernst Brombeis an den Brand in Lissabon auf einem Stück angebrannter Tragflächenbespannung.

mit den Do-X-Flugbestätigungsstempeln versehen waren, den Südatlantik nicht überquert. Anders verhält es sich mit den Belegen, welche über Friedrichshafen der Do X zugeleitet wurden.

Am 27. November 1930 erreichte die Do X Lissabon. Alle aus Friedrichshafen nachgeschickte Post wurde zugeladen, und die Überquerung des Atlantiks sollte beginnen. Doch der Tragflächenbrand am Samstag, dem 29. November, gegen 14.40 Uhr durchkreuzte die Pläne. Während der Reparaturarbeiten im U-Boot-Hafen des Marinearsenals durch aus Altenrhein angereiste Techniker und Flugzeugbauer befahl Kommandant Christiansen die Auslagerung der Bordpostsachen zum lokalen Ausrüster des Flugschiffs. Dafür verpflichtete Dornier die Hapag-Agentur Marcus & Harting. Dorthin sollte das Postamt Friedrichshafen die aufgelaufene Do-X-Flugpost schicken. Mit dieser Regelung hatten die Beamten im Postministerium in Berlin ihre Probleme. Sie meldeten Sicherheitsbedenken an, über die sich das Flugschiffskommando jedoch hinwegsetzte.

Im Postamt Friedrichshafen waren gleichzeitig zwei Tagesstempel in Gebrauch.

Seit der offiziellen Bekanntgabe der Beförderung vom 21. Oktober 1930 schickten Interessenten ihre Do-X-Flugpost im separaten Umschlag an das Postamt Friedrichshafen. Hinzu kam die mit entsprechenden Leitvermerken versehene ausländische Post der Zulieferstaaten Danzig, Liechtenstein, Luxemburg, Niederlande, Österreich, Portugal, Saargebiet und Schweiz. Einige wenige Briefe aus Italien, Russland und den USA gehörten auch dazu. Die deutschen Frankaturen der Belege wurden mit den Tagesstempeln von Friedrichshafen entwertet, Zuleitungsbelege erhielten sie als Transitstempel. Fünf Mal schritten die Beamten zur Tat und bearbeiteten angesammelte Post. Folgende Daten sind bekannt: a.) 13.11.30 10-11, b.) 21.11.30 10-11, c.) 28.11.30 10-11, d.) 15.-1.31 11-12, e.) 23.-1.31 14-15.

Österreichische Zuleitung zum Überseeflug der Do X. Der Beleg mit eigenhändiger Unterschrift von Kapitän Christiansen wurde von Regenwasser in Natal durchnässt.

Die Sammelsendungen des Postamtes gingen dann an die Agentur Marcus & Harting. Die Lieferung der Post an das Bordpostamt der Do X erfolgte am 29. Januar 1931.

Es wurde aber auch portugiesische Post für den Überseeflug aufgeliefert. In einem kurzen Bericht an Maurice Dornier schilderte Wilhelm Niemann im April 1932 die Handhabung dieser Sendungen: *„Portugiesische Post erhielten wir nach Überwindung verschiedener*

Schwierigkeiten (französisches Luftpostmonopol) in Lissabon. Hier ist zu bemerken, daß die portugiesischen Postbehörden versehentlich auch eingeschriebene Briefsachen angenommen hatten. Nach entsprechendem Telegrammwechsel mit dem Reichspostministerium in Berlin wurde der Einschreibevermerk aber für ungültig erklärt und auch diese Post als gewöhnliche Post befördert, womit sich die portugiesischen Postbehörden auch einverstanden erklärten. In Las Palmas auf den Kanarischen Inseln gab ich die erste Post an Land. Nur Passagieren oder Besatzung war es möglich, deutsch frankierte Poststücke durch die an Bord befindliche deutsche Posthilfsstelle befördern zu lassen. In Portugiesisch-Guinea und auf den Kapverden war wieder portugiesische Frankatur zugelassen, da dies bekanntlich portugiesische Kolonien sind, und wir mit Portugal ein diesbezügliches Abkommen hatten.“

Do-X-Beleg der Etappe Lissabon–Rio de Janeiro, mit Anschlussbeförderung nach Carahue in Chile.

DORNIER-EIGENBELEGE

Seine umfangreichste Entwertungsaktion der ganzen Reise startete Niemann am 30. und 31. Januar 1931, vor und auf dem Flug von Lissabon nach Las Palmas. Funkoffizier Henry Kiel half ihm dabei. Sie versahen die Postsendungen aus Friedrichshafen und aus Portugal mit den Bordpost- und Flugbestätigungsstempeln. Jetzt wurden auch über 1.000 D.M.B.-Umschläge mit unterschiedlichen Freimarken aus dem Bordbestand frankiert. Niemann entwertete die Marken mit dem Bordpoststempel und verrechnete das Franko mit der Firma Dornier.

Von Las Palmas aus sollte es dann endlich über den Südatlantik gehen. Doch wieder nichts. In Bolama, Guinea-Bissau, meinte Niemann, es müsste nun so weit sein, und frankierte einen weiteren Teil der D.M.B.-Briefe. Er entwertete mit dem Bordpoststempel vom 3. Mai 1931. Somit lagen nun 1.900 Dornier-Eigenbelege mit den Daten 30. und 31. Januar und 1. und 3. Mai in jeweils vier Anschriftvarianten vor.

Nach gelungenem Südatlantikflug von den Kapverden nach Natal in Brasilien am 4. und 5. Juni 1931 ergab sich ein längerer Aufenthalt von fast 14 Tagen. Alle u. a. per Schiff von Guinea-Bissau über die Kanaren herantransportierten Einrichtungen des Do-X-Passagierdecks mussten wieder eingebaut werden. Während dieser Zeit bearbeitete

Kolumbianischer Zuleitungsbeleg der ersten Postaufgabe in Brasilien. Per Flugboot aus Victoria kommend am 20. Juni 1931 vormittags bei der Do X auf der Lagoa de Avaruama aufgeliefert.

Einer der 24 Belege, die Niemann in Natal mit dem auf den 3. Juni rückdatierten Bordpoststempel versah.

Niemann auch die letzten D.M.B.-Briefe, einer schriftlichen Anweisung aus Friedrichshafen folgend.

Der Bordpostabrechnung zufolge frankierte er nochmals 24 Briefe und drehte dabei den Bordpoststempel zur Entwertung auf den 3. Juni 1931 zurück! So fertigte er Belege mit einem Datum kurz vor der Überquerung des Südatlantiks an.

In Wirklichkeit war Niemann jedoch am vermeintlichen Stempeldatum 3. Juni arbeitsunfähig gewesen. Ein Malariaanfall hatte ihn ans Bett gefesselt. Lediglich durch eine massive Chininspritze fit gemacht, konnte er den Überflug navigieren. Experten gehen davon aus, dass die 24 Belege mit Stempeldatum 3. Juni am 6. Juni gestempelt wurden. Von diesem Tag gibt es auch Bordpoststempelentwertungen auf wenigen Mannschaftsbelegen. Über den Verbleib der restlichen 76 Blankoumschläge liegen keine Informationen vor.

DO-X-POSTBEFÖRDERUNG IN AMERIKA

Im Amtsblatt Nr. 59 des Jahrgangs 1931 gab das RPM unter der Mitteilung Nr. 120/1931 bekannt: *„Postbeförderung durch das Flugschiff Do X. Das Flugschiff Do X ist auf seinem Amerikaflug am 20. Juni in Rio de Janeiro eingetroffen, wo die gesamte Postsendung am 21. Juni abgeliefert worden ist.“*

Die „Condor-Raute“, abgeschlagen als Flugbestätigungsstempel auf den brasilianischen Etappen des Fluges.

Briefe und Karten erhielten einen brasilianischen Flugbestätigungsstempel in Rautenform sowie rückseitig einen Ankunftsstempel aus Rio vom 21. bis 24. Juni 1931 und liefen als Normalpost weiter an die Adressaten. Alle Dornier-Briefe aber gingen geschlossen zurück an Bord des Flugschiffs. Die D.M.B.-Briefe mit der amerikanischen Adresse eines „Herrn von Meister“ sortierte Wilhelm Niemann für die Ankunftsbestätigung in New York heraus, sie erhielten nur den Rauten-Flugbestätigungsstempel auf der Vorderseite als Durchgangsbestätigung.

Auf dem Backbordstummel des Flugschiffs wird die Post für Rio de Janeiro zur Abholung bereitgelegt.

Ein versiegeltes Wertpaket mit weiteren Briefmarken im Wert von 6.000 Reichsmark für das Bordpostamt wartete bereits auf die Do X in Rio de Janeiro. Wilhelm Niemann verwahrte es ungeöffnet, da er noch keinen Briefmarkenbedarf hatte. Auf den südamerikanischen Stationen des

Zeitdokument

Für die Flüge der Do X ging Zuleitungspost aus vielen verschiedenen Staaten ein. Ein Sammler aus Danzig bittet auf dieser Karte von 1933 das Postamt in Passau höflichst, „vorliegende Antwortpostkarte gelegentlich des Fluges der Do X von Passau nach Budapest mitzuführen und mit dem Sonderstempel zu versehen. Diese Karte bitte nicht abzutrennen sondern umzudrehen. Für Ihre Bemühungen im vorhinein meinen besten Dank."

Beleg einer Varig-Zuleitung aus Pelotas, der über Porto Alegre zur Do X in Rio de Janeiro gesandt wurde; mit grünem Flugbestätigungsstempel.

Flugschiffs gab es zwar reichlich Postauf- und -abgaben, doch diese kamen mit einheimischen Briefmarken frankiert an Bord. Reichsmarkfrankierte Bordpost lieferten nur die wenigen Passagiere des Fluges von Rio nach New York und Besatzungsmitglieder auf, und dafür reichte der noch vorhandene Bordbestand.

Mit dem Condor-Syndikat, dem südamerikanischen Tochterunternehmen der Luft Hansa, hatte man in Brasilien einen starken Partner für alle Belange der Do X. Wartung und Instandhaltung des Flugschiffs gehörten ebenso dazu wie Betreuung der Besatzung und Organisation des Postbetriebes. In Rio hatte das Syndikat, dessen Direktor Fritz W. Hammer dort Kapitän Friedrich Christiansen als Kommandant für den weiteren Flug der Do X nach New York ablöste, die Rauten-Flugbestätigungsstempel an das Bordpostamt geliefert. Im ganzen Land wurde eifrig Reklame für die Postbeförderung mit dem Flugschiff gemacht, und so lief bis zum Postschluss am 1. August 1931 eine ganze Menge Flugpost auf. Sie war für Postabgaben bei allen Stationen des geplanten Fluges und an weitere Ziele adressiert.

Die Luftpostsondermarken mit Zeppelin-Motiven komplettierten auch die Bordpostausstattung der Do X. Der thematische Bezug war ganz bewusst gewählt worden.

Am 5. August 1931 startete die Do X in Rio zur ihrem Flug nach New York. Bei insgesamt 16 Zwischenstopps an der südamerikanischen Ostküste, in der Karibik und in den USA gaben die Postbehörden von Brasilien, Surinam, Trinidad und Antigua, Puerto Rico und Kuba dem Flugschiff einheimische Post zur Beförderung mit. Brasilianische Luftpost, mit inländischer Frankatur und örtlichem Aufgabestempel versehen, bekam den Rautenstempel, der inzwischen zum Stempelbestand des Bordpostamts gehörte, in schwarzer Farbe als Flugbestätigungsstempel aufgeschlagen. Es kommen aber auch grüne, rote und violette Rautenstempelabschläge vor. Sie befinden sich alle auf Belegen, welche nicht in Rio aufgeliefert wurden. Die örtlichen Büros der Syndicato Condor Ltd. sammelten und bearbeiteten die Postbelege; so stempelte z. B. Porto Alegre grün und violett, Curitiba und Sao Paulo rot und sehr selten violett, Victoria und Belem violett und seltener schwarz.

Beleg einer Zuleitung aus Rio Grande mit violettem Flugbestätigungsstempel, der via Porto Alegre zur Do X in Rio de Janeiro gesandt wurde.

Dagegen hatte es mit der Verwendung bestimmter Stempelfarben an Bord durchaus seine Bewandtnis: Schwarz bzw. Schwarz-Violett für den Bordpoststempel, Rot für den bekannten, rechteckigen Flugbestätigungsstempel und Grün für mögliche postalische Hinweisstempel. So war es im Postbetrieb der Do X reglementiert, und entsprechende Stempelkissen gehörten zur Bordpostausstattung. Bemerkenswert ist, dass bisher eine offizielle Verwendung der grünen Stempelfarbe noch nicht registriert wurde.

Satzbrief mit Do-X-Sondermarken der Flugetappe von Surinam nach Antigua; mit dem Sonderpoststempel von Paramaribo vom 10. August 1931 und dem Flugbestätigungsstempel der Pan American Airways.

In Surinam geschah endlich das, was sich die Firma Dornier unter optimaler Reklame für das Flugschiff vorstellte, zumindest aus aerophilatelistischer Sicht. Als die Do X am 18. August 1931 in Paramaribo landete, präsentierte die holländische Postbehörde eine Überraschung: Sie hatte elf Tage vor der Landung eine Sonderauflage des kompletten Luftpostmarkensatzes von Surinam mit dem Aufdruck „Vlucht Do. X 1931“ in roter bzw. schwarzer Farbe bedrucken lassen und herausgegeben. Die Druckauflagen der Markenwerte bewegten sich zwischen 5.270 Stück für die 10-Cent-Marke mit schwarzem Aufdruck und 4.200 für die 1,50-Gulden-Marke mit schwarzem Aufdruck. Alle nicht verkauften Marken wurden sofort nach dem Start des Flugschiffs vernichtet. Mit einem besonders gestalteten Aufgabestempel entwertete die Post von Surinam die aufgelieferten Postsachen, bevor sie an Bord gingen.

Ein Motorschaden in Para verzögerte die für den 10. August in Paramaribo vorgesehene Landung um acht Tage. Dadurch erhielt ein Teil der Post bereits am 10. und der Rest am 18. August den Flugbestätigungsstempel aufgeschlagen. Der gestrenge Leiter des Postamts von Paramaribo, ein Holländer, untersagte jegliche Gefälligkeitsstempelung, wie sich Do-X-Pilot Horst Merz später erinnerte. Insgesamt aber hatte man sich große Mühe gegeben. Die Referenz an das Flugschiff als Ausdruck des Stolzes der Surinamer darüber, dass diese Weltsensation in dem kleinen Staat landete, freute die Besatzung ganz besonders.

Die letzte offizielle Post in Südamerika kam in Port of Spain an Bord. Offenbar schienen die europäischen Luftpostbeschränkungen für das zu England gehörende Trinidad nicht zu gelten. Wie schon in Surinam spielte auch hier die Fluggesellschaft Pan American Airways (PAA) eine wichtige Rolle. Sie stellte ihre Bodenorganisation auf den Flugstationen in den karibischen Staaten für „das deutsche Wunderschiff der Zukunft“ zur Verfügung. Sie lieferte auch die attraktiven, großen Flugbestätigungsstempel für Surinam, Trinidad und Antigua.

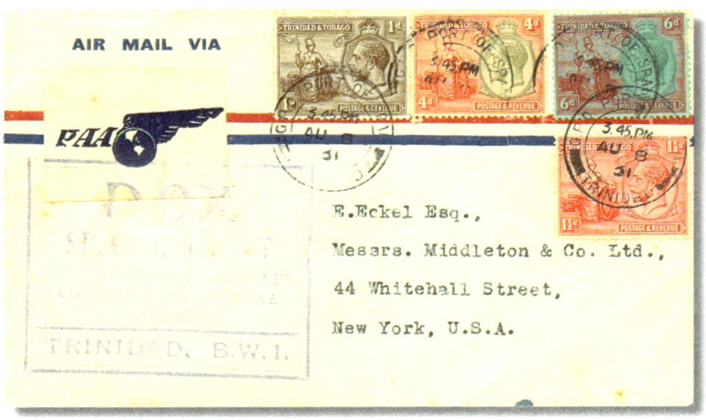

Do-X-Flugbeleg der Etappe von Port of Spain nach New York mit dem sehr seltenen Flugbestätigungsstempel „Trinidad, B.W. I.“.

Einer der fünf bekannten Belege aus Kuba für die Etappe von Antilla nach Miami. Der Umschlag trägt, neben dem dekorativen Erinnerungsstempel an die Landung der Do X in den USA, die Unterschriften von Kommandant Hammer und der Passagierin Clara Adams.

Mit den kurzen Aufenthalten der Do X auf Puerto Rico und Kuba wurden sehr seltene Flugpostvarianten möglich. Bis heute wurden lediglich fünf Bordpostbelege aus Puerto Rico und sogar nur ein einziger Inlandsbeleg bekannt! Vom Besuch auf Kuba stammen fünf Belege nach Miami und etwa zehn Belege nach New York.

In den USA gab es keine Erlaubnis, allgemeine Post beim Flugschiff aufzuliefern. Diese besonders restriktive Bestimmung begünstigte das nationale Monopolgeflecht für die Luftpostbeförderung und gab keinerlei Spielraum für internationale Ausnahmen. Deshalb freut es die Aerophilatelisten ungemein, dass es dennoch gelang, ab Miami, Charleston und Norfolk einige wenige Do-X-Belege zu befördern; sie stammten zumeist von Passagieren und Besatzungsmitgliedern oder wurden durch deren Mithilfe befördert. Obwohl die von PAA-Präsident Juan Trippe (1899–1981) beeinflusste US-Postbehörde dies unbedingt verhindern wollte, gibt es also doch Do-X-Flugpostbelege der Etappen von Miami bis New York.

EIGENBELEGE ALS LADENHÜTER

In New York, das die Do X am 27. August 1931 erreichte, kam der größte Teil der Flugpost für den Weitertransport durch die US-Post von Bord. Alle Briefe und Postkarten erhielten den New Yorker Ankunfts- bzw. Transitstempel vom 27. August 1931, sechs Uhr nachmittags, und gingen als Normalpost an die Adressaten. Lediglich die D.M.B.-Briefe blieben zunächst an Bord, denn sie sollten ab jetzt ja verkauft werden und den Aufenthalt der Besatzung mitfinanzieren. Das galt besonders für die Belege, die an „HERRN VON MEISTER, 578 Madison Avenue, NEW YORK (City) U.S.A." adressiert waren. Friedrich Wilhelm von Meister, Generalagent der Maybach-Motorenwerke in den USA, war die spätere Anlaufadresse der Do-X-Besatzung nach der Ankunft des Flugschiffs in der Weltstadt.

Seltene US-amerikanische Zuleitung per Eisenbahn zur Flugetappe der Do X von Norfolk nach New York.

Niemann hatte die D.M.B.-Briefe an von Meister mit zwei Cent auf der Umschlagrückseite nachfrankiert und am 25. September 1931 in New York zur Post gegeben. Einerseits entsprachen diese jeweils zwei Cent den Beförderungsgebühren eines Ortsbriefes vom Curtiss Airport in die City, andererseits bekamen die Belege so einen unbezweifelbaren Anwesenheitsnachweis. Für die Verwertung der

Briefe bei amerikanischen Interessenten, die den Dornier-Brief-Initiatoren als besonders finanzstarke Käufergruppe erschienen, musste ein derartiger Nachweis wohl auf den Belegen vorhanden sein, und so kostete die Aktion noch ein paar Extra-Dollars. Selbstverständlich trägt die rückseitige Frankatur und Abstempelung auch heute noch zur Attraktivität dieser Belege bei.

Zwei der Belege, die an Herrn von Meister in New York gerichtet waren und ursprünglich auch von diesem vertrieben werden sollten, mit rückseitiger 2-Cent-Nachfrankatur aus New York.

Doch Herr von Meister verpasste den Hoffnungen der Dornierleute auf eine umsatzstarke Verwertung der Belege bald einen kräftigen Dämpfer. Am 6. November 1931 konnte er noch keine bedeutenden Verkäufe von Belegen vermelden, so dass ihm die D.M.B. zwanzig Tage später mit folgenden Zeilen antwortete: „*Aus Ihrem Schreiben haben wir zu unserem Bedauern ersehen, daß die Do-X-Umschläge selbst zu einem Preis von $ 2,75 pro Stück kaum verkäuflich sind. Da wir unter Umständen bereit wären, die Stücke auch zu einem niedrigeren Preis abzugeben, bitten wir Sie höflich um Angabe des Preises, der es Ihres Erachtens ermöglichen würde, den ganzen Posten in kurzer Zeit abzusetzen. Von Ihrer Mitteilung, daß Sie die an Ihre Adresse gesandten Umschläge an das Kommando der Do X zurückgegeben haben, haben wir gern Kenntnis genommen.*“

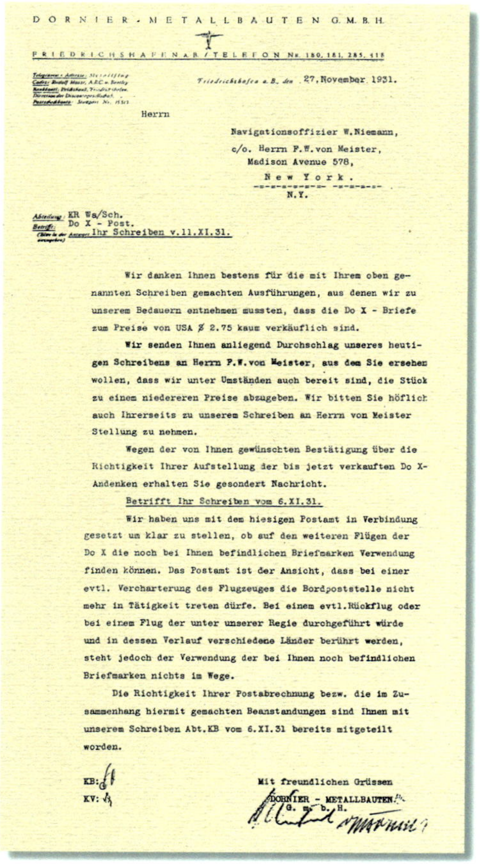

D O R N I E R · M E T A L L B A U T E N G.M.B.H.

F R I E D R I C H S H A F E N A. B. / T E L E F O N Nr. 180, 181, 285, 418

Friedrichshafen a. B., den 27.November 1931.

Herrn

Navigationsoffizier W.Niemann,
c/o. Herrn F.W.von Meister,
Madison Avenue 578,
New York.
N.Y.

Abteilung: KR Wa/Sch.
Betrifft: Do X - Post.
Ihr Schreiben v.11.XI.31.

Wir danken Ihnen bestens für die mit Ihrem oben genannten Schreiben gemachten Ausführungen, aus denen wir zu unserem Bedauern entnehmen mussten, dass die Do X - Briefe zum Preise von USA $ 2.75 kaum verkäuflich sind.

Wir senden Ihnen anliegend Durchschlag unseres heutigen Schreibens an Herrn F.W.von Meister, aus dem Sie ersehen wollen, dass wir unter Umständen auch bereit sind, die Stück zu einem niedereren Preise abzugeben. Wir bitten Sie höflich auch Ihrerseits zu unserem Schreiben an Herrn von Meister Stellung zu nehmen.

Wegen der von Ihnen gewünschten Bestätigung über die Richtigkeit Ihrer Aufstellung der bis jetzt verkauften Do X-Andenken erhalten Sie gesondert Nachricht.

Betrifft Ihr Schreiben vom 6.XI.31.

Wir haben uns mit dem hiesigen Postamt in Verbindung gesetzt um klar zu stellen, ob auf den weiteren Flügen der Do X die noch bei Ihnen befindlichen Briefmarken Verwendung finden können. Das Postamt ist der Ansicht, dass bei einer evtl. Vercharterung des Flugzeuges die Bordpoststelle nicht mehr in Tätigkeit treten dürfe. Bei einem evtl.Rückflug oder bei einem Flug der unter unserer Regie durchgeführt würde und in dessen Verlauf verschiedene Länder berührt werden, steht jedoch der Verwendung der bei Ihnen noch befindlichen Briefmarken nichts im Wege.

Die Richtigkeit Ihrer Postabrechnung bezw. die im Zusammenhang hiermit gemachten Beanstandungen sind Ihnen mit unserem Schreiben Abt.KB vom 6.XI.31 bereits mitgeteilt worden.

KB:
KV:

Mit freundlichen Grüssen
DORNIER - METALLBAUTEN
G. m. b. H.

In New York liefen die Dinge nicht so, wie man sich das bei Dornier in Friedrichshafen vorstellte. Der Brief an Wilhelm Niemann dokumentiert einiges an Frustration und Unsicherheit über den weiteren Weg des Flugschiffs.

Ob die D.M.B. davon wirklich „gern“ Kenntnis genommen hat, darf bezweifelt werden. Während in der Rezession, als Folge der Weltwirtschaftskrise nach dem Schwarzen Freitag am 24. Oktober 1929, der Markt für exklusive Sammlerstücke sehr schwach war, zerschlugen sich auch noch nach und nach die Hoffnungen auf die Vercharterung der Do X an amerikanische Luftfahrtunternehmen wie die PAA oder an die US Navy. Keiner wusste nun so recht, wie es weitergehen würde.

Wilhelm Niemann fragte deswegen Anfang November 1931 in Friedrichshafen nach der Zukunft des Bordpostamts an, und die D.M.B. antwortete ihm: „*Wir haben uns mit dem hiesigen Postamt in Verbindung gesetzt, um klarzustellen, ob auf den weiteren Flügen der Do X die noch bei Ihnen befindlichen Briefmarken Verwendung finden können. Das Postamt ist der Ansicht, daß bei einer evtl. Vercharterung des Flugzeugs die Bordpoststelle nicht mehr in Tätigkeit treten dürfe. Bei einem evtl. Rückflug oder bei einem Flug, der unter unserer Regie durchgeführt würde und in dessen Verlauf verschiedene Länder berührt werden, steht jedoch der Verwendung der bei Ihnen noch verbliebenen Briefmarken nichts im Wege.*“

Dieser Beleg der Südamerika-Etappe zeichnet sich durch die Mischfrankatur von deutschen, kolumbianischen und SCADTA-Marken aus. Interessant ist auch die Verwendung eines Umschlags, der eigentlich für die Beförderung mit Zeppelin-Luftschiff vorgedruckt war.

Folglich blieben die restlichen Marken im Wert von 806 Reichsmark an Bord der aufgedockten Do X, ebenso das noch immer ungeöffnete Paket mit Marken im Frankaturwert von 6.000 Reichsmark.

Ab September 1931 kam der Betrieb der Bordpoststelle vorübergehend zum Erliegen. Do-X-Kommandant Fritz Hammer und Flugzeugführer Cramer von Clausbruch mussten dringend nach Brasilien zurück. Beim Absturz des Dornier-WAL-Flugboots OLINDA in Natal am 11. September 1931 zählte Max Sauer, der Technische Leiter des Condor-Syndikats, zu den drei Toten. Condor-Generaldirektor Hammer wurde vor Ort gebraucht. Als einziger Offizier der Do X blieb also Wilhelm Niemann in New York. Die Tagesspesen der verbliebenen Besatzung sollte er durch Souvenirverkäufe und Eintrittsgelder aus Besichtigungen erwirtschaften. Die aus Deutschland gelieferten Postkartenheftchen und Anstecknadeln sowie die D.M.B.-Eigenbelege fanden jedoch fast keine Käufer, als die Besucherscharen nach der anfänglichen Begeisterung in New York mehr und mehr ausblieben. Zu Niemanns Tätigkeiten gehörte deswegen auch bald das Verfassen von Briefen nach Friedrichshafen, in denen er um die dringend benötigte finanzielle Unterstützung bat.

Ein typischer New Yorker Do-X-Bordpostbeleg vom 19. Mai 1932, dem Abflugtag aus den USA. Dieser Beleg trägt u. a. die bereits ungültige Flugpostmarke zur Zeppelin-Südamerikafahrt 1930.

Nachdem auch aus Friedrichshafen keine nennenswerten Geldmittel mehr kamen, kehrte der überwiegende Teil der Besatzung im November 1931 nach Deutschland zurück und nur eine kleine Wachmannschaft verblieb bei dem Flugschiff und seinem Postmeister in New York.

BELEGE VOM RÜCKFLUG NACH DEUTSCHLAND

Anfang 1932 begann die Planung des Rückflugs nach Deutschland. Alle Charter- und Verkaufsverhandlungen für die Do X in den USA waren gescheitert, und im April starteten die Vorbereitungen für den Nordatlantikflug. Dafür gab es in den USA wieder keine Postauflieferung, weil die nationale Postbehörde sich querstellte. Nach Deutschland konnte nur Bordpost mitgenommen werden. Um wenigstens einen Teil der ersehnten Belegerlöse für sich zu sichern, ließ die Deutsche Flugschiff GmbH (D.F.G.) Briefumschläge und Postkarten drucken, die nach dem Überflug, mit Flugbestätigungs- und Bordpoststempeln versehen, an Interessenten zum Portopreis plus Bearbeitungsgebühr abgegeben werden sollten.

Einer der Barfrankatur-Belege für den Do-X-Nordatlantikflug von Neufundland nach Europa.

Die D.F.G., am 24. März 1932 als Neugründung auf Veranlassung der Dornier Metallbauten GmbH ins Leben gerufen, sollte die Do X zukünftig betreiben. Damit war die Gesellschaft auch Nutznießerin des Erlösanteils aus dem Beleggeschäft. Trotz der abschreckenden ersten Erfahrungen mit den D.M.B.-Eigenbelegen startete man einen weiteren Versuch der aerophilatelistischen Do-X-Vermarktung. Als die D.F.G. ihr Vorhaben mit den Do-X-Nordatlantikflugbelegen in den USA und Deutschland bekannt machte, zeichnete sich durchaus Interesse ab. Wilhelm Niemann kümmerte sich wieder um die Bearbeitung der vorgedruckten D.F.G.-Briefe und -Postkarten.

Mit seinem restlichen Briefmarkenbestand von 806 Reichsmark wäre Niemann nicht weit gekommen, aber jetzt erfüllte das Briefmarkenpaket aus Rio de Janeiro seinen Zweck. Er hatte also insgesamt 6.806 RM an Porto zur Verfügung, ausreichend für rund 680 Briefe und etwa genauso viele Postkarten. Relativ schnell waren die Reichspostbriefmarken des Bordpostamtes aufgebraucht.

Wegen der erwarteten größeren Nachfrage nach D.F.G.-Bordpostbelegen griff Niemann zusätzlich auf das postalisch legitime Mittel der Barfrankatur zurück. Für die mit dem zweizeiligen Stempel „AFFRANCHISSEMENT PERCU 6,-- RM" bzw. „4,--RM" versehenen Bordpostbelege hielt sich jedoch später das Interesse sehr in Grenzen. Es fehlten eben die attraktiven Briefmarken auf den Poststücken. Bekannt sind Entwertungen durch den Bordpoststempel mit Daten vom 19. bis zum 22. Mai 1932. Alle Postsendungen bekamen auch den rautenförmigen Flugbestätigungsstempel „AMERICA EUROPA FLUGSCHIFF DO-X" in Violett aufgeschlagen.

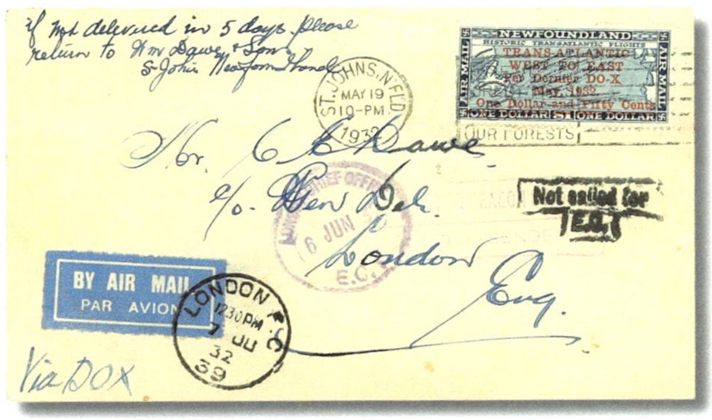

Dieser Beleg aus Neufundland konnte in England nicht zugestellt werden; er erhielt dort einen Transitstempel und wurde zurückgesandt.

Vier Tage nach Pfingsten, am Donnerstag, dem 19. Mai 1932, startete die Do X gegen zehn Uhr zur Rückreise nach Deutsch-

Neben den vielen Belegen aus Neufundland mit der Do-X-Sondermarke sind die unterfrankierten, mit der Urmarke versehenen, große Seltenheiten.

land. Aufgrund dichten Nebels konnte man Holyrood bei St. Johns auf Neufundland erst am 20. Mai nach einem Zwischenstopp bei Dildo in der Trinity Bay anfliegen. Hier lagerte Betriebsstoff und wurden Postsäcke an Bord genommen.

Einen Tag zuvor hatte das „Department of Post and Telegraphs“ von Neufundland Folgendes veröffentlicht (frei übersetzt): „*Es wird die Briefbeförderung mit dem Flugschiff Do X nach Europa ermöglicht, das heute in St. Johns eintreffen soll. Höchstens 3.000 Briefe, jeder mit einem Gewicht unter einer Unze, werden befördert. Für den Zweck wird eine eigene Briefmarke für 1,50 Dollar herausgegeben, die ab heute Mittag im Hauptpostamt zum Verkauf kommt. Postschluss für die Do-X-Briefe ist sofort nach Ausverkauf der Sondermarke, spätestens aber um 10 Uhr heute Abend am Donnerstag, den 19. Mai. G. Hodder, Deputy Minister.*“ Diese Marken kamen nur als Viererblock für sechs Dollar in den Verkauf, und die gesamte Auflage von 2.000 Blöcken war in kurzer Zeit vergriffen.

Eine Besonderheit muss vermerkt werden: Bei 20 oder 40 Marken stand der Aufdruck auf dem Kopf. Über die genaue Zahl der fehlbedruckten Viererblöcke, fünf oder zehn, liegen bisher keine genauen Zahlen vor. Als gesichert gilt nur, dass es davon keine Exemplare auf geflogenen Belegen gibt. Andererseits ist ebenfalls bekannt, dass auch vier Belege befördert wurden, die nur die Urmarken, also nicht die Sondermarken, trugen. Doch auch bei weitem nicht alle der 8.000 Neufundland-Flugpostmarken mit dem richtig stehenden Aufdruck „TRANS-ATLANTIC WEST TO EAST Per Dornier DO-X May, 1932. One Dollar and Fifty Cents“ traten die Reise über den Nordatlantik an; in verschlossenen Postsäcken gab die neufundländische Postbehörde nur 1.804 Poststücke an Bord. Sie waren in Vigo der spanischen Post zur weiteren Beförderung in Europa zu übergeben.

Bordpoststempel mit dem Datum vom 22. Mai 1932, der bei der Rückreise der Do X auf den Azoren zum Einsatz kam.

Die Plombierung der Postsäcke garantierte, dass zwischen Neufundland und Spanien kein Bordpoststempel der Do X und kein Flugbestätigungsstempel aufgeschlagen werden konnte. Bei dieser Aktion benutzten zwei verbündete Luftpostmonopole, die USA und Spanien, das deutsche Flugschiff lediglich als Transportvehikel. Von den 1.804 aufgegebenen Briefen trugen 1.362 den Rollen-Tagesstempel „ST. JOHN’S, N’FLD. 1932 MAY“ mit dem Werbefeld „PREVENT FOREST FIRES – SAVE OUR FORESTS“ im Linienrahmen und rechts anschließendem siebenfachen Linienfeld.

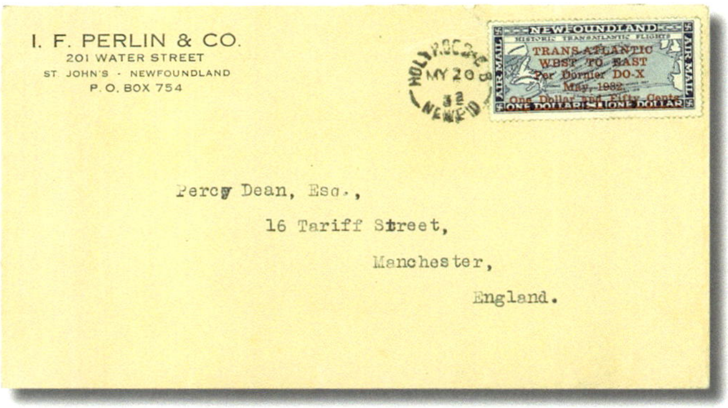

21 von 1.804 Briefen aus Neufundland trugen den Stempel von Holyrood, darunter nur acht Belege mit Einzelfrankaturen.

Durch die Verspätung des Flugschiffs kam es zur Verlängerung des Postschlusses, infolgedessen erhielten

421 Briefe den Tagesstempel mit dem Datum „1932 MAY 20“. 21 Briefe trugen den Stempel „HOLYROOD – C.B. NEW F’D MY 20 32“.

Diese Angaben beziehen sich lediglich auf die Tagesstempel für die Entwertung der Marken. Aber in der Menge der Belege aus Holyrood befinden sich z. B. auch elf Mischfrankaturbelege mit Marken des Deutschen Reiches, acht Einzelfrankaturen der Sondermarke und nur zwei mit normaler Neufundland-Frankatur. Auch bei den Belegen mit Entwertungen aus St. Johns ist die Verwendung der Normalfrankatur am weitaus seltensten, bisher wurden acht Belege registriert. Als Besonderheit gibt es hier noch die Belege mit dem rückseitigen Aufgabestempel von Habour Grace, von denen bisher nur vier registriert werden konnten.

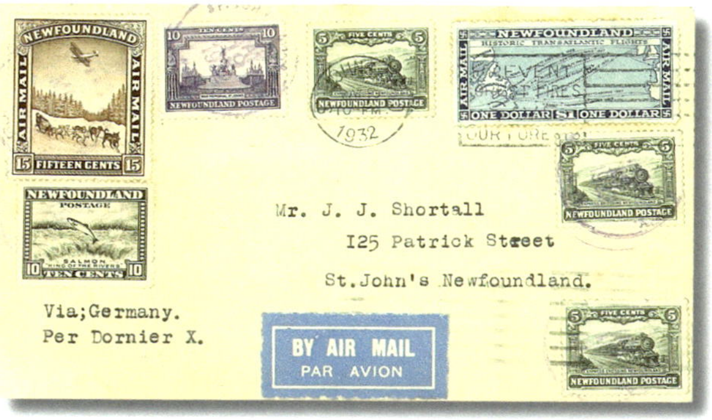

Dieser Beleg mit einer Mischfrankatur, ohne die Do-X-Sondermarke, trägt neben dem Rollenstempel auch den seltensten aller Aufgabestempel von Do-X-Belegen aus Neufundland, den violetten Handstempel von St. Johns.

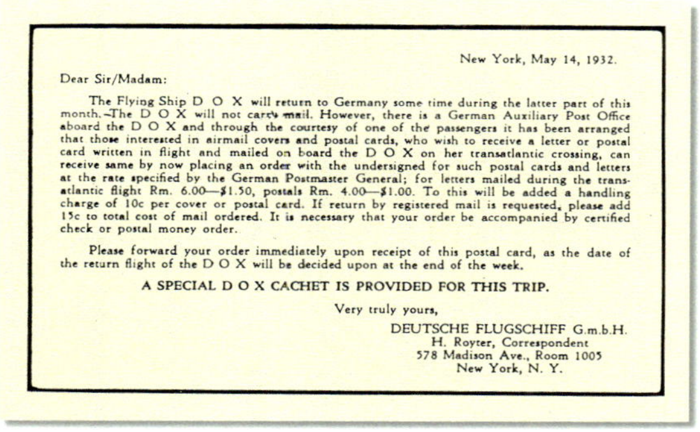

New York, May 14, 1932.

Dear Sir/Madam:

The Flying Ship D O X will return to Germany some time during the latter part of this month. The D O X will not carry mail. However, there is a German Auxiliary Post Office aboard the D O X and through the courtesy of one of the passengers it has been arranged that those interested in airmail covers and postal cards, who wish to receive a letter or postal card written in flight and mailed on board the D O X on her transatlantic crossing, can receive same by now placing an order with the undersigned for such postal cards and letters at the rate specified by the German Postmaster General; for letters mailed during the transatlantic flight Rm. 6.00—$1.50, postals Rm. 4.00—$1.00. To this will be added a handling charge of 10c per cover or postal card. If return by registered mail is requested, please add 15c to total cost of mail ordered. It is necessary that your order be accompanied by certified check or postal money order.

Please forward your order immediately upon receipt of this postal card, as the date of the return flight of the D O X will be decided upon at the end of the week.

A SPECIAL D O X CACHET IS PROVIDED FOR THIS TRIP.

Very truly yours,

DEUTSCHE FLUGSCHIFF G.m.b.H.
H. Royter, Correspondent
578 Madison Ave., Room 1005
New York, N. Y.

Angebot der Deutschen Flugschiff GmbH für Atlantikflugbelege an Interessenten und Sammler in Amerika.

In Amerika war unterdessen eine relativ kurzfristige Werbeaktion zum Verkauf von Belegen des Rückfluges angelaufen. Ein auf den 14. Mai 1932 datiertes Angebot an amerikanische Sammler stellte die Mitnahme von Atlantikflugbelegen für 1,50 Dollar (Brief) oder 1,00 Dollar (Postkarte) zuzüglich einer Bearbeitungsgebühr von 10 Cent in Aussicht. Da der Abflug jedoch bereits wenige Tage später erfolgen sollte, blieb den potenziellen Interessenten nur ein kurzer Entscheidungszeitraum von fünf Tagen, und die Nachfrage fiel dementsprechend bescheiden aus. Der Überflug erfolgte ab dem Morgen des 21. Mai. Über Horta auf den Azoren, Vigo in Spanien und Calshot bei Southampton führte der Weg des Flugschiffs zum Müggelsee bei Berlin, wo es am 24. Mai 1932 gegen 18.27 Uhr zur Landung ansetzte und begeistert begrüßt wurde.

Einige Postbeamte im Postamt Berlin C rümpften jedoch die Nase, als Niemann die Bordpost der Do X auflieferte. Sie monierten, dass die reichlich verwendeten Flugpostmarken zur ersten Südamerikafahrt des Luftschiffs „Graf Zeppelin“ seit dem 30. Juni 1931 nicht mehr gültig waren. Doch die Reichspost billigte nachträglich die Verwendung der inzwischen ungültigen Marken. Daraufhin erhielten die wenigen noch verbliebenen neufundländischen Belege und die restliche Bordpost einen Berliner Transit- bzw. Ankunftsstempel. Nach dieser Aktion wurde der Betrieb der „Posthilfsstelle Flugschiff Do X“ eingestellt.

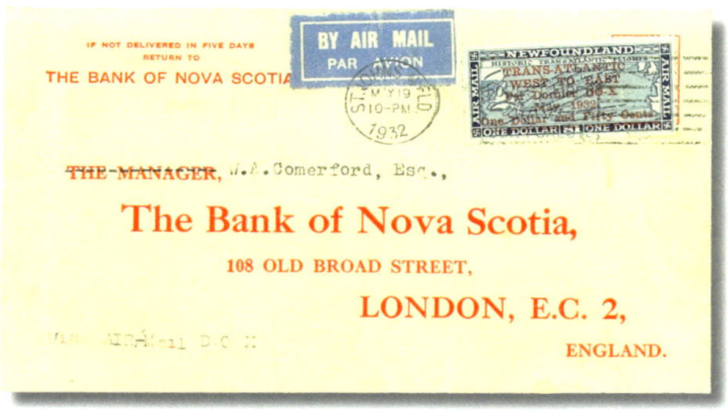

Gleichfalls eine Seltenheit ist der Beleg aus Habour Grace mit dem rückseitigen Aufgabestempel, der via St. Johns der Do X zugeleitet wurde.

LETZTER POSTFLUG IN DIE SCHWEIZ

Während des folgenden Deutschlandfluges vom 20. Juni bis 27. Oktober 1932 transportierte die Do X keine offizielle Post, und es gab ausschließlich private Erinnerungsstempel auf Souvenirpostkarten. Am 2. November flog die Do X für einen längeren Aufenthalt von Mannheim nach Zürich. Hier arrangierte sich die D.F.G. mit der Schweizer Postbehörde. Auf dem Flug von Zürich nach Altenrhein ins Winterlager des Flugschiffs gab es letztmals eine offizielle Postbeförderung. Sie galt für Postkarten, Briefe und Einschreibbriefe mit Schweizer und Liechtensteiner Frankatur. Der Einschreibbrief kostete 1,05 Sfr. und der Normalbrief bis 20 Gramm 75 Rappen. Auf dem 133 Kilometer langen Flug am 14. November 1932 transportierte die Do X 2.678 Postsendungen aus der Schweiz und 154 Stücke aus Liechtenstein in 47 Minuten von Zürich nach Altenrhein. Alle Belege erhielten den ovalen Flugbestätigungsstempel „1.DO.X POSTFLUG I.D. SCHWEIZ ZÜRICH–ALTENRHEIN“ in Rot. Als anteilige Einnahme aus der Postbeförderung konnte die D.F.G. einen Erlös von 1.078,48 RM abzüglich 161,77 RM für Agenturprovisionen verbuchen. Gegenüber den Erlösen von 26.054,05 Reichsmark aus Besichtigungen und Rundflügen allein in Zürich ein recht bescheidener Betrag.

Flugbestätigungsstempel des Postflugs in die Schweiz im November 1932.

Im folgenden Jahr 1933 gehörte Postmeister Wilhelm Niemann nicht mehr zur Mannschaft der Do X. An dieser Stelle soll aber über die weiteren postalischen Geschehnisse berichtet werden, um die Darstellung der Do-X-Post zu vervollständigen.

GEPLANTE POSTFLÜGE 1933

Nach Generalüberholung und mit neuem Anstrich, jetzt mit dem Schriftzug der LUFT HANSA anstelle DORNIER, sollte die Do X unter der Regie des deutschen Luftverkehrsunternehmens auf große Europaflugtour gehen. Die Postangelegenheiten oblagen jetzt dem Schiffszahlmeister Prömel von der Deutschen Luft Hansa. Eine Verfügung im Amtsblatt des RPM sprach für sich: „*Postbeförderung mit Flugschiff Do X. Die Deutsche Luft Hansa AG wird mit dem Flugschiff Do X demnächst Europaflüge unternehmen, in deren Verlauf auf den von Deutschland nach dem Ausland führenden Flugstrecken Post befördert werden soll. Es sind vorläufig folgende Flüge mit Postbeförderung in Aussicht genommen:*

a) Passau–Budapest, ab Passau voraussichtlich am 12. Mai,

b) Passau–Zürich, ab Passau voraussichtlich am 29. Mai.

(1.) Beförderungsgegenstände. Zugelassen sind gewöhnliche Briefe im Einzelgewicht bis 20 g und Postkarten an Empfänger in beliebigen Bestimmungsorten.

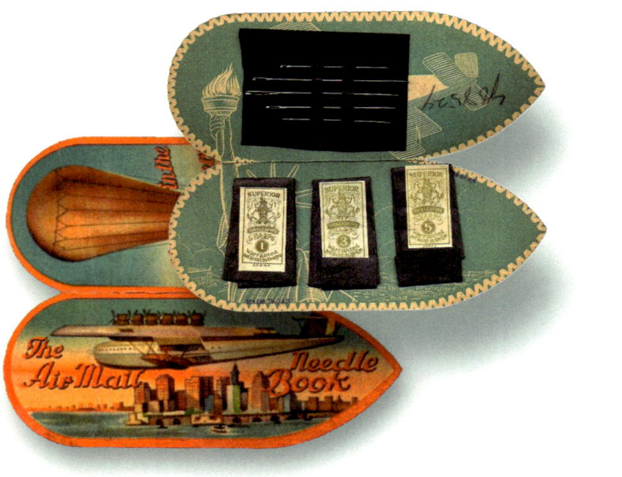

Ob eines dieser „Air Mail Needle Books“ jemals an Bord der Do X war, bleibt fraglich, auch wenn das Flugschiff das Hauptmotiv des Nadelsets darstellt.

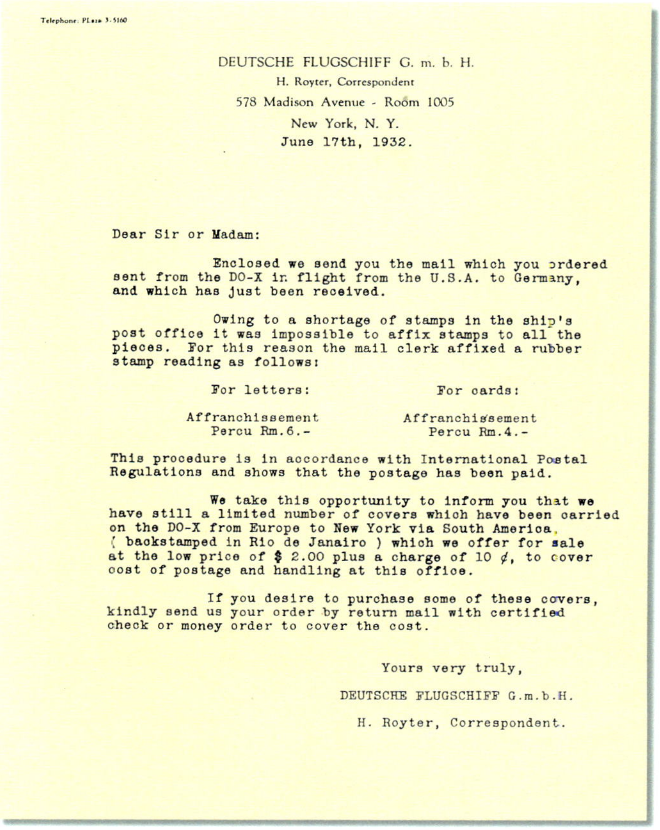

Telephone: PLaza 3-5160

DEUTSCHE FLUGSCHIFF G. m. b. H.
H. Royter, Correspondent
578 Madison Avenue - Room 1005
New York, N. Y.
June 17th, 1932.

Dear Sir or Madam:

Enclosed we send you the mail which you ordered sent from the DO-X in flight from the U.S.A. to Germany, and which has just been received.

Owing to a shortage of stamps in the ship's post office it was impossible to affix stamps to all the pieces. For this reason the mail clerk affixed a rubber stamp reading as follows:

For letters:	For cards:
Affranchissement Percu Rm.6.-	Affranchissement Percu Rm.4.-

This procedure is in accordance with International Postal Regulations and shows that the postage has been paid.

We take this opportunity to inform you that we have still a limited number of covers which have been carried on the DO-X from Europe to New York via South America, (backstamped in Rio de Janairo) which we offer for sale at the low price of $ 2.00 plus a charge of 10 ¢, to cover cost of postage and handling at this office.

If you desire to purchase some of these covers, kindly send us your order by return mail with certified check or money order to cover the cost.

Yours very truly,

DEUTSCHE FLUGSCHIFF G.m.b.H.

H. Royter, Correspondent.

Mit diesem Anschreiben verschickte die Deutsche Flugschiff GmbH am 17. Juli 1932 die Do-X-Atlantikflugbelege an die amerikanischen Käufer. Ein „Ozeanexpress" des Norddeutschen Lloyd hatte sie schnellstmöglich nach New York zurückgebracht. Jetzt kosteten der Briefbeleg frei Haus $ 1,75 und die Postkarte $ 1,25. Gleichzeitig mit der Lieferung erfolgte das Angebot der D.F.G., einen der gelaufenen Dornier-Südatlantikbriefe für $ 2,10 zu erwerben.

(2.) Gebühr. Für Postsendungen, die mit dem Flugschiff Do X befördert werden sollen, ist eine Gesamtgebühr von 30 Rpf für eine Postkarte und 50 Rpf für einen Brief bis 20 g zu entrichten. (3.) Freimachung. Postsendungen für das Flugschiff Do X können mit gewöhnlichen Freimarken oder Luftpostmarken freigemacht werden. Freimachung durch Freistempler ist nicht gestattet; dagegen können die Sammelsendungen an das Postamt Passau (s. unter 4) durch Freistempler freigemacht werden. (4.) Einlieferung. Postsendungen für das Flugschiff Do X sind unter Umschlag gegen die gewöhnliche Freigebühr an das Postamt Passau einzusenden. Aufschrift für diese Sammelsendungen: ‚Sendungen für das Flugschiff Do X – Postamt Passau'. (5.) Stempel. Das Postamt Passau entwertet die auf den Postsendungen befindlichen Freimarken mit seinem Aufgabestempel. Außerdem erhalten sämtliche Sendungen den Abdruck eines für den jeweiligen Flug vorgesehenen Flugbestätigungsstempels. Der Flugbestätigungsstempel für den Flug Passau–Budapest wird die Inschrift haben ‚Flugschiff Do X Passau–Budapest Europaflüge 1933'; für den Flugbestätigungsstempel zum Flug nach Zürich wird die Inschrift lauten: ‚Flugschiff Do X Passau–Zürich Europaflüge 1933'. (6.) Postleitvermerke. Postsendungen für das Flugschiff Do X müssen den Leitvermerk tragen ‚Mit Flugschiff Do X'. Die Sendun-

Der Flugbestätigungsstempel für den geplanten Flug von Passau nach Budapest wurde unkenntlich gemacht, die Belege zurückgesandt und das Porto ersetzt.

Bisher wurden erst acht Exemplare mit dem Flugbestätigungsstempel für den geplanten Flug von Passau nach Zürich registriert. Solche Belege zählen zu den größten Do-X-Raritäten.

gen sind nicht mit dem handschriftlichen Vermerk ‚Mit Luftpost' oder ‚Par avion' oder mit einem Luftpostklebezettel zu versehen, weil sie vom Zielort aus auf gewöhnlichem Wege weiterbefördert werden." (Amtsblatt des RPM, Nr. 38 vom 28. April 1933, Verfügung, Betriebsdienst, Nr. 166/1933)

Aber bereits der erste Propagandaflug endete, bevor er richtig begann, am 9. Mai 1933 auf dem Kachlet-Schalding-Stausee in der Nähe von Passau nach dem Überführungsflug vom Chiemsee. Bei der mit etwas erhöhter Geschwindigkeit ausgeführten Landung durch den Kommandanten und 1. Flugzeugführer Horst Merz kam es zur Wasserberührung an der falschen Stelle, die dem Flugschiff das Leitwerk und ein Stück vom Heck wegriss.

Das RPM meldete dazu im Juni: „*Das Flugschiff Do X hat bei der Landung in Passau eine Beschädigung erlitten; die Instandsetzung wird etwa 10 Wochen dauern. Zu welchem Zeitpunkt die zur Postbeförderung in Aussicht genommenen Flüge nach Budapest und Zürich stattfinden werden, wird durch das Amtsblatt veröffentlicht werden. Die bereits eingelieferten Sendungen werden bis zur Ausführung der Flüge beim Postamt Passau aufbewahrt.*" (Amtsblatt des RPM, Nr. 47, Mitteilungen des RPM, Nr. 1232/1933)

Erst am 18. August teilte das RPM dann Folgendes mit: „*Voraussichtlich am 26. August wird von Passau aus mit dem Flugschiff Do X ein Flug nach der Schweiz unternommen werden, mit dem Post unter den durch Amtsblatt Vf. Nr. 166/1933, S. 18 veröffentlichten Bedingungen befördert werden soll. Die Sendungen für diesen Flug müssen spätestens bis zum 25. August um 12.00 Uhr bei dem Postamt in Passau vorliegen. Sie erhalten den Abdruck eines Flugbestätigungsstempels mit dem Wortlaut ‚Flugschiff Do X Passau–Schweiz 1933'. Der ursprünglich vorgesehene Flugbestätigungsstempel ‚Flugschiff Do X Passau–Zürich Europaflüge 1933' wird nicht verwendet. Soweit Sendungen bereits mit diesem Flugbestätigungsstempel bedruckt worden sind, wird sie das Postamt in Passau ebenfalls unter Erstattung der Gesamtgebühr an die Absender zurückgeben lassen; der Abdruck des Flugbestätigungsstempels wird auf diesen Sendungen unkenntlich gemacht. Als Zielort des Fluges in die Schweiz ist Altenrhein in Aussicht genommen.*" (Amtsblatt des RPM, Nr. 76 vom 18. August 1933, Verfügungen, Nr. 312/1933)

Auch dieser Besatzungsbeleg trägt den Stempel des geplanten Fluges von Passau nach Zürich. Interessant ist, dass nur der Stempel des Fluges nach Budapest unkenntlich gemacht wurde. Transportiert wurde der Beleg auf dem letzten Postflug der Do X am 5. September 1933.

Die Post in Passau überstempelte daraufhin den Flugbestätigungsstempel Passau–Budapest mit einem rechteckigen Schraffurstempel. Versehen mit dem Stempelhinweis „Flug mit Do X Passau–Budapest wurde nicht ausgeführt. Postamt Passau." wurden die Postsendungen dann an die Absender zurückgegeben und die Gebühren erstattet.

Einen kuriosen Versuch einer Postzuleitung unternahm der österreichische Raketenpionier Friedrich Schmiedl (1902–1994). Um sich das Porto einer erwünschten Do-X-Postbeförderung zu sparen, versuchte er, mehrere fingierte Postkarten an nicht existente Passagiere an Bord der Do X zu senden. Bei einigen Zeppelinfahrten hatte das schon wunderbar geklappt, aber jetzt wurden die Karten nicht befördert. Bisher sind drei Exemplare bekannt.

Auf acht Belegen, die bereits für den Transport bei dem Flug Passau–Budapest vorgesehen waren, hatte man inzwischen zusätzlich den neu erstellten Flugbestätigungsstempel zum Flug Passau–Zürich abgeschlagen. Als feststand, dass der im Amtsblatt 166/1933 angekündigte Termin für diesen Flug auch nicht eingehalten werden konnte, wurden fast alle diese Flugbestätigungsstempel mit Schraffurstempeln unkenntlich gemacht. Die Belege wurden dann jedoch nicht zurückgesandt, sondern mit dem letzten Postflug der Do X in die Schweiz befördert.

Diese acht bisher registrierten Belege bilden die Höhepunkte der Do-X-Aerophilatelie; sie grenzen die ohnehin geringe Menge der Do-X-Flugpostsammlungen ein, die nach Stempelvarianten komplett sein können. Besondere Highlights unter ihnen sind Belege mit undurchbalkten Flugbestätigungsstempeln zu den Flügen Passau–Budapest und Passau–Zürich.

Nach der schwierigen, provisorischen Reparatur flog die Do X am 5. September 1933 von Passau nach Altenrhein zurück. Für diesen letzten Postflug gab es auch Zulieferpost aus Danzig, Liechtenstein, Luxemburg, den Niederlanden, Russland, der Schweiz und den USA. Alle Sendungen des Fluges tragen den Flugbestätigungsstempel „FLUGSCHIFF DO X PASSAU–SCHWEIZ 1933" in Violett und vereinzelt den Stempelabdruck „Beförderung wegen Beschädigung des Flugschiffes Do X verzögert" in Schwarz.

Diese Postkarte wurde exakt auf den vom Absender vorgegebenen Leitwegen ab dem 12. Juli 1933 von New York als Schiffs- und Schleuderflugpost nach Southampton, von London nach Berlin per Reichspostflug, von Berlin nach Passau als Luftpost und ab Passau mit der Do X bei ihrem Schweiz-Flug am 5. September 1933 befördert. Dieser lückenlos dokumentierte Beförderungsweg ist einzigartig. Auffällig ist, dass die Entwertung der 30-Reichspfennig-Marke als später notwendiges Porto für die Do-X-Beförderung von Passau in die Schweiz bereits in New York durch den Bordpoststempel des Schnelldampfers BREMEN erfolgt ist.

Mit dieser letzten Reise zum Bodensee in die Bauwerft nach Altenrhein endet nicht nur der Flugbetrieb der Do X, sondern gleichermaßen die Flugpostgeschichte des Dornier-Flugschiffs.

Las Palmas

DO-X-BORDPOSTBRIEF AUS LAS PALMAS

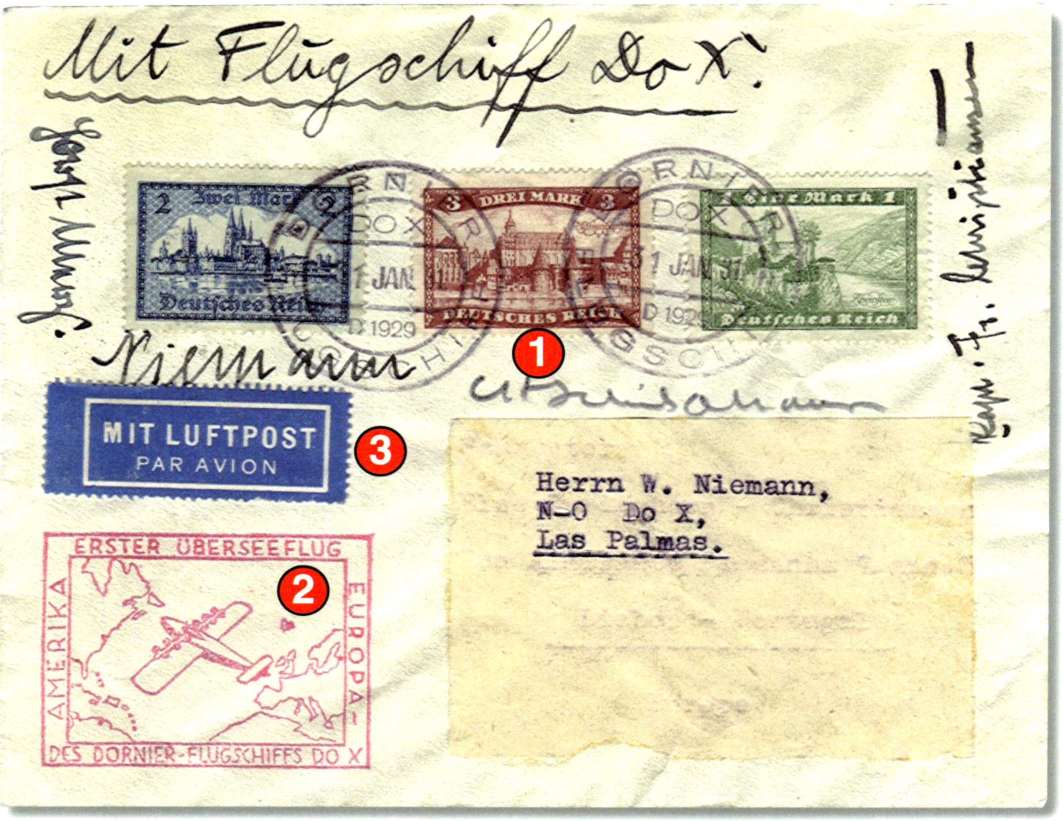

Besatzungsbeleg von Navigationsoffizier Wilhelm Niemann. Dieser Bordpostbeleg der ersten Flugetappe des Überseefluges der Do X von Lissabon nach Las Palmas trägt den eigenhändigen Leitvermerk von Wilhelm Niemann „Mit Flugschiff Do X" und seine Unterschrift. Weitere Signaturen stammen von Kapitän Friedrich Christiansen und den Flugzeugführern Horst Merz und Clarence Schildhauer.

Frankatur:

Die drei Briefmarken der Serie „Bauwerke" stammen aus dem Bestand des Bordpostamtes. Die 6 Reichsmark sind das tarifgemäße Porto eines Do-X-Bordpostbriefes.

Stempel und Klebezettel:

(1) Bordpoststempel mit Datum vom 31. Januar 1931.

(2) Flugbestätigungsstempel des Überseefluges der Do X.

(3) Luftpost-Klebezettel.

Auf der Rückseite des Beleges befindet sich der Ankunftsstempel von Las Palmas vom 31. Januar 1931.

DO-X-BORDPOSTBRIEF AUS BUBAQUE

Dieser Beleg ist eine der bedeutendsten Neuentdeckungen in der Do-X-Aerophilatelie: ein Bordpostunikat von Bubaque, einer Insel vor Guinea-Bissau, vom 30. Mai 1931.

Da wegen der Revolution auf dem Festland eine längere Postsperre bestand, beförderte zunächst die Do X diesen Bedarfsbrief der deutschen Farmerfamilie Gerboth über den Südatlantik bis nach Rio de Janeiro, um ihn dann per Schiff nach Deutschland zu senden.

Frankaturen:

Bei der Übergabe an das Bordpostamt der Do X war der Brief bereits mit Marken von Guinea-Bissau frankiert, für den Transport durch die Do X musste mit deutschen Marken nachfrankiert werden. Die sechs Flugpostmarken zu je einer Reichsmark bilden eine tarifgemäße Mehrfachfrankatur.

Stempel:

(1) Die deutschen Marken wurden durch Abschläge des Bordpoststempels vom 30. Mai 1931 entwertet, beiläufig wurden auch die Marken aus Guinea-Bissau durch den Bordpoststempel getroffen. Bisher ist nur dieser eine Beleg mit dem Bordpoststempeldatum dieses Tages bekannt geworden.

(2) Zwei Abschläge des Flugbestätigungsstempels des Do-X-Überseefluges befinden sich auf dem Beleg. Der zusätzliche Abschlag auf den Marken von Guinea-Bissau soll nur auf die außergewöhnliche Beförderung des Briefes durch die Do X hinweisen, er dient hier nicht zur Sicherung der Frankatur oder deren Entwertung.

Der rückseitige Ankunftsstempel von Rio de Janeiro beweist den Transport des Beleges mit dem Überseeflug der Do X.

DO-X-BORDPOSTKARTE AUS PUERTO RICO

Ein Bordpostbeleg des Panamerikafluges der Do X von San Juan auf Puerto Rico nach New York mit seltener Falscheinstellung des Bordpoststempels.

Frankatur:

Die 4 RM sind das tarifgemäße Porto einer Do-X-Bordpostkarte. Die Mehrfachfrankatur ist außergewöhnlich, denn der 1-RM-Ergänzungswert der Flugpostmarken mit der Abbildung des LZ 127 erschien erst im Mai 1931 und war an Bord der Do X nicht vorhanden.

Der Absender legt jedoch nahe, dass die frankierte Karte der Do X in einem Umschlag in Rio de Janeiro, möglicherweise auch erst während des Panamerikafluges, zugeleitet wurde.

Stempel und Klebezettel:

(1) Deutscher Luftpost-Klebezettel, angebracht durch den Absender.

(2) Eine der größten Seltenheiten der Do-X-Aerophilatelie ist der Bordpoststempelabschlag vom 20. August 1931 in Puerto Rico; der Stempel zeigt das Datum „07. AUG. 31“, welches durch falsche, spiegelverkehrte Einstellung der Ziffern im Handstempel entstand.
Bis heute wurden nur drei Briefe und diese Postkarte mit dieser Bordpoststempel-Falscheinstellung bekannt. Das richtige Datum, 20. August 1931, ist durch ein datiertes Schreiben in einem der Belege gesichert.

(3) Flugbestätigungsstempel des Überseefluges der Do X. Bordpost in der Karibik erhielt keinen brasilianischen Rautenstempel.

(4) Transitstempel von New York vom 2. Oktober 1931.

KUBANISCHE ZULEITUNG UND BORDPOST AUS KUBA

Kubanischer Zuleitungsbeleg zum Bordpostamt der Do X in Antilla vom 21. August 1931 mit Weiterbeförderung als Bordpost bis nach New York. Nur bei diesem Beleg lässt sich die nochmalige Verwendung des bereits in Puerto Rico falsch eingestellten Bordpoststempels nachweisen.

Frankatur:

Dieser Brief ist offensichtlich ein Bedarfsbeleg; das kubanische Porto bezahlt die Zuleitung des Briefes zur Do X. Die notwendigen deutschen Briefmarken zu 6 RM entsprechen dem tarifgemäßen Porto eines Do-X-Bordpostbriefes. Die verwendeten Marken waren an Bord vorrätig.

Stempel:

(1) Kubanischer Aufgabestempel aus Antilla vom 21. August 1931.

(2) Nur dieser eine Beleg, der aus Kuba stammt und einen Bordpoststempelabschlag trägt, ist bisher bekannt. Wie bereits in Puerto Rico am 20. August 1931 wurde auch in Kuba am 21. August 1931 der falsch eingestellte Bordpoststempel mit dem Datum „07. AUG. 31“ abgeschlagen. Die Absenderangabe und mehr noch der Auflieferungsstempel von Antilla vom 21. August 1931 beweisen das falsche Datum des Bordpoststempels.

(3) Flugbestätigungsstempel des Überseefluges der Do X.

ZULEITUNGSBRIEF ZUR DO X AUS PUERTO RICO

Der einzige bisher bekannte Zuleitungsbeleg für die Do-X-Flugetappe von San Juan nach Miami. Den Brief zieren die Signaturen von Kommandant Fritz W. Hammer, Navigationsoffizier Wilhelm Niemann, Flugzeugführer Clarence Schildhauer sowie der Passagierin Clara Adams. Obwohl er auf dieser Etappe nicht an Bord war, hat auch Kapitän Christiansen diesen Brief unterzeichnet.

Frankatur:

Die US-amerikanische Frankatur entspricht dem Beförderungstarif eines regulären Luftpostbriefes. Eine zusätzliche deutsche Frankatur für den Do-X-Flug ist hier nicht vorhanden.

Stempel:

(1) Die Frankatur wird durch den Tagesstempel von Arecibo vom 20. August 1931 entwertet.

(2) Unter der Adresse trägt der Beleg den sehr seltenen Erinnerungsstempel an den Start der Do X von Kuba.

(3) Der große Landungsstempel von Miami enthält zusätzlich noch den kurzen Datumsstempel vom 22. August 1931.

NEUFUNDLÄNDISCHE DO-X-FLUGPOST AUS HOLYROOD

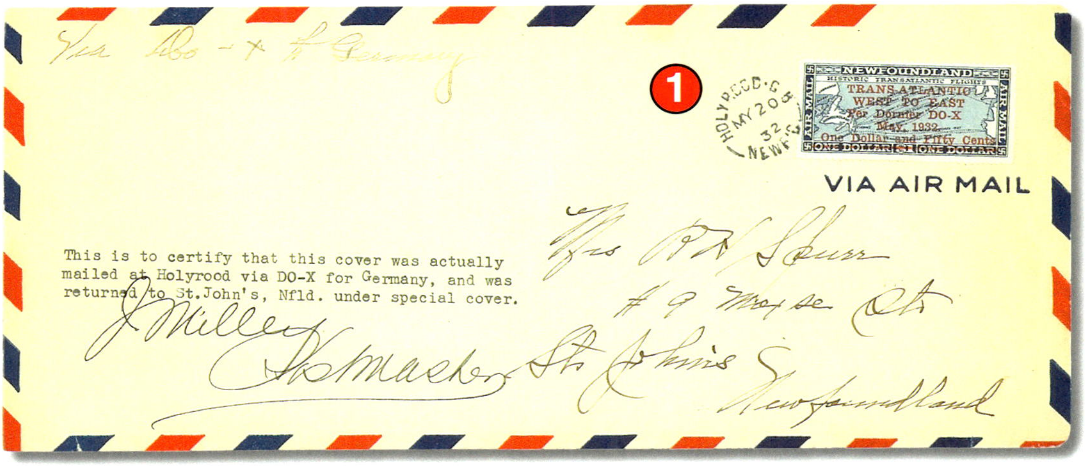

Dieser Brief aus Neufundland wurde mit der Do X über den Nordatlantik bis Berlin befördert. Wunschgemäß erfolgte von dort die Rücksendung nach Neufundland.

Unter den 1.804 neufundländischen Do-X-Flugpostbelegen befanden sich nur 21 mit dem Postaufgabestempel von Holyrood, und davon trugen sogar nur 8 Einzelfrankaturen der Do-X-Sondermarken. Der Absender des Briefes ist der Postmeister des Hauptpostamtes in St. Johns.

Frankatur:

Der Brief trägt die neufundländische Sondermarke für den Nordatlantikflug der Do X.
Der Portowert von 1,50 Dollar entspricht dem Reichspost-Porto von 6 Reichsmark.

Stempel:

(1) Postaufgabestempel von Holyrood vom 20. Mai 1932.

Dornier Do X
Rauchen ver

Deutschland staunt – Die Do X auf Besichtigungstour

Anstellen zur Besichtigung

Do X auf Deutschlandflug

Blick in das Kassenbuch

Luft Hansa übernimmt Do X

Friedrich Christiansen – Kommandant auf den Titelseiten

Freiherr von Gablenz – Pionier der Verkehrsfliegerei

Bruchlandung in Passau

Das Bruchgericht tagt

Ende im Museum

Zwei Mal Do X für Italien

Kapitel 5

ANSTELLEN ZUR BESICHTIGUNG

Geduldiges Anstehen war Pflicht, um einen Blick ins luxuriöse Innere des Fluggiganten werfen zu können.

Der Jubel in Deutschland über die gelungene Rückkehr der Do X kannte keine Grenzen. Das Geschehen um das Flugschiff und seine Besatzung auf dem Müggelsee in Berlin füllte die Gazetten. Die Berliner waren außerordentlich wissbegierig und wollten „ihr“ Flugschiff auch von innen in Augenschein nehmen. Wann können wir die Do X besichtigen? Diese Frage setzte während der ersten Tage nach der Landung alle Beteiligten und vor allem die Entscheidungsträger unter Druck. Auch die Presse wollte beständig Interviews und Fototermine. Und noch eine weitere Frage stand im Raum: Was geschieht jetzt mit der Do X? Darum hatte man sich zuvor offenbar nur wenig Gedanken gemacht, und dass die Do X gar nicht zurückkommen könnte, hatte wohl auch zum Kalkül gehört. Ganz kurz nach der Landung befragte ein Reporter des Scherl-Verlages Claude Dornier zu seinen augenblicklichen Empfindungen: *„Ich kann Ihnen sagen, daß ich doch recht zufrieden bin über den Verlauf – es hat sich alles sehr nett und ganz programmgemäß abgewickelt. Es war doch eine Sache, die viel zu schaffen machte, so manches Kopfzerbrechen und manch schlaflose Nacht bereitete – nun ist alles geglückt, und ich bin froh darüber. Ich war ja vom Gelingen meiner Sache überzeugt, aber es gab doch so manche bittere Enttäuschung. Da schrieb doch noch kürzlich jemand, Do X sei heller Unfug und könnte keine 500 Kilometer machen. Nun, der Betreffende dürfte heute eines anderen belehrt sein. Ich habe gelernt durch diesen Flug, daß es nicht nur auf das neue Boot ankommt, wenn es auch noch so gut konstruiert ist, sondern vor allem auf die Besatzung, auf deren Geist und deren Kenntnisse.*“ Diese Sätze des Do-X-Konstrukteurs hatten nicht nur für die zweite gelungene Atlantiküberquerung Gültigkeit, sondern standen für die letzten drei Jahre. Finanzierungssorgen, Zweifler und Bedenkenträger hatten dem Visionär mit Gefühl für machbare und sichere Technik weit über die Grenzen des Üblichen hinaus das Leben schwer gemacht.

Während der Aufenthalte bekamen die Motoren und auch die Propeller Persennings (Planen) als Witterungsschutz übergezogen.

Während der Interviews, Feierlichkeiten und Empfänge in den ersten zwei, drei Tagen nach dem 24. Mai 1932 mussten im Hintergrund für Claude Dornier und Friedrich Christiansen wichtige Gespräche mit dem Reichsverkehrsministerium geführt werden. Seit Frühjahr 1932 gab es Bestrebungen, die Do X komplett aus dem Dornier-Unternehmen herauszulösen. Dahinter stand der Druck des Eigentümers. Das Flugschiff gehörte dem Deutschen Reich, und die Dornier Metallbauten GmbH organisierte den bezuschussten Betrieb, also auch die Expedition der letzten 20 Monate. Für

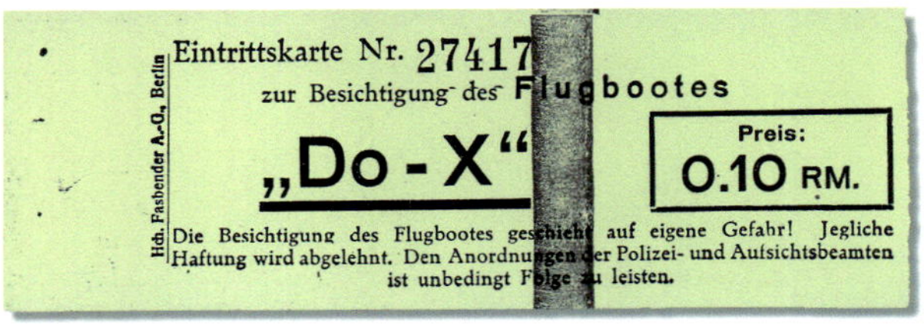

Ermäßigte Besucherkarte. Der reguläre Eintritt kostete 50 Pfennige.

die Transparenz des Flugschiffbetriebes kam vom Reich die Forderung, eine Betriebsgesellschaft zu gründen. Das vorlaufende Geschehen und die entstandene Situation im Juni 1932 lasen sich in einem Revisionsbericht der Deutschen Treuhand AG von 1934 wie folgt: „*Im Auftrage des Herrn Reichsministers der Luftfahrt hatten wir bei der Deutschen Flugschiff Gesellschaft mbH., Berlin die Bilanz und Gewinn- und Verlustrechnung zum 31. März 1933 und insbesondere die Abrechnung über die anläßlich der Vercharterung des reichseigenen Flugschiffs Do X 1 an diese Gesellschaft entstandenen Aufwendungen und die erzielten Einnahmen zu prüfen ... Allgemeines. Die Gesellschaft wurde auf Veranlassung der Dornier Metallbauten Ges.m.b.H. (D.M.B.), Friedrichshafen am 24. März 1932 von den beiden Berliner Direktoren der D.M.B., den Herren Milatz und Schulte-Frohlinde, zum Zweck des Betriebes des Flugschiffs Do X 1 gegründet. Das Kapital wurde auf RM 20.000,-- festgesetzt; die Gründer übernahmen je die Hälfte des mit 25 % einzuzahlenden Kapitals. Die Mittel wurden den Genannten aufgrund besonderer Verträge seitens der D.M.B. zur Verfügung gestellt. Die Gründer waren nach den Verträgen als Gesellschafter lediglich Treuhänder für die D.M.B. Die vorgestreckten Mittel*

Der spätere städtische Musikdirektor von Markdorf, Leo Bürkle, komponierte zu Ehren der Do X einen Marsch.

Gelegentlich sorgten Musikkapellen für die Kurzweil der Besucher.

So ging die Besichtigung am einfachsten: links rein, rechts raus. Doch nicht überall stand ein derartiger Kanal zur Verfügung wie in Stettin, der ersten Station des Deutschlandfluges.

(Darlehen) wurden den Gründern unverzinslich gewährt mit der Verpflichtung und dem Recht der jederzeitigen Rückgabe der Stammanteile an die D.M.B. gegen Aufrechnung des Darlehens."

Jetzt musste nach der Rückkehr aus den USA ein neuer Vertrag mit dem Eigentümer geschlossen werden. Zuständig dafür war die Luftfahrtabteilung des Reichsverkehrsministeriums. Diese Abteilung übernahm 1933 der Reichskommissar für Luftfahrt Hermann Göring und ordnete sie später seinem Reichsluftfahrtministerum (RLM) zu. In dem zitierten Bericht hieß es weiter: „*Gemäß Vertrag vom 21. Juni 1932 wurde das Flugschiff der Gesellschaft seitens des RLM zur Durchführung von Vorführungsflügen bis zum 29. April 1933 zur Verfügung gestellt. Der aus dem Betrieb des Flugschiffs entstandene Gewinn ist nach den getroffenen Vereinbarungen an das RLM abzuführen. Vom 30. April 1933 an hat die Deutsche Luft Hansa AG das Flugschiff übernommen.*"

Bis zum Abschluss des neuen Chartervertrages blieb die Do X in Berlin. Nach technischer Durchsicht erfolgten die Vorbereitungen für den Besucherbetrieb. Der Platz an der gelben Boje, wo das Flugschiff nach der Landung festgemacht hatte, war für Besichtigungen völlig ungeeignet. Eine vorhandene Steganlage musste schnellstmöglich für das Flugschiff passend umgebaut werden. Nach einigen verregneten Tagen begann dann am 6. Juni 1932 der Ansturm auf die Do X. Die Berliner pilgerten zu Fuß, mit dem Fahrrad, in Sonderbussen, mit der S-Bahn und Booten jeder Art und Größe zum Müggelsee. Rübezahl heißt der beliebte Ausflugspunkt am Südwestufer des Sees noch heute, an dem das Flugschiff für knapp vier Wochen fest vertäut lag. Rundflüge mit zahlenden Passagieren gab es in Berlin nicht. Ungeklärte Versicherungsangelegenheiten wegen der Passagierbeförderung hielten das Flugschiff auf dem Wasser – im Gegensatz zu einigen anderen Städten auf der folgenden Deutschlandreise.

Es begann ein regelrechter Besucherrummel um die Do X, den die „altgedienten" Do-Xler bereits von ihren Stationen im Ausland her kannten. Tausende von Besuchern schleusten sie durch das Schiff. Über den Steg auf einen Stummel, durch die Tür, Blick nach rechts und links in das abgesperrte Fluggastdeck, und dann schoben einen die nächsten Neugierigen schon durch die gegenüberliegende Tür nach draußen auf den zweiten Stummel und über einen weiteren Steg zurück an Land, das war's! Irgendwie unbefriedigend für das lange Anstehen, meinten die Berliner.

Küstenflug 20 Meter über der Ostsee. An der hinterpommerschen Küste entlang, auf dem Weg von Stettin nach Königsberg.

In Königsberg wurde eine transportable Steganlage auf dem Flugschiffrumpf zum ersten Mal eingesetzt. 12.760,39 Reichsmark Einnahmen an Eintrittsgeldern in nur sechs Tagen überraschten die Organisatoren sehr positiv. Das entsprach etwa 26.800 Besuchern.

Für die folgenden Stationen der Do X würden sich die Organisatoren einen anderen Ablauf der Besichtigung einfallen lassen müssen.

Als Eintrittspreis hatte jeder Besucher 50 Pfennige zu zahlen, und ermäßigt kostete das Vergnügen 10 Pfennige. 50 Pfennige waren damals relativ viel Geld. In tiefster Rezession blieb vielen Menschen und besonders Familien nur der Blick vom Ufer aus auf das Flugschiff übrig. Das reichte schon. Ein Mal nur dieses grandiose Flugschiff sehen, und der Erzählstoff für spätere Kinder- und Enkelgenerationen war gesichert.

Die Besucher kamen auch per Ausflugsdampfer zur Do X auf dem Großen Müggelsee, der am südöstlichen Rand von Berlin liegt. Pfiffige Reiseveranstalter hatten wohl Rabatt ausgehandelt. Sie kamen mit „*0,75 M Nach Woltersdorf Hin + Zurück. Mit Kaffee + Kuchen. Einschließlich Besichtigung der Do X Schauflüge, Abfahrt 3 Uhr*“ wohl hin. So zu lesen auf einem Anschlag an einem Dampferanleger im Juni 1932. Die angekündigten Schauflüge wurden nur als zusätzliches Lockmittel gepriesen, denn es gab sie am Müggelsee nicht. Erst einen Tag vor Beginn des Deutschlandflugs am 22. Juni absolvierte das Flugschiff vier Rundflüge.

Wenn wir heute die 43.029,05 Mark Eintrittsgelder in Berlin auf die mögliche Besucherzahl umrechnen, dann haben sich knapp 100.000 Besucher die Berliner Sensation des Juni 1932 angesehen.

Eine Begebenheit dieser Tage in Berlin sei noch geschildert. Ein älterer Herr mit einem etwas unhandlichen Paket unter dem Arm fiel dem Dienst habenden Offizier an

Bereit für den Besucheransturm in Warnemünde. Details der Steganlage, die einen Blick in die Führerkabine ermöglichte, sind gut zu erkennen. Eher improvisiert wirkt der Zugang über einen vertäuten Kahn.

Bord im Strom der neugierigen Besucher anfangs nicht besonders auf. Erst als er sich mit Kircher vorstellte, überkam Wilhelm Niemann eine Ahnung. „*Kircher? Professor Kircher, der Marinemaler?*" „*Ja, der bin ich, und ich habe Ihnen etwas mitgebracht!*" Befreit vom Packpapier präsentierte Alexander Kircher sein Temperagemälde „Do X auf dem Müggelsee". Die Arbeit gefiel. Da die Messe eines jeden anständigen Seeschiffes und die der Kriegsmarine erst recht traditionell mit einem Schiffsporträt in Öl verschönt wurde, musste die Schiffskasse dran glauben. Für 370 Mark gehörte das Bild jetzt zum Inventar. Leider ist nicht bekannt, wo das „Bordgemälde" abgeblieben ist.

DO X AUF DEUTSCHLANDFLUG

Am 23. Juni lockte der angekündigte Start der Do X wieder viele Zuschauer an das Ufer des Müggelsees. Nach einer letzten Ehrenrunde im Tiefflug hatte alsbald der Alltag die Berliner wieder im Griff.

Als nächste Station der jetzt „Deutschlandflug" genannten Reise stand Stettin auf dem Programm. Der erste Flug am Beginn der Deutschlandreise des Flugschiffs war im Verhältnis zu den Strecken der letzten zwei Jahre nur ein Hüpfer. 159 Kilometer in einer Stunde und zwei Minuten von Berlin nach Stettin, und dieses Mal noch ohne Fluggäste. Fünf Tage, vom 25. bis 29. Juni, blieb die Do X dort und flog dann weiter nach Königsberg. Jetzt das erste Mal mit Passagieren, wie später auf fast allen Flugetappen zwischen den Besichtigungsorten. Am 30. Juni, einem Donnerstag, ging es an der Ostseeküste entlang nach Königsberg. Spätestens als das Dröhnen der Motoren anschwoll, kam an diesem herrlichen Sommertag Bewegung in die Menschen an den Sandstränden von Hinterpommern. In moderater Höhe flog die Do X vorbei, und alles jubelte dem Flugschiff mit seiner stolzen Besatzung zu. Noch am gleichen Tag begann der Ansturm der Menschen zur Besichtigung in Königsberg.

Do X in Warnemünde aus einem anderen Blickwinkel. Interessant ist die Luft-Hansa-Flagge auf dem Bug. Hier demonstrierte das deutsche Luftfahrtunternehmen bereits seine Präsenz und übernahm die Bodenorganisation für das Flugschiff.

Die problematische Situation mit den Besucherstegen in Berlin und die begründete Vermutung, an allen Stationen der Reise ein ähnliches Problem zu haben, führten zur Konstruktion einer besonderen Steganlage für das Flugschiff. In Königsberg kam die transportable Leichtbaukonstruktion aus Metallrohren erstmals zum Einsatz. Die Besucher kamen über einen meist provisorischen Steg auf einem Stummel an. Über die Treppe der neuen Steganlage stiegen sie nun auf das Vordeck des Flugschiffs und konnten so zuerst durch die Fenster in den Führerraum schauen. Über den zweiten Stummel auf der anderen Seite des Flugschiffs ging es dann durch die Tür in das Fluggastdeck, von da aus, manchmal auch über die hintere Nottür, wieder an Land. Diese Art Kreisverkehr für die Besucher bewährte sich alsbald während der weiteren Reise. Die Luft Hansa war übrigens ziemlich erbost, als sie bei Übernahme des Flugschiffs im April 1933 feststellte, dass die Steganlage nicht mehr zur Ausrüstung gehörte. Die Flugschiff-Gesellschaft hatte sie nach dem Deutschlandflug verkauft.

Danzig aus der Luft, durch die Verstrebungen zwischen Tragfläche und Stummel fotografiert. In Danzig-Neufahrwasser landete die Do X am 5. Juli 1932 und blieb dort acht Tage.

In der Zeit vom 6. Juni bis zum 13. November 1932 besuchten um die 700.000 Menschen das Flugschiff und schauten in den Führerraum und das Passagierdeck. Eine riesige Menschenmenge; Anstehen und lange Wartezeiten bedeuteten eine Geduldsprobe für die Besucher und die Mannschaft. 24 Stationen in Deutschland und zehn Tage in Zürich in der Schweiz forderten die Besatzungsmitglieder. Obwohl für den Kartenverkauf und die -kontrolle eigens Hilfspersonal beschäftigt wurde, blieb genug tägliche Arbeit, um für die Überführungsflüge mit zahlenden Fluggästen gerüstet zu sein. Ab Stettin bestand die Möglichkeit mitzufliegen, wobei sich die Flugpreise nach der jeweiligen Streckenlänge richteten. Zwischen Königsberg und Danzig am 6. Juli 1932 hatte die Do X eine annähernd volle Kabine. 60 Passagiere genossen bei einem Flugpreis von 30 Mark das Aufregende eines besonderen Fluges.

In Warnemünde kamen an den drei Tagen vom 19. bis 21. Juli 1932 genau 10.379 Besucher, um die Do X zu sehen. Das Flugschiff machte in der Nähe der Heinkel-Flugzeugwerke fest, die links am Bildrand gerade noch zu sehen sind.

Vor dem Start und nach einer Landung der Do X beobachteten oft tausende Zuschauer die Manöver des Flugschiffs, die Flugkapitän Horst Merz wie folgt beschrieb: „*Wir fahren alle Manöver zum Start oder nach der Landung zur Boje oder Steg möglichst ohne Schlepperhilfe mit eigener Kraft. Vorm Start überzeugt sich jeder einzelne an seinem Platz davon, ob die ihm unterstellten Dinge klar sind. Besondere Sorgfalt widmen dabei die Flugzeugführer der gesamten Steueranlage und ihren vielen und langen Gestängen und Seilzügen, die zu*

Auftanken während des Deutschlandflugs.

In Duisburg rollt die Do X mit eigener Kraft zu ihrer Anlegestelle. Die vorderen äußeren Motoren laufen zum Manövrieren.

gern auch einmal zum Aufhängen nasser Handtücher und dergleichen benutzt werden. Ist alles zum Kommandanten klar gemeldet, begibt sich dieser mit einem Führer und dem Navigationsoffizier auf das Vorschiff. Der Ingenieur befindet sich im Maschinenraum, die Monteure stehen auf den Flächen klar zum Anwerfen der Motoren. Ist der Anker kurzstag geheißt oder sind die Bojenleinen klar zum Loswerfen, werden zwei Motoren, gewöhnlich die mittleren vorn, angeworfen und sofort dem Flugzeugführer gegeben, das heißt im Maschinenraum auf die Gashebel des Führers geschaltet, damit dieser mit den Motoren arbeiten kann. Mit Hilfe des Wasserruders und unter Ausnutzung des Drehmoments der seitlich liegenden Motoren läßt sich die Maschine ausgezeichnet manövrieren. Sobald die Maschine frei von der Boje und das Fahrwasser offen ist, werden die übrigen Motoren angelassen, nach dem Warmwerden einzeln vom leitenden Ingenieur abgebremst und nach vorn gegeben, worauf gestartet werden kann, sobald alle Leute ihre Posten eingenommen haben. Die Starteigenschaften der Maschine sind sehr gut; die Maschine kommt sofort auf Stufe und beschleunigt sehr rasch bis etwa 100 km/h, so daß die Kühlung der Motoren auch bei

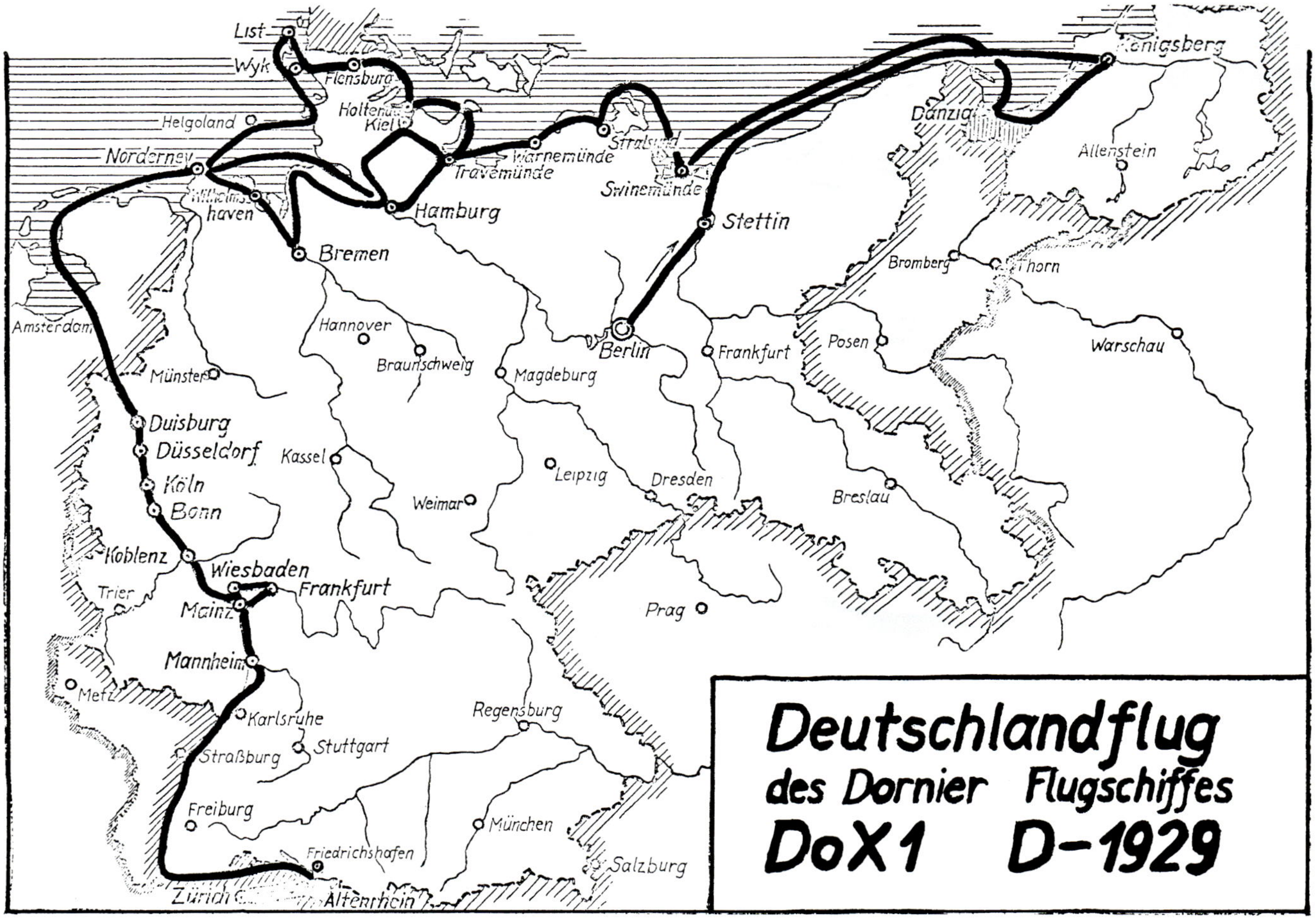

Karte mit den geplanten Stationen des Deutschlandflugs von 1932. Die tatsächlich geflogene Route sah geringfügig anders aus.

heißem Wetter sichergestellt ist." „Auf Stufe kommen" bedeutete, dass sich der Bootskörper des Schiffes bis zur Querstufe, etwa in der Mitte des Rumpfes, aus dem Wasser hob, um dann mit zunehmender Geschwindigkeit den Sog des strömenden Wassers zu überwinden und bei leichtem Zug am Steuer abzuheben. „*Das Landen ist trotz beträchtlicher Augenhöhe des Führers (etwa 5 m im Augenblick des Einsetzens) verhältnismäßig einfach, wenn man sich erst einmal an die Größenverhältnisse und die großen Massen gewöhnt hat. Nach der Landung werden die Motoren langsam abgekühlt und dann abgestellt bis auf zwei oder vier, je nach Windstärke, mit denen das Flugschiff so an die Boje und dort zum Stehen gebracht wird, daß der Bojenstander entweder vom Vorschiff oder vom Stummel aus übernommen und an den Vorschiffsklampen belegt werden kann, worauf auch die letzten Motoren abgestellt werden.*"

Vom 8. bis 12. August stattete das Flugschiff der Hansestadt Bremen einen Besuch ab.

Bei der Badeanstalt Alsterlust machte die Do X ab dem 12. August 1932 Station. Während ihres vierzehntägigen Aufenthalts auf der Außenalster besuchten über 90.000 Hamburger das Flugschiff.

Bei der Atlantiküberquerung und bei den vielen Starts und Landungen während der ersten Hälfte des Deutschlandflugs hatte der Schiffsboden der Do X einiges auszuhalten. Wie gelegentlich jedes Seeschiff, so hatte auch das Flugschiff eine Inspektion, Reinigung und einen neuen Anstrich des Schiffsbodens von außen nötig. Diesen Törn zum Putzen und Verschönern drehte die Do X Ende August. Nach 90.000 Besuchern in Hamburg und diversen Rundflügen steuerte Horst Merz das Flugschiff am 27. August 1932 in Richtung der Halbinsel Priwall bei Travemünde an der Ostseeküste. Dort lag auf der acht Meter tiefen Pötenitzer Wiek das neue „Flender-Flugzeugdock". Es bekam jetzt zum ersten Mal das Gewicht aufgeladen, für das die Lübecker Flender-Werke es konstruiert und gebaut hatten. In zehn Tagen erledigten die erfahrenen Spezialisten und Handwerker der Travemünder Erprobungsstelle, der das Dock gehörte, die Wartungsarbeiten an der Do X.

Am 5. September startete das Flugschiff auf der Pötenitzer Wiek zur Fortsetzung seines Deutschlandflugs. Nach einem kurzen Zwischenstopp in Hamburg-Altona war jetzt der Rhein nächstes Etappenziel, und das Städtehopping begann in Duisburg. Mit 635

Die Besatzung auf dem Besuchersteg in Hamburg (12. bis 27. August 1932). Von oben nach unten: Baur, Schmid, Kiel, Christiansen, Niemann, Merz, Siller, Dorsch, Dabering, Jäger, Fischer, Brombeis und Uhland.

In Hamburg herrschte ein Andrang wie in Berlin. Wer paddeln, rudern oder segeln konnte, stattete der Do X in Hamburg auf der Außenalster einen Besuch ab.

Kilometern sollte es die zweitlängste Flugstrecke des Jahres werden. Nur von Mannheim nach Zürich, am Ende des Deutschlandflugs, wurden 100 Kilometer mehr Strecke gemacht. Der zeitlich längste Flug blieb der von Altona nach Duisburg. An der Nordseeküste entlang und den Rhein hinauf benötigte das Flugschiff vier Stunden und 26 Minuten, bis es in Deutschlands größtem Binnenhafen, in Duisburg, am 6. September landete.

Das Bemühen der deutschen Städte, sich als Landeplatz für die Do X zu präsentieren und in ein Besuchsprogramm aufgenommen zu werden, begann schon lange vor dem Überführungsflug in die USA, der in der deutschen Öffentlichkeit im Sommer 1930 als reiner Propagandaflug wahrgenommen wurde. Von Claude Dorniers Verkaufs- oder Vercharterungsabsichten in den Staaten hatte sie keine Kenntniss.

Am 6. September 1932 landete das Flugschiff im Duisburger Hafen.

Schon früh bemühte sich zum Beispiel Albert Sonntag, erster Flughafenleiter von Bonn-Hangelar, um einen Besuch des Flugschiffs mit Landung auf dem Rhein. Die Enttäuschung war groß, als die Do X am 5. November 1930 gegen 14 Uhr über Bonn nur hinwegflog. Nach der Rückkehr des Flugschiffs sah Albert Sonntag eine neue Chance und nahm die Gespräche wieder auf. Als Vorkommando erschien DFG-Direktor Milatz, um die Bonner Strom- und Uferverhältnisse am Rhein zu besichtigen. Er stimmte einer Landung in Bonn zu. Von Köln kommend traf das Flugschiff am 29. September 1932 in Bonn ein und ankerte an der ersten Fährgasse. Bereits Stunden vor der Ankunft säumten Tausende das Rheinufer in Bonn und Beuel. Die Do X verließ Bonn am 3. Oktober wieder in Richtung Koblenz, nachdem rund 20.000 Besucher an Bord über die Innenausstattung gestaunt und sich der Flugschiffbegeisterung hingegeben hatten.

Vom 7. bis 12. September konnte die Do X in Duisburg besichtigt werden, was 34.347 Menschen nutzten, um ihre Neugierde auf das Flugschiff zu stillen.

BLICK IN DAS KASSENBUCH

Da die wirtschaftlichen Zahlen des Deutschlandflugs bekannt sind, ist eine kurze Darstellung der Einnahmen- und Ausgabenbilanz von Interesse. Die gerundeten Einnahmen in einer Gesamthöhe von ca. 317.000 Reichsmark setzten sich zusammen aus: 293.000 RM aus Besichtigungen, 21.600 RM aus Flügen, 1.400 RM aus Vorträgen und 916,71 RM aus Postbeförderung. Die letzte Position bezog sich nur auf den Flug von Zürich nach Altenrhein am 14. November 1932, auf dem nochmals offiziell Post befördert wurde. Während des gesamten Deutschlandflugs gab es sonst keine Postbeförderung. Die „Posthilfsstelle Flugschiff Do X“ war ja bereits nach der Landung in Berlin im Mai 1932 vom Reichspostministerium aufgelöst worden.

Das Reich konnte trotz der nicht geringen Einnahmen dennoch nur einen mageren Überschuss von 850,55 Mark als Gewinn verbuchen. Wofür waren die rund 317.000 Reichsmark also ausgegeben worden?

Als größter Posten schlugen die Kosten für die Überholung der Flugschiffzelle und der Motoren in Altenrhein im Winter 1932/33 zu Buche. Dafür berechneten die Dornier Metallbauten GmbH der Flugschiff-Gesellschaft knapp 120.000 Reichsmark. Übrigens hatte das Deutsche Reich die Motoren für sein Flugschiff zwischenzeitlich für den stolzen Preis von rund 99.000 US-Dollar von Curtiss gekauft. Ein Reservemotor, der zu dem Paket gehörte, und die damit verbundenen Kosten geisterten noch bis 1939 als Inventarleiche durch die Lufthansa-Bücher. Die zwölf am Flugschiff installierten Motoren hatten zu diesem Zeitpunkt bereits kräftig Museumsstaub angesetzt.

Der nächste Ausgabenposten betraf die Gehälter, Löhne und Kilometer- sowie Tagegelder für die Besatzung mit 82.000 RM, Versicherungen mit 29.500 RM, Brennstoff mit 25.300 RM, allgemeine Betriebskosten mit 23.000 RM, Kartenausgabe- und Kontrollkosten mit 10.400 RM, Hilfs- und Ersatzmaterialien für Flugschiffzelle und Motoren mit 8.800 RM, Hilfs- und Ersatzmaterialien für Besichtigungen einschließlich Besichtigungssteg mit 7.600 RM, Reisekosten für das Vorkommando mit

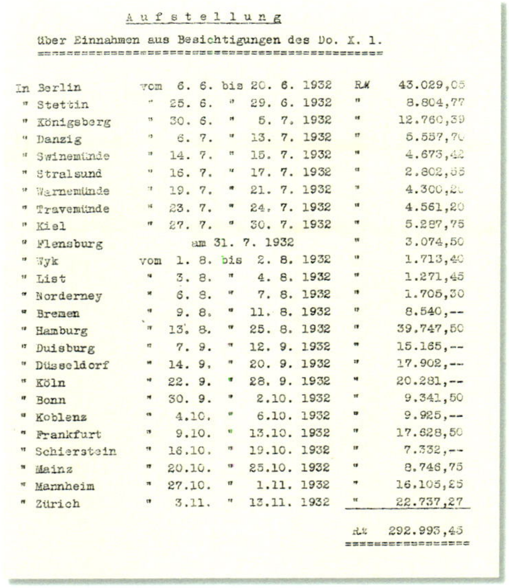

A u f s t e l l u n g

über Einnahmen aus Besichtigungen des Do. X. 1.

In Berlin	vom	6. 6.	bis	20. 6. 1932	RM	43.029,05
" Stettin	"	25. 6.	"	29. 6. 1932	"	8.804,77
" Königsberg	"	30. 6.	"	5. 7. 1932	"	12.760,39
" Danzig	"	6. 7.	"	13. 7. 1932	"	5.557,70
" Swinemünde	"	14. 7.	"	15. 7. 1932	"	4.673,42
" Stralsund	"	16. 7.	"	17. 7. 1932	"	2.802,55
" Warnemünde	"	19. 7.	"	21. 7. 1932	"	4.300,2[illegible]
" Travemünde	"	23. 7.	"	24. 7. 1932	"	4.561,20
" Kiel	"	27. 7.	"	30. 7. 1932	"	5.287,75
" Flensburg		am 31. 7. 1932			"	3.074,50
" Wyk	vom	1. 8.	bis	2. 8. 1932	"	1.713,40
" List	"	3. 8.	"	4. 8. 1932	"	1.271,45
" Norderney	"	6. 8.	"	7. 8. 1932	"	1.705,30
" Bremen	"	9. 8.	"	11. 8. 1932	"	8.540,--
" Hamburg	"	13. 8.	"	25. 8. 1932	"	39.747,50
" Duisburg	"	7. 9.	"	12. 9. 1932	"	15.165,--
" Düsseldorf	"	14. 9.	"	20. 9. 1932	"	17.902,--
" Köln	"	22. 9.	"	28. 9. 1932	"	20.281,--
" Bonn	"	30. 9.	"	2.10. 1932	"	9.341,50
" Koblenz	"	4.10.	"	6.10. 1932	"	9.925,--
" Frankfurt	"	9.10.	"	13.10. 1932	"	17.628,50
" Schierstein	"	16.10.	"	19.10. 1932	"	7.332,--
" Mainz	"	20.10.	"	25.10. 1932	"	8.746,75
" Mannheim	"	27.10.	"	1.11. 1932	"	16.105,25
" Zürich	"	3.11.	"	13.11. 1932	"	22.737,27
					RM	292.993,45

Diese Aufstellung der Einnahmen durch Besichtigungen gibt auch die Termine der einzelnen Stationen des Deutschlandflugs wieder.

Ganz kurz nach einer Landung auf dem Rhein. Das Festmacherkommando steht bereit und wartet auf Anweisungen.

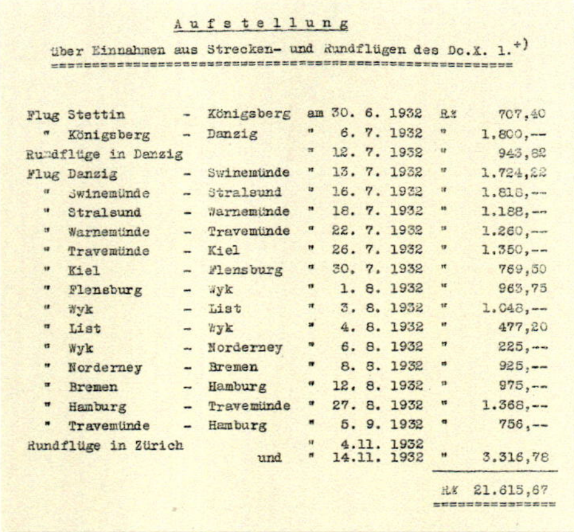

A u f s t e l l u n g

über Einnahmen aus Strecken- und Rundflügen des Do.X. 1.+)

Flug Stettin	-	Königsberg	am	30. 6. 1932	RM	707,40
" Königsberg	-	Danzig	"	6. 7. 1932	"	1.800,--
Rundflüge in Danzig			"	12. 7. 1932	"	943,82
Flug Danzig	-	Swinemünde	"	13. 7. 1932	"	1.724,22
" Swinemünde	-	Stralsund	"	16. 7. 1932	"	1.818,--
" Stralsund	-	Warnemünde	"	18. 7. 1932	"	1.188,--
" Warnemünde	-	Travemünde	"	22. 7. 1932	"	1.260,--
" Travemünde	-	Kiel	"	26. 7. 1932	"	1.350,--
" Kiel	-	Flensburg	"	30. 7. 1932	"	769,50
" Flensburg	-	Wyk	"	1. 8. 1932	"	963,75
" Wyk	-	List	"	3. 8. 1932	"	1.048,--
" List	-	Wyk	"	4. 8. 1932	"	477,20
" Wyk	-	Norderney	"	6. 8. 1932	"	225,--
" Norderney	-	Bremen	"	8. 8. 1932	"	925,--
" Bremen	-	Hamburg	"	12. 8. 1932	"	975,--
" Hamburg	-	Travemünde	"	27. 8. 1932	"	1.368,--
" Travemünde	-	Hamburg	"	5. 9. 1932	"	756,--
Rundflüge in Zürich		und	"	4.11. 1932 / 14.11. 1932	"	3.316,78
					RM	21.615,67

Aufstellung über Einnahmen durch Strecken- und Rundflüge beim Deutschlandflug 1932.

6.800 RM und schließlich 6.200 RM Umsatzsteuer auf Besichtigungs- und Flugeinnahmen.

Wenn auch keine überwältigenden Gewinne erzielt werden konnten, war es insgesamt ein doch kostendeckendes erstes Geschäftsjahr für die Deutsche Flugschiff Gesellschaft.

Bevor Horst Merz das Flugschiff zur Generalüberholung ins Winterlager nach Altenrhein steuerte, wurde die Besatzung nochmals begeistert gefeiert. Am 2. November 1932 flog die Do X für einen zehntägigen Aufenthalt von Mannheim nach Zürich. Einem euphorischen Empfang folgte der schon übliche Besucherandrang. Zahlreiche Rundflüge ließen die Kasse klingeln wie nie zuvor.

In Zürich arrangierte sich die DFG mit den schweizerischen Postbehörden. Auf dem 47-minütigen Flug von Zürich nach Altenrhein am 14. November 1932 gab es offizielle Beförderung von zivilen und militärischen Postsendungen aus der Schweiz sowie Zulieferpost aus Liechtenstein und dem Vatikan. Die Flugschiffgesellschaft konnte als Einnahmen aus der Postbeförderung einen Erlös von 1.078,48 RM abzüglich 161,77 RM Agenturprovisionen verbuchen; gegenüber den Erlösen von 26.054,05 RM aus Besichtigungen und Rundflügen in Zürich dennoch ein bescheidener Betrag.

Galaempfang der Bonner Stadtverwaltung für die Do-X-Besatzung im Hotel „Königshof".

Die Do X vor dem Kölner Dom am 21. September 1932.

LUFT HANSA ÜBERNIMMT DO X

Der Rummel um die Do X sollte noch zu steigern sein. Das meinte jedenfalls die Deutsche Luft Hansa AG und vereinbarte mit dem Reichsverkehrsministerium die Übernahme des Flugschiffs zum 30. April 1933. Sie plante für dieses Jahr Europaflüge in der Hoffnung, auf dem gesamten Kontinent ähnlich großes Interesse für die Do X zu wecken wie in Deutschland. Das bedeutete auch das geschäftliche Ende der Flugschiffgesellschaft. Sie tätigte in den nächsten Jahren keine Geschäfte mehr, die Gesellschaftsanteile der Direktoren Milatz und Schulte-Frohlinde gingen am 2. Juli 1934 in den Besitz der Dornier Metallbauten über, und es verblieb lediglich der GmbH-Mantel.

Im März 1933 konkretisierte die Luft Hansa ihre Pläne für das Flugschiff: „*Die Do X wird in diesem Sommer einen Europaflug unternehmen. Flugkapitän Merz, der in den bei-*

Friedrich Christiansen

– KOMMANDANT AUF DEN TITELSEITEN –

Friedrich Christiansen erhielt bereits am 11. Dezember 1917 die Ehrenbürgerwürde seines Heimatortes Wyk auf Föhr, nachdem ihn Kaiser Wilhelm II. mit der höchsten preußischen Tapferkeitsauszeichnung, dem Orden Pour le Mérite, ausgezeichnet hatte. Viele Jahre hieß daraufhin die „Große Straße" in Wyk, vom Glockenturm hinunter zur Königstraße, „Friedrich-Christiansen-Straße". Hätte er nicht auch in den zwölf Jahren des Nationalsozialismus eine herausragende Position innegehabt, wäre es vielleicht dabei geblieben. Heute flanieren die Bürger und Urlauber jedoch wieder auf der „Großen Straße", und Friedrich Christiansen, der am 3. Dezember 1972 in Aukrug-Innien verstarb, ist in Vergessenheit geraten.

Das sah im August 1932 noch ganz anders aus, wie die Wykerin Karin de la Roi-Frey in ihren Erinnerungen „Wozu braucht ein Mädchen einen Schreibtisch?" schrieb: *„Sechs Jahre alt war Großmutters Sohn Otto, als er 1932 an einem frischen Augusttag zum Sandwall hinunterlief, um eines der beeindruckendsten Ereignisse in der Geschichte Föhrs mitzuerleben, das ihm für immer unvergessen bleiben sollte. Eine Chronik berichtet: ‚Das sonst so ruhige Wyk, der liebliche kleine Badeort, ist in festlicher Aufregung. Die Landleute verlassen die Erntearbeit, alles strömt zum Wyker Strand, wo sich gegen Mittag alles, was Beine hat, in erwartungsvoller Stimmung versammelt. Die Häuser sind beflaggt und geschmückt, und keiner entsinnt sich, jemals so viele Menschen am Strand gesehen zu haben.' Sie warteten alle auf Friedrich Christiansen, der mit seiner Do X den Atlantik überquert hatte und damit bis in alle Ecken der Erde bekannt geworden war. Und dieser ‚Föhrer Junge' sollte nun mit seinem Großraumflugzeug der Firma Dornier auf der Nordsee vor Wyk landen! Immer wieder erzählte mein Vater im Laufe seines Lebens von diesem unglaublichen Moment, als ein tiefes Brausen in der Luft die Ankunft Friedrich Christiansens und seiner Do X ankündigte, die kurz darauf von einer jubelnden Menge am Himmel gesichtet und begrüßt wurde. Über dieses Erlebnis hinaus hatte mein Vater, dessen Konfirmation während des Zweiten Weltkrieges stattfand, noch eine ganz persönliche Erinnerung an den Do-X-Kapitän Christiansen. Vaters ohnehin schon einfaches und sparsames Elternhaus mußte sich während dieser Jahre noch mehr einschränken, und es war meiner Großmutter unmöglich, ihrem Ältesten einen Konfirmationsanzug zu nähen oder gar zu kaufen. Dabei wäre es wohl auch geblieben, hätte es Friedrich Christiansen nicht gegeben, dessen Name von meinem Vater seither mit einer gewissen Dankbarkeit genannt wurde. Seit dem Einmarsch der Deutschen in den Niederlanden war der ehemalige Do-X-Kapitän (als Wehrmachtsbefehlshaber der besetzten Niederlande) zuständig für die Evakuierung, Räumung und ‚Säuberung' bestimmter Orte, Straßen und Häuser. Teile des auf diese Weise zurückgelassenen Eigentums brachte Friedrich Christiansen auf seine Heimatinsel und ließ es an Bedürftige verteilen. Und so bekam mein Vater doch noch einen Konfirmationsanzug. Erst viele Jahre später, nachdem ich diese Geschichte das erste Mal gehört und die ‚Friedrich-Christiansen-Straße' wegen der Verfehlungen ihres Namensgebers wieder in ‚Große Straße' umbenannt worden war, wagte ich meinen Vater zu fragen, ob ihm nicht einmal der Gedanke gekommen sei, welcher Junge wohl vor ihm den Anzug getragen hat."*

Friedrich Christiansen mit seiner heiß geliebten Baskenmütze vor dem Namenszug seines Flugschiffs mit Bekannten in Mainz.

Friedrich Christiansen wurde am 12. Dezember 1879 als Sohn einer alteingesessenen Kapitänsfamilie im beschaulichen Badeort Wyk auf der nordfriesischen Insel Föhr in Schleswig-Holstein geboren. Die Männer der Familie Christiansen fuhren aus Tradition zur See, und nach Besuch einer Wyker Bürger- und Privatschule trat auch Friedrich Christiansen schon mit fünfzehn Jahren als Schiffsjunge bei der Handelsmarine ein. Seine erste Südamerikareise erlebte er bereits als Sechzehnjähriger mit dem Vollschiff PARCHIM. Es folgten die Hamburger Navigationsschule mit dem Offiziersexamen im Jahr 1900 und die Anmusterung auf dem größten Vollschiff des Deutschen Kaiserreichs, dem Fünfmaster PREUSSEN, als Zweiter Offizier. Nach weiterer Ausbildung bestand er 1904 das Examen als Kapitän auf großer Fahrt (Patent AC). „Krischan", wie ihn gute Freunde weiterhin nannten, entdeckte seine Vorliebe für Technik. 1913 machte er den Automobilführerschein 3b. In diesem Jahr lernte er durch Zufall auch Carl Caspar kennen, den späteren Gründer des Caspar-Flugzeugbaus in Travemünde-Priwall. Caspar leitete damals die „Centrale für Aviatik" und hatte in Hamburg die „Hansa-Flugzeugwerke" mit ins Leben gerufen. Er sorgte dafür, dass der Seemann Friedrich Christiansen als Schüler des Flugpioniers Wilhelm Krumsiek auf einer 100 PS starken Hansa-Taube das Fliegen lernte. Am 27. März 1914 hielt „Krischan" den Flugzeugführer-Ausweis Nr. 707 in Händen, und seitdem war er der Fliegerei verfallen. Er musterte als Schiffsoffizier ab, „zu Gunsten vager Luftprojekte", wie er selber sagte, und bildete fortan Flugzeugführer aus. Auch nahm er an zahlreichen Wettbewerben und Flugtagen teil.

Mit Ausbruch des Ersten Weltkriegs wurde der inzwischen 35-Jährige, damals einer der wenigen Flugzeugführer mit Flugerfahrung über offener See, zur Seeflugstation Kiel-Holtenau eingezogen und bildete dort Piloten aus. Trotz seines für Frontflieger überdurchschnittlichen Alters packte ihn, wie so viele in dieser Zeit, der Wunsch, an die Front zu gelangen. Im Januar 1915 erreichte er daraufhin seine Versetzung zur Seeflugstation Zeebrügge (Flandern). Bis Kriegsende blieb er dort stationiert und stieg vom Unteroffizier zum hochdekorierten Kapitänleutnant mit 27 Luftsiegen auf. Christiansen wurde der taktische Lehrmeister der deutschen Seefliegerei. Er war aber auch ein Meister der Aufklärung über See. Wo immer er mit seinen Kameraden Theo Osterkamp (1892–1975) und Gotthard Sachsenberg (1891–1961) am Himmel über der See erschien, blieb die deutsche Luftherrschaft unbestritten. „*Unser Feind, der sehr geschickt durch Oberleutnant Christiansen geführt wurde, bewies bei seinen Unternehmungen außerordentliche Tapferkeit und Klugheit. Dieser Offizier war Seemann von Beruf, daneben ein vollendeter Flieger, ein ausgezeichneter Schütze und Sportsmann*", so englische Berichte über den erfolgreichen Gegner. Mit 440 Feindflügen und zusammen 1.164 Flugstunden avancierte Friedrich Christiansen am 16. September 1917 zum Stationsleiter der Seeflugstation Flandern. Auf Grund seiner fliegerischen Fähigkeiten, seiner Führungsqualitäten und seiner immer wieder bewiesenen persönlichen Tapferkeit beförderte ihn Kaiser Wilhelm II. Ende September 1918 zum Kapitänleutnant d. R. der Matrosenartillerie.

Kapitän Christiansen im Führerraum der Do X.

Nach einem Zwischenspiel bei der Marinebrigade von Löwenfeld und in der Caspar'schen Flugzeugfabrik auf dem Priwall flog Friedrich Christiansen nach dem Ersten Weltkrieg nach Norwegen. Mit einer nach seinen Vorstellungen konstruierten Maschine spürte er dort sehr erfolgreich Herings- und Sardinenschwärme auf, an die er die Fischer mit ihren Booten heranführte.

Ein ähnliches Projekt in der Nordsee aufzuziehen, gelang ihm jedoch nicht, und so kehrte er 1923 zur christlichen Seefahrt zurück, zuerst als Kapitän des Postdampfers NORDFRIESLAND und ab 1924 als Kapitän auf dem Motorschiff RIO BRAVO. Er steuerte das schmucke Fracht- und Passagiermotorschiff der Flensburger Ozean-Linie über den Mittelatlantik. Mit Fracht, 88 Passagieren Erster Klasse und 73 Besatzungsmitgliedern pendelte die RIO BRAVO etwa fünf Mal pro Jahr zwischen Hamburg und Mexiko oder Texas hin und her. Auch England und Kuba gehörten zu den Stationen auf diesen Reisen, die Christiansen bis 1929 pflichtbewusst absolvierte.

TAGEGELDER RM 26.399,28.

Die der Besatzung des Flugschiffes während des Deutschlandfluges gezahlten Tagegelder betrugen:

für Kapitän Christiansen	RM 20,--	pro Tag	einschl.	Übernachten	
" Navig. Offizier Niemann"	14,--	"	",	"	"
" Funk- " Henry Kiel	}				
" Ingenieur Siller	} " 12,--	"	"	"	"
" Flug-Kapitän Merz	} je Kopf				
" Kapitän Sönnichsen	RM 14,--	"	"	"	"
" Kassierer Uhland	" 16,--	"	"	"	".

Den Bordmonteuren wurden RM 12,-- pro Tag und Kopf an Tagegeldern gezahlt.

Bei dem Aufenthalt in Zürich wurden Tagegelder von sfrs.31,--, sfrs.22,--, sfrs.18,-- und sfrs.15,-- gezahlt (November 1932).

Die Hierarchie innerhalb der Besatzung der Do X kommt in dieser Aufstellung der Tagegelder während des Deutschlandflugs zum Ausdruck.

Doch auch während dieser Zeit pflegte er sein großes Interesse für die Fliegerei. Als er von Claude Dorniers Plänen bezüglich der Do X erfuhr, reiste er zwischen seinen Törns mehrmals nach Friedrichshafen, um sich persönlich über den Baufortgang und Entwicklungsstand zu informieren. Dornier und Christiansen schätzten sich, und der Konstrukteur bot ihm in Absprache mit dem Reichsverkehrsministerium den Kommandantenposten an.

Ein Vorschlag von „Krischan", dem alten Seebären, faszinierte die Luftfahrtleute besonders: Man solle das Flugschiff international wie ein Seeschiff deklarieren. Friedrich Christiansen berichtet selbst: „*Dieses Flugschiff war als Versuchs- und Erprobungsschiff für den Großluftverkehr geschaffen worden. Diesem Luftverkehr über Länder und Meere standen insofern Schwierigkeiten entgegen, als es damals noch besonders schwierig war, die Erlaubnis zum Überfliegen fremder Hoheitsgebiete zu bekommen. Da das Schiff hauptsächlich über den Ozean fliegen sollte, so sagte ich mir, kannst du fremde Hoheitsgebiete vermeiden. Die Meere gehören ja allen. Wenn du dann aber an der Küste in die Dreimeilenzone kommst, gehst du auf das Wasser nieder und fährst genau wie ein Seefahrzeug in den Hafen ein. Es gibt ja die Bestimmung, die besagt, daß jedes Fahrzeug, das sich auf dem Wasser mit eigener Kraft fortbewegt, ein Schiff ist. In Fortsetzung dieses Gedankenganges legte ich also beim Hamburger Seemannsamt eine Musterrolle an, wie man sie für jedes Schiff anlegt. Und ich heuerte meine Besatzung an, wie man als Kapitän seine Leute anmustert. Ich mußte mit meiner Musterrolle erst noch einmal beim Hamburger Senat vorstellig werden. Die Herren standen mir zunächst etwas fassungslos gegenüber, doch dann verwies ich auf das internationale Seefahrtsrecht und beanspruchte für das fliegende Schiff dieselben Rechte wie für andere Schiffe ... Das Hamburger Seemannsamt hat mir durch diese Musterrolle damals im Auslande über manche Klippe hinweggeholfen; denn wenn die Luftfahrtbestimmungen Schwierigkeiten machten, war ich eben ein Schiff, bewiesen durch die Musterrolle.*"

Alle wichtigen Daten des Flugschiffs und der Besatzungsmitglieder kamen als Eintrag in die Musterrolle, die zu den Schiffspapieren gehörte, und jedes Besatzungsmitglied erhielt ein Seefahrtsbuch. In ihm vermerkte das Seemannsamt persönliche und alle Reisedaten. Das Seefahrtsbuch von Bordwart Ernst Brombeis für die zweite Atlantiküberquerung ist erhalten. Dort bescheinigte Wilhelm Niemann in Vertretung von Kapitän Christian-

Kapitän Sönnichsen (rechts), hier mit Bekannten, gehörte nicht von Anfang an zur Deutschlandflug-Besatzung der Do X.

Einige Besatzungsmitglieder in Wiesbaden am 16. Oktober 1932 (von links nach rechts): Dabering, Dorsch, Fischer, Brombeis, Kiel, Christiansen, Schmid, Niemann, Siller, Uhland.

sen am 21. November 1932 die Abmusterung von Brombeis und die Dienstzeit während der „Atlantik- und Deutschlandflüge" vom 19. April bis 14. November 1932 mit einer Dienstzeit von 6 Monaten und 25 Tagen, mit der Bestätigung des Seemannsamtes zugleich Rentenversicherungsnachweis für Ernst Brombeis. Üblicherweise stand im Seefahrtsbuch auch die monatliche Heuer. Neben einem eher geringen Grundgehalt bekamen die Besatzungsmitglieder Tages- und Kilometergelder, die sich nach Position und Aufgabe staffelten. Einige der Offiziere der Schiffsleitung bezogen ihr Gehalt von ihren Mutterfirmen, wie Niemann von der Hamburg-Amerika-Linie, Funkoffizier Kiel von der DEBEG und Flugzeugführer Merz von der Luft Hansa.

Die Hierarchie und den Dienst auf der Do X organisierte Friedrich Christiansen wie auf einem Seeschiff. Ständige Wachen mit einem Offizier und zwei Mann gehörten genauso dazu wie die Einsetzung von Wilhelm Niemann zu seinem Vertreter und Ersten Offizier an Bord. Die nächste Ebene der Offiziere war gleichberechtigt, das galt für Piloten, Funker und Maschineningenieure. Auch wenn Horst Merz es in späteren Jahren gern anders darzustellen versuchte: das Kommando an Bord hatte Kommandant und Kapitän Friedrich Christiansen. Pilot Merz ist lediglich auf Anweisung geflogen, und das auch nicht auf allen Teilen der Strecke. Wie wir wissen, war die Do X während ihrer gut zweijährigen Reise vom 5. November 1930 bis zum 14. November 1932 die meiste Zeit auf dem Wasser oder an Land. Für die insgesamt zurückgelegte Flugstrecke von 43.482 Kilometern benötigte das Flugschiff 257,61 Stunden, also nur knapp 11 Tage reine Flugzeit.

Friedrich Christiansen (Mitte) mit Ernst Heinkel (rechts) in Warnemünde 1933.

den letzten Jahren bekanntlich als 1. Führer die Do X zweimal über den Atlantischen Ozean geführt hat, ist auf dem geplanten Europaflug mit der alleinigen Führung des Flugschiffes beauftragt. Vorläufig wurde als Flugweg vorgesehen eine südliche Flugroute, die vom Bodensee aus über den Starnberger See bei München, Passau, die Donau abwärts nach Wien und Budapest führen soll. Anschließend ist ein Flug in die Schweiz vorgesehen. Sodann wird der 12-motorige Riese den Rhein abwärts nach Essen fliegen und von dort wahrscheinlich den skandinavischen Ländern und Ostseestaaten einen Besuch abstatten. Nach einem Flug über Ostpreußen und Danzig wird Do X in Berlin auf dem Wannsee landen. Von Berlin aus führt die Route über die Elbe zum Rhein und dann rheinaufwärts über Worms, Karlsruhe zurück nach Friedrichshafen, wo die Landung im Herbst erfolgen dürfte.

Rheinuferpanorama in Koblenz-Pfaffendorf, vom 3. bis 7. Oktober 1932 die 19. Station des Flugschiffs auf seiner Deutschlandtour.

Das weltbekannte Flugschiff erfreute sich im vorigen Jahr so starken allgemeinen Interesses und die Einladungen vieler Städte waren so zahlreich eingelaufen, daß ein solches umfangreiches Programm unmöglich durchgeführt werden konnte. Deshalb wird das Flugschiff Do X nunmehr im Dienste der Luft Hansa all den Orten seinen Besuch machen, welche in vorigem Jahr vergeblich darauf warteten. Örtlich sind jeweilig Besichtigungen, Rund- und Touristikflüge mit dem Flugschiff vorgesehen, das 66 Fluggästen Platz bietet. Die Besatzung besteht aus insgesamt 16 Köpfen.“

Diese Broschüre warb für die geplanten Europaflüge 1933.

Die Liste der Besatzungsmitglieder während der geplanten Flüge der Do X unter Regie der Luft Hansa ist kaum bekannt. Doch eine „Ausführliche Illustrierte Beschreibung“ des Luftfahrtunternehmens für „Das erste Flugschiff der Welt Do X“ fasste interessante Informationen für die Fluggäste des Europaflugs 1933 zusammen. Dem 12-seitigen Prospekt zufolge bestand die Besatzung aus Flugkapitän Dipl.-Ing. Horst Merz, Kommandant und erster Führer, dem Flugzeugführer Urban als zweitem Führer, Ing. Siller als leitendem Ingenieur sowie Flugzeugfunker Friedel. Prömel hieß der Schiffszahlmeister. Weiterhin

In Wiesbaden-Schierstein besuchten von 16. bis 19. Oktober genau 16.539 Menschen Deutschlands Techniksensation des Jahres 1932.

Auf diesem bekannten Foto der Do X ist bei genauer Betrachtung der Schriftzug der Luft Hansa am Bug zu erkennen. Die ursprünglich schwarz-weiße Aufnahme vom Starnberger See wurde erst nach dem Zweiten Weltkrieg nachkoloriert und zu einem beliebten Postkartenmotiv.

gehörten zur Besatzung: Bootsmann Ploog, die Motorenwarte Schmidt, Jäger, Bauer, Dorsch, Straub, Goos und Groeber sowie Steward Knackfuß und Bordfotograf Bundermann. Die schwierige Aufgabe der Werbung für den Europaflug lag in den Händen des Luft-Hansa-Werbeleiters Angermund als „Superkargo der Do X“.

Zum 1. Mai 1933 gab es noch eine Eintragungsänderung in der Deutschen Luftfahrzeugrolle für das Erkennungszeichen D-1929. Dort hieß es: „Typ: Do X, Zulassung: Oktober 1930, Eigentümer: ab Mai 1933 Deutsche Luft Hansa AG“. Bis dato fungierte die Deutsche Versuchsanstalt für Luftfahrt in Berlin-Adlershof, also das Deutsche Reich, als Eigentümerin. Im Winterlager in Altenrhein hatte man unterdessen dem Flugschiff einen neuen Anstrich mit dem Schriftzug der Luft Hansa am Bug verpasst.

Selbst bei strömendem Regen warteten die Besucher in Mainz am 21. Oktober 1932 geduldig auf den Einlass zur Besichtigung.

Auch die Reichspost kündigte den Europaflug in ihrem Amtsblatt an: „*Die Deutsche Luft Hansa AG wird mit dem Flugschiff Do X demnächst Europaflüge unternehmen, in deren Verlauf auf den von Deutschland nach dem Ausland führenden Flugstrecken Post befördert werden soll. Es sind vorläufig folgende Flüge mit Postbeförderung in Aussicht genommen: a) Passau-Budapest, ab Passau voraussichtlich am 12. Mai, b) Passau-Zürich, ab Passau voraussichtlich am 29. Mai ... Postsendungen für das Flugschiff Do X sind unter Umschlag gegen die gewöhnliche Freigebühr an das Postamt Passau einzusenden. Aufschrift für diese Sammelsendungen: ‚Sendungen für das Flugschiff Do X – Postamt Passau –‘. Stempel: Das Postamt Passau entwertet die auf den Postsendungen befindlichen Freimarken mit seinem Aufgabestempel. Außerdem erhalten sämtliche Sendungen den Abdruck eines für den jeweiligen Flug vorgesehenen Sonderstempels.*“ Alles war geordnet und vorbereitet, und in Passau erwartete man die Do X mit ihrem neuen Kommandanten und Flugzeugführer Horst Merz.

Mannheim, letzte Station auf deutschem Boden mit riesigem Besucheransturm. In sechs Tagen betraten über 36.000 Menschen das Flugschiff über die mobile Steganlage. Bei zwei Triebwerken sind die Motorendeckel hochgeklappt.

Zeitdokument

Gäste des Hotels St. Peter in Zürich nahmen während des Do-X-Postflugs in der Schweiz im November 1932 die Gelegenheit wahr, mit dem Flugschiff einen Rundflug über Zürich zu unternehmen. Als Erinnerung wurde dieser schmuckvolle Beleg angefertigt, der neben Post- und privaten Stempeln auch die Unterschriften von Kapitän Christiansen und Offizier Niemann trägt.

DER FÜHRER IM FÜHRERRAUM

In Warnemünde und in Starnberg bekam das Flugschiff speziellen Besuch. Adolf Hitler besuchte in Warnemünde (mit Friedrich Christiansen und links etwas verdeckt Wilhelm Niemann) als Führer der NSDAP und in Starnberg als neuer Reichskanzler das Flugschiff und seine Besatzung.

Horst Merz nahm Ende April 1933 in Altenrhein wieder seinen alten Pilotenplatz ein. Er erinnerte sich später an ein ganz spezielles Erlebnis in den ersten Tagen seiner Schiffsführung, als Adolf Hitler, der die Do X zuvor bereits im Juli 1932 in Warnemünde besichtigt hatte, am Starnberger See anlässlich des Beginns der Flugsaison erneut zu Gast an Bord des Flugschiffs war: *„Ich hatte Do X als Kommandant und Flugzeugführer übernommen und allen ‚Unmöglich!' zum Trotze in fünf Tagen wieder in Dienst gestellt. Wie geplant flogen wir am 29. April vom Bodensee zum Starnberger See, wo für den Nachmittag Rundflüge angesetzt waren. Während einer kurzen Pause, die wir nach einem Anlegemanöver am Undosabad einlegten, bemerkte ich an Land eine große Erregung. Heilrufe und erhobene Grußhände. Der Führer Adolf Hitler kam!"*

Zulieferpost aus Liechtenstein für den Do-X-Postflug in der Schweiz (Zürich–Altenrhein). Die Karte wurde in Vaduz am 12. November 1932 aufgegeben und ging via Staad (14. November) nach Bern.

Nachdem die Besatzung den Reichskanzler mit „Hipp, Hipp, Hurra!", dem traditionellen Schlachtruf der Do-X-Besatzung begrüßt hatte, betrat Hitler als erster Fluggast dieses Jahres das Flugschiff und trug sich in das Gästebuch ein. Horst Merz, der seit 1922 Mitglied der NSDAP war und Hitler bereits 1932 in Warnemünde persönlich kennengelernt hatte, ermöglichte dem Gast anschließend, kurzzeitig die Do X zu steuern: *„Nach dem Start ließ ich bei ihm anfragen, ob er in den Führerraum kommen wolle, wo ich den Sitz des zweiten Flugzeugführers für ihn freigemacht hatte. Er kam und saß 40 Minuten rechts von mir am Doppelsteuer. Hier hatte ich so recht Gelegenheit, ihn selbst und sein großes Wohlwollen und Verständnis für die Fliegerei zu sehen: Alle Instrumente wurden aufmerksam beobachtet, die Spanten abgefühlt, wie groß die von den Motoren hervorgerufenen Erschütterungen seien, ja sogar einmal für Minuten das Steuer selbst geführt."*

Eingeschriebener Brief ab Vatikan, der am 8. Oktober 1932 aufgegeben wurde. In Zürich wurde ein weiterer Einschreibezettel aufgebracht. Ab Vatikan ist nur dieser Beleg bekannt.

Der Rundflug führte über München und den Ammersee zurück zum Starnberger See. Beeinflusst vom Zeitgeist des Nationalsozialismus enden die Erinnerungen von Horst Merz: *„Nach einer richtigen ‚Hitlerlandung' auf dem Starnberger See, deren Weichheit ihn sehr in Erstaunen setzte, hatte ich noch Gelegenheit, ihm die Einzelheiten unseres Schiffes zu zeigen."*

Freiherr von Gablenz

– PIONIER DER VERKEHRSFLIEGEREI –

Als Spross einer alten preußischen Offiziersfamilie und Sohn des Generals Heinrich Freiherr von Gablenz war für den am 13. Oktober 1893 geborenen Carl August der Lebensweg vorgezeichnet. Nach dem Abitur trat er 1913 in das Kaiser-Alexander-Garde-Grenadier-Regiment Nr. 1 ein und erlebte den Beginn des Ersten Weltkriegs als Infanterieleutnant. Nach einer Schussverletzung kam er zur Flieger-Ersatz-Abteilung 1 als Beobachter. Bald wechselte er vom Beobachter- auf den Führersitz und flog am Ende des Krieges einen der wenigen viermotorigen deutschen Großbomber.

Seit Sommer 1919 als Flugzeugführer im Dienst der Deutschen Luft-Reederei, wechselte er 1924 zu Junkers-Luftverkehr nach Dessau. Als sich die Luftverkehrsgesellschaften Deutscher Aero-Lloyd und Junkers-Luftverkehr 1926 zur Deutschen Luft Hansa zusammenschlossen, wurde von Gablenz der erste Flugbetriebsleiter des aufstrebenden Unternehmens. Er entwickelte die Grundlagen des modernen Instrumentenflugs und setzte sich mit konsequenter Blindflugschulung gegen den massiven Widerstand der Traditionalisten unter den Piloten durch. Mit seinem Engagement für die Ausbildung zum Blindflug, dem Flug bei jedem Wetter und zu jeder Tages- und Nachtzeit, konnte sich die Deutsche Luft Hansa einen bedeutenden Vorsprung sichern. Sie baute ein europäisches Nachtpoststreckennetz auf und beflog es viele Jahre lang als einzige Gesellschaft.

1933 in den Vorstand der Luft Hansa berufen, setzte sich von Gablenz in den folgenden Jahren maßgeblich für den Ausbau des Atlantikluftverkehrs ein. Er selbst führte die ersten Erkundungsflüge über den Nord- und Südatlantik durch und sorgte 1934 für die Aufnahme eines regelmäßigen Flugdienstes nach Südamerika. Mit der Hilfe des Flugzeugkatapultschiffes WESTFALEN brachten die Postflüge nach Brasilien der Deutschen Lufthansa große internationale Anerkennung ein.

Mit dem „Pamirflug“ von 1937, der der Erschließung des Luftverkehrs nach China dienen sollte, gelang der Besatzung der Junkers JU 52 D-ANOY eine fliegerische Meisterleistung. Am 24. August landeten Lufthansa-Direktor und Co-Pilot von Gablenz, Flugkapitän Robert Untucht und Oberfunkermaschinist Karl Kirchhoff im chinesischen Sian, heute Xi'an. Der Rückflug wurde zum Abenteuer. Wegen einer Störung am linken Motor musste eine unvorhergesehene Zwischenlandung in der Oase Chotan im Tarim-Becken eingelegt werden. Soldaten tauchten auf und ließen die Besatzung vier Wochen in der Zitadelle von Chotan schmoren. Erst nach internationaler Suchaktion und diplomatischer Intervention der Reichsregierung kamen die Flieger frei. Die Rückreise führte wiederum über das „Dach der Welt“ nach Berlin-Tempelhof, wo man am 3. Oktober 1937 eintraf und begeistert begrüßt wurde.

Bei Ausbruch des Zweiten Weltkriegs Oberstleutnant und Kommodore eines Transportgeschwaders, übernahm Freiherr von Gablenz das Kommando der Blindflugschulen und schließlich die gesamte Leitung des Lufttransportwesens der Luftwaffe. Als Chef des Planungsamtes beim Generalluftzeugmeister im Reichsluftfahrtministerium am 1. Oktober 1941 zum Generalmajor befördert, steuerte er am 21. August 1942 eine Siebel Si 204 auf einem Dienstflug von Berlin nach Süddeutschland. Bei Mühlberg an der Elbe, nördlich von Dresden, stürzte seine Maschine ab. Die genauen Umstände sind bis heute nicht geklärt.

Im November 1932 war die Do X auf dem Zürichsee zu bewundern. In Zürich wurden zahlreiche Rundflüge durchgeführt.

BRUCHLANDUNG IN PASSAU

Vom Starnberger See ging es über Prien am Chiemsee zum Kachlet-Schalding-Stausee in der Nähe von Passau, wo das Flugschiff am 9. Mai 1933 am späten Nachmittag landen sollte. In Prien hatte sich der Start verzögert, und so warteten hunderte neugieriger Zuschauer am Ufer des Stausees ungeduldig auf das Flugschiff. Gegen 18.15 Uhr kam Unruhe auf. Die schwarzen Wolken und das Donnergrollen westlich von Passau versprachen in den nächsten Minuten einen Schauer, der es in sich haben würde. Bei Gewitter würde in freiem Gelände und dazu noch direkt am Wasser nicht gerade der angenehmste Platz sein. Wie ein weißer, großer Donnervogel zog jedoch plötzlich die Do X vorbei. Nach einer Kurve, um die maximale Länge des Stausees als Landestrecke zu nutzen, schwebte sie den Wartenden entgegen. Der See lag spiegelglatt unter dem energisch sinkenden Flugschiff. Kein Lüftchen regte sich in der aufgeladenen Gewitteratmosphäre kurz vor dem losbrechenden Sturm.

Das Flugschiff im November 1932 bei Zürich.

Die Do X berührte die Wasseroberfläche etwas angestellt und machte einen kurzen Satz von etwa einem Meter Höhe, bevor sie aufsetzte. Das Wasser stob hinter dem Schiff auseinander, und die Zuschauer trauten ihren Augen nicht, als die Gischt sich verzog. Das Leitwerk war weg. *„Herr Merz, wir haben ja keinen Schwanz mehr!“*, bemerkte Flugkapitän Walter Urban lapidar zu seinem Kommandanten auf dem linken Führersitz. Horst Merz saß wie versteinert da. *„Wieso bloß, war ich zu schnell? Bei der Gewittersituation musste ich schnell landen!“*, wird ihm durch den Kopf geschossen sein. Diese Fragen würde das so genannte Bruchgericht der Luft Hansa klären müssen.

Do X bei der missglückten Wasserung auf dem Kachlet-Schalding-Stausee bei Passau.

„Bei dem geplanten Europaflug des Do X hat das Flugschiff bei der ersten Etappe durch eine harte Landung in Passau Beschädigungen erlitten. Obwohl diese nicht als schwerwiegend bezeichnet werden, wird die Reparatur aus Mangel an Einrichtungen zum Docken des Flugschiffes in Passau zwei Monate in Anspruch nehmen. Der Rundflug wird daher für dieses Jahr nur nach Wien, Budapest und der Schweiz durchgeführt“, meldete die internationale Luftfahrt-Korrespondenz „Interavia“ am 22. Mai 1933 zu dem Vorfall. Genau genommen war mit dem Unfall allerdings das Ende der Do X als aktives Luftverkehrsmittel eingeläutet. Die Luft Hansa beendete ihr Engagement. Unter den gegebenen wirtschaftlichen Aspekten bei einer verkürzten Flugsaison und dem zu erwartenden zweimonatigen Ausfall wollte keiner mehr den „teuren Vogel“ haben.

DAS BRUCHGERICHT TAGT

Und wie kam es zu diesem Unfall mit derart schwer wiegenden Folgen für den weiteren Betrieb des größten Flugschiffs der Welt? Am 17. Juni 1933 tagte das Bruchgericht der Deutschen Luft Hansa in Vortragssaal der Flughafengesellschaft in Berlin-Tempelhof. Neben dem Vorsitzenden Regierungsrat Schwartz gehörten vier erfahrene Fachleute als Beisitzer zum Bruchgericht: Bezirksleiter Schiller von der Luft Hansa leitete die Seeflugabteilung des Luftfahrtunternehmens, Flugkapitän Kaspar gehörte zu den erfahrensten Dornier-WAL-Piloten der DLH, und Flugkapitän Wagner flog die Do X als Erprobungspilot. Der Beisitzer, Direktor Schulte-Frohlinde, war wohl mehr als Direktor der Dornier Metallbauten denn als Gesellschafter der Deutschen Flugschiff Gesellschaft gebeten worden. Offenbar sollten auch Claude Dornier und Walter Diele als Beisitzer anwesend sein. Sie waren aber verhindert oder wollten nicht kommen. Zu den anzuhörenden Fachleuten gehörten Ministerialrat Christiansen, Dr. Harmsen, Dipl.-Ing. Uding und Dipl.-Ing. Achterberg. Eine gewisse Brisanz bekam das Bruchgericht durch die Anwesenheit des Luft-Hansa-Vorstandsmitglieds Freiherr von Gablenz und weiterer Spezialisten des Hauses. Die damalige Auflistung der Anwesenden nennt als Letzten „den Betei-

Die Bruchlandung aus geringfügig anderer Perspektive.

Nachdem das Flugschiff zum Stillstand gekommen war, wurde das ganze Ausmaß der Schäden sichtbar.

ligten, Herrn Merz“. Dies war schon bemerkenswert, da alle anderen Herren irgendwie betitelt waren. Horst Merz war in dieser Situation nicht mehr Dipl.-Ing., Kommandant, Flugkapitän oder 1. Führer, sondern einfach nur noch „Herr Merz“. Relativiert wurde diese Missachtung durch den Verfasser des Sitzungsberichts für die Dornier Metallbauten. Schulte-Frohlinde war als Direktor der D.M.B. mit der Gesamtproblematik des 1. Führers der Do X genauestens vertraut und hatte sicherlich ein differenziertes Verhältnis zum „Beteiligten Herrn Merz“.

Bevor die Runde in ihre dreistündige Beratung eintrat, gab es eine Filmvorführung. Die missglückte Landung auf dem Kachlet-Schalding-Stausee am 9. Mai 1933 um 18.15 Uhr hatte ein Kameramann auf Zelluloid gebannt. Mehrmals lief der Film ab, damit sich die Anwesenden ein Bild machen konnten. Nachdem Horst Merz den Unfallhergang ausführlich geschildert hatte, kamen die Fragen aus der Runde. Es wurde festgestellt, dass eine ähnliche Landung mit starkem Aufbäumen des Flugschiffs und niedergezogenem Schwanz bereits in Frankfurt durch Fotos dokumentiert werden konnte. Und dann kam die Frage in Richtung Dornier, ob der Firma bekannt sei, dass bei bestimmten Lande- und Startsituationen Saugwirkungen bei der Do X aufträten. Bekannt waren diese durchaus, aber mit so geringen Auswirkungen, dass es dadurch bis zum Vorfall in Passau keinerlei Schäden gegeben habe und man deshalb konstruktiv auch nicht weiter darauf eingegangen sei. Das Vermeiden der Saugwirkung auf das Flugschiff bei glattem Wasser sei vielmehr allgemein nur als eine Frage der Führung angesehen worden.

Zur Saugwirkung äußerte sich auch Friedrich Christiansen. Er habe starke Saugwirkung bei zu hohen Landegeschwindigkeiten beobachtet und stets größten Wert auf geringe Geschwindigkeiten bei den Landungen des Flugschiffs gelegt.

Die aufgelieferte Post für die geplanten Flüge ab Passau wurde zunächst mit einem Stempel versehen, der vermerkte, die Beförderung sei „wegen Beschädigung des Flugschiffes Do X verzögert“.

Im Laufe der Erörterungen kreisten die analytischen Feststellungen der Flugzeugführer und Ingenieure am Tisch die Unfallursache zunehmend ein. Dr. Harmsen brachte es auf den Punkt, das Protokoll vermerkt: „*Nach seiner Auffassung hätte beim ersten Berühren noch mindestens eine Geschwindigkeit von 140 km/h geherrscht und bei der zweiten Landung mindestens 135 km/h. Der Sog komme von der Heckstufe durch das abströmende Wasser, welches sich an den Rumpf anlege. Es sei einleuchtend,*

Mit Kränen erfolgte die Bergung des abgerissenen Höhenleitwerks.

daß der Boden am Schwanzende dem Wasserschlag nicht standhalten konnte, da er nur für Lufttüchtigkeit gerechnet sei."

Mit Blick auf das drohende Gewitter war Horst Merz ohne längeres Anschweben mit zu hoher Geschwindigkeit auf dem spiegelglatten Wasser gelandet. Er sei durch den Wasserspiegel geblendet worden und hätte dadurch die Höhe falsch eingeschätzt, kam noch als Argument von seiner Seite, doch seine Schuld schien bereits erwiesen zu sein. Dann kam der gnädige Satz von Freiherr von Gablenz, dass wahrscheinlich auch in diesem Falle verschiedene Umstände den Unfall bewirkt hätten.

Das Bruchgericht zog sich zur Beratung zurück und fällte nach gründlicher Besprechung folgenden Spruch: „*Der Unfall des Dornier Flugschiffes Do X Nr. 1 am 9. Mai 1933 in Passau beruht darauf, daß die Landegeschwindigkeit zu hoch war, daß sehr ungünstige Wasser- und Landeverhältnisse herrschten und daß eine bisher in diesem Ausmaße völlig unbekannte Sogwirkung am Flugschiff stattfand. Der Einfluß der zu hohen Landegeschwindigkeit wurde zu 20 % festgestellt, der Einfluß der ungünstigen Landeverhältnisse infolge des schwülen Wetters, des glatten Wassers und der umliegenden Berge zu 60 % und der Einfluß der Sogwirkung zu 20 %.*"

Da nach der grundsätzlichen Auffassung der Kommission ein überwiegendes Verschulden des Führers nur dann in Frage kam, wenn ihm mehr als 50 % der Ursachen des Schadens zur Last gelegt werden konnten, war Horst Merz mit einem blauen Auge davongekommen.

DAS ENDE IM MUSEUM

Nach dem unrühmlichen Ende der vorgesehenen Europaflüge gestaltete sich die Reparatur der Do X äußerst kompliziert. Es gab keine entsprechenden Anlagen zum Docken, und die Techniker behalfen sich mit provisorischen Plattformen, Kränen und Gerüsten, um dem Flugschiff ein neues Leitwerk anzupassen. Sämtliche für die Balkanreise aufgelieferte Post konnte erst einmal nicht weiterbefördert werden. Am 18. August 1933 kam die endgültige Absage des Fluges Richtung Südosten, es würde in dem Jahr nur noch einen Flug zurück nach Altenrhein in die Werft geben.

Der Rumpf der Do X am Haken eines Dampfschleppers auf dem Weg nach Berlin ins Museum.

„*Voraussichtlich am 26. August wird von Passau aus mit dem Flugschiff Do X ein Flug nach der Schweiz unternommen werden, mit dem Post unter den durch Amtsblatt Vf. Nr. 166/1933, S. 18 veröffentlichten Bedingungen befördert werden soll. Die Sendungen für diesen Flug müssen spätestens bis zum 25. August um 12.00 Uhr bei dem Postamt in Passau vorliegen.*“ Mit dieser verhaltenen Ankündigung der Reichspost begann das letzte Kapitel der Do-X-Post. Der Abflugtermin konnte allerdings nicht gehalten werden, und so prangte ein Stempel „*Beförderung wegen Beschädigung des Flugschiffes Do. X verzögert*“ auf den letzten Briefen, die schließlich am 5. September 1933 mit dem Flugschiff ihren Weg nach Staad bei Rorschach machten. Das Flugschiff landete auf dem Bodensee und wurde in die Altenrheiner Werkshalle gezogen.

Ab September 1933 gehörte D-1929 wieder der Deutschen Versuchsanstalt für Luftfahrt in Berlin-Adlershof. Diese ließ die Do X vom Bodensee nach Travemünde bringen, wo sie dann mehrere Monate vor sich hin dümpelte. Der Rückflug von Friedrichshafen an die Küste gestaltete sich bereits als Erinnerungstour der alten Do-X-Crew. In der Zeitschrift „Flugsport“ Nr. 22 vom 31. Oktober 1934 wurden dem Ereignis auf Seite 489 einige Zeilen gewidmet: „*Flugschiff Do X, das sich bekanntlich seit längerer Zeit auf der Werft der Dornierwerke in Friedrichshafen befand, ist am 14. 10. um 8.52 Uhr in Friedrichshafen zu einem Flug nach der Nord- und Ostsee gestartet und um 15.10 Uhr in Norderney gewassert. Das Kommando hat Fliegerkommodore Christiansen vom Reichsluftfahrtministerium, der bekannte Führer der Do X auf dem Amerikaflug. Flugzeugführer war Flugkapitän Fritz Kießner. Außerdem gehörten unter anderen der Navigationsoffizier Niemann und vier weitere alte Angehörige der Do X-Amerika-Mannschaft zur Besatzung. Insgesamt sind 19 Personen an Bord. Weiterflug von Nor-*

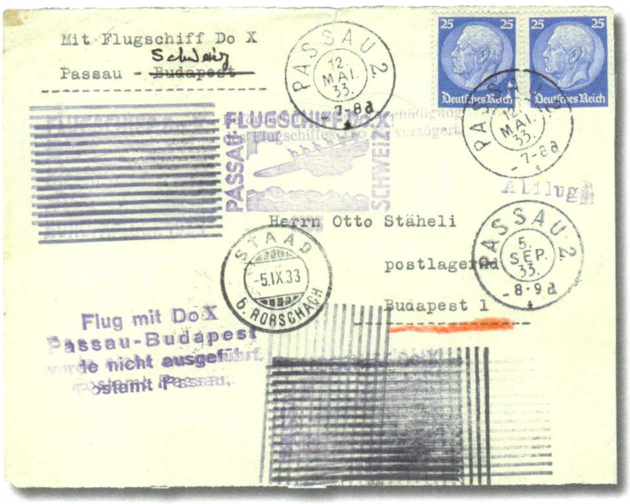

Nach der endgültigen Entscheidung, die Do-X-Flüge nach der Bruchlandung in Passau abzusagen, wurden bereits aufgebrachte Flugbestätigungsstempel unkenntlich gemacht.

derney 20. 10., Ankunft in Wyk/Föhr um 11 Uhr." Ob sich ein längeres Flugprogramm mit mehreren Stationen an den Überführungsflug der DVL anschloss ist unbekannt.

Der Flug von Friedrichshafen nach Norderney am 14. Oktober 1934 kann für die Do X als Beginn des Weges ins Museum angesehen werden. Das Flugschiff befand sich beim Eigentümer DVL schon an der richtigen Stelle, um dort letztmalig zu landen. Nach dem Ersten Weltkrieg hatte die im April 1912 gegründete Versuchsanstalt für Luftfahrt e.V. mit der Sammlung bemerkenswerter Flugzeuge begonnen. Damals steckte natürlich kein musealer Ansatz dahinter, sondern rein technisches Interesse. Zur Aufgabe der DVL gehörte die Prüfung von Flugzeugzellen, Motoren und weiteren Ausrüstungsteilen und die technische Zulassungsabnahme von Fluggeräten. Sie legte sich im Laufe von Jahren eine Art Mustersammlung von Flugzeugen zu, die später den Grundstock für das große Luftfahrtmuseum in Berlin bildeten. Bei dem zunehmenden Interesse für Luftfahrt und Fliegerei zu Beginn der dreißiger Jahre gehörte die Gründung eines Museums in Berlin zu den forcierten Sammlungsaktivitäten in Deutschland. Als Standort wählte man den seit einiger Zeit ungenutzten Ausstellungspalast, Alt Moabit 4-10, nahe des Lehrter Bahnhofs. Nach umfangreichen Umbauarbeiten entstand dort bis 1936 aus verschiedenen deutschen Luftfahrtsammlungen das damals größte Luftfahrtmuseum der Welt. Bei der Gründung umfasste die Sammlung mehr als 80 Flugzeuge, die größtenteils die DVL beisteuerte. Der Star unter allen Fluggeräten aber wurde das Dornier-Flugschiff Do X, das gerade eben in die Halle passte. Betrat der Besucher die Eingangshalle, ging er über einen Läufer, flankiert von kleineren Flugzeugen, direkt auf den „Riesen der Luft" zu. Auch hier bewährte sich die Konstruktion einer festen Steganlage, ähnlich gebaut wie die beim Deutschlandflug. Der Besucher stieg auf den Stummel, seitwärts aufs Vordeck und auf der anderen Seite wieder herunter. Während der Öffnungszeiten der Luftfahrtsammlung am Lehrter Bahnhof gab es allerdings kein so großes Gedrängel auf den Treppen wie 1932.

Mit diversen Flugbestätigungs-, Verzögerungs- und Ausfallstempeln ist diese Postkarte versehen.

Auf der letzten Etappe ins Museum waren mühevoll viele Hindernisse zu bewältigen.

Abenteuerlich gestaltete sich der Transport der Do X ins Museum. Seit Oktober 1934 befand sich das Flugschiff in Travemünde-Priwall, wo man es zur Jahreswende 1935 außer Dienst stellte. Die Unterbringung im neu gegründeten Luftfahrtmuseum in Berlin war beschlossene Sache. Und wie bekam man das Flugschiff dorthin? Na, hinfliegen, würden diejenigen vorschlagen, die die deutschen Behörden unterschätzen. Doch das Flugschiff befand sich offiziell schon außer Dienst und war aus der Luftfahrzeugrolle gestrichen. Das bedeutete, dass man auf Fliegen verzichten musste. Es blieb nur der Transport über Land. Auf der Straße wäre das Flugschiff jedoch aufgrund seiner Abmessungen zum Hindernis geworden, so blieb als Ausweg nur der Binnenschiffstransport nach Berlin.

Auch nach dem Ende des Flugbetriebs der Do X erfreute sich das Flugschiff großer Beliebtheit. Prachtvolle Fotoalben hielten die Erinnerung an die spektakuläre „Weltreise" wach.

Mit technischen Hilfsmitteln wie Flugzeugdock und Kränen demontierte man die Do X in der Versuchsanstalt auf dem Priwall. Tragflächen und Motorenanlage kamen auf Lastkähne, und der Rumpf, ohne Leitwerk und Stummel, wurde Teil eines Flussdampfer-Schleppzuges. Über den Elbe-Trave-Kanal, die Elbe und die Havel ging die letzte Reise nach Berlin mit Endstation Westhafen. Mit Kränen kamen die kostbaren Lasten, 10 Tonnen schwer und 40 Meter lang, auf die extra dafür gebauten Transportanhänger. Am 27. Mai 1935 um 23 Uhr machte sich der ungewöhnliche, von Traktoren gezogene Konvoi auf den Weg zum Lehrter Bahnhof ins Museum. Dafür mussten die Stadtwerke unter anderem die Fahrleitungsdrähte der Straßenbahn vorübergehend entfernen. In einem späteren Bericht hieß es dazu: *„Der Weg führte über die Putlitzbrücke, deren Überquerung etwa drei Stunden in Anspruch nahm. Die nachfolgende Einmündung in die Stephanstraße erforderte weitere zwei Stunden. Somit ein sehr kompliziertes und zeitraubendes Unterfangen, das nur Spezialisten bewältigen konnten. Die weitere Streckenführung des Do-X-Transportes ab Stephanstraße führte über die Perleberger Straße, weiter über die Lehrter Straße zur Invalidenstraße. Dieser Abschnitt von etwa drei Kilometer Länge nahm weitere dreieinhalb Stunden in Anspruch. Am Morgen des Folgetages war eine letzte Hürde zu nehmen, welche für die den Bootsrumpf transportierende Mannschaft das größte Problem darstellte. Gleich dem sprichwörtlichen ‚Kamel durchs Nadelöhr', bugsierte die Crew die kostbare Fracht unter dem S-Bahn-Viadukt hindurch zum Lehrter Bahnhof. Dort ohne Blessuren angekommen, wurde der Riese unter ebenfalls keineswegs einfachen Bedingungen wieder montiert und dem Publikum als Meisterwerk des Flugzeugbaus präsentiert."*

Der ausgebrannte Rumpf und die Tragflächen der Do X in der Ruine des Museums in Berlin 1945.

Am 20. Juni 1936 öffnete die Deutsche Luftfahrtsammlung ihre Pforten für die Besucher, und die Do X erstrahlte im Glanz ihres frischen Anstrichs. Aus der erhofften Beschaulichkeit dieser Idylle wurde jedoch auf längere Sicht nichts. Bereits wenige Jahre später forderte der Bombenkrieg seine Opfer. Die kleineren Exponate der Sammlung brachte man vorausschauend nach Pommern in Sicherheit. Einsam und allein blieb das Flugschiff in der großen Halle zurück. Es konnte mit den beschränkten Möglichkeiten der Kriegszeit nicht abtransportiert werden.

Zwei Exemplare der Do X wurden in den Jahren 1931 und 1932 nach Italien ausgeliefert. Eine dieser Maschinen ist hier in Venedig zu sehen.

Die ersten Bombenangriffe auf das Museum verliefen für die Do X noch glimpflich, doch im Frühjahr 1944 schlug eine Luftmine durch das Hallendach. Ihre Explosion zerfetzte nicht nur weite Teile der Ausstellungshalle, sondern beendete auch das Kapitel Do X. Nur ein Haufen verbogener Metalltrümmer blieb noch übrig. Bis zur Beseitigung der Bauruine 1948/49 besuchten lediglich Altmetallsammler und Souvenirjäger das Wrack. Im ersten kalten Winter der Nachkriegszeit wanderten besonders die Reste der Holzpropeller in irgendeinen Herd oder Ofen, um Suppe oder Hände zu wärmen. Vom einstigen Stolz deutscher Flugzeugtechnik blieb nichts übrig.

ZWEI MAL DO X FÜR ITALIEN

Die Reparaturen nach den beiden Unfällen der Do X 1 in Lissabon und in der Gando-Bucht von Gran Canaria machten das Flugschiff zum ganz speziellen Versuchsobjekt. Die Dornier-Techniker sammelten Erfahrungen, die für die in Altenrhein im Bau befindlichen zwei italienischen Do-X-Flugschiffe sehr wichtig waren.

In Lissabon hatte sich die Konstruktion der Flügelhautfelder bewährt, die ein schnelles Auswechseln und Montieren ermöglichte. Weil sich zwei vom italienischen Luftfahrtministerium bestellte Maschinen schon in Produktion befanden, standen komplette Flügelhautfelder für die Reparatur zum sofortigen Transport nach Lissabon bereit. Allein der Weg dorthin stellte sich als ein zeitliches Problem heraus.

Bei der Reparatur in Las Palmas konnte eine Konstruktionsschwäche behoben werden – eine Erfahrung, die auch auf die italienischen Flugschiffe übertragen wurde. Beim unglücklichen Startversuch in Las Palmas hatten vor allem die Verbindungen zwischen Schiff und Flügel den Beanspruchungen nicht standgehalten. Die gerissenen Spantprofile bestanden aus 1,8 Millimeter starkem Duraluminium. Jetzt kamen Stahlprofile von 2,4 Millimeter zum Einbau, und zwar bei allen drei Flugschiffen.

Beleg vom Überführungsflug der Do X 2 von Konstanz nach Genua. Postabgabe in Trimmis am 2. November 1931.

Die Do X 2 befand sich in der letzten Phase ihrer Fertigstellung, als Wilhelm Niemann am 16. Februar 1931 von einem beson-

Do X 2 bei der Erprobung durch die italienische Luftwaffe.

ders wichtigen Besuch an Bord der Do X nach Deutschland berichtete: „*Am Sonntag (15. Februar 1931) war der italienische Luftfahrtminister Balbo hier. Der 28.000 t große italienische Dampfer CONTE ROSSO lief extra Las Palmas an, damit Balbo und seine sämtlichen Flieger und Mechaniker, ca. 40 an der Zahl, den Do X besichtigen konnten. Wir haben Balbo im Woermann-Boot abgeholt, ihn an Bord des Do X gebracht und die Beschädigungen gezeigt und die nötigen Erklärungen gegeben. Dann war großer Empfang im Rathaus, wo Balbo in seiner Rede erklärte, er sei nur nach Las Palmas gekommen, um den Do X und seine Besatzung auf der ersten Atlantik-Etappe zu begrüßen. Die Beschädigung sei seiner Ansicht nach gering und würde behoben werden. Daß die Maschine überhaupt beschädigt sei, ist darauf zurückzuführen, daß der Atlantik eben nur auf dem Atlantik studiert werden könnte. Die Leistungen, die der Do X bis jetzt gezeigt hätte, bewiesen Balbo, daß der Do-X-Gedanke als solcher einen gewaltigen Fortschritt in der Fliegerei und Schiffahrt bedeute und für die Zukunft nichts an seiner Wichtigkeit eingebüßt habe.*“

Die Schiffsführung der „flügellahmen“ Do X hatte dem dreistündigen Besuch Balbos mit gemischten Gefühlen entgegengesehen. Hier ging es auch um die Zukunft der Do X, und nun konnte der Fliegergeneral das Flugschiff noch nicht einmal ausprobieren. Balbo gehörte zu den engagierten Verfechtern der Flugschiffsidee in Italien. Gegen den Widerstand der italienischen Öffentlichkeit setzte er die Bestellung der zwei teuren Dornier-Do-X-Flugschiffe durch.

Die italienischen Do X unterschieden sich äußerlich nur wenig vom deutschen Prototypen.

In Deutschland Flugzeuge zu bestellen war in Italien nur schwer vermittelbar angesichts der katastrophalen Situation der eigenen Flugzeugindustrie. Während der Weltwirtschaftskrise musste jeder Arbeitsplatz im eigenen Land, also in Italien, gehalten werden. Doch Benito Mussolinis faschistische Regierung unterdrückte alle öffentliche Proteste.

Beleg von der ersten Alpenüberquerung durch eine italienische Do X.

Am 16. Mai 1931 brachten zwölf Fiat-Motoren des Typs A22 RT die nagelneue Do X 2 zum ersten Mal auf Stufe und hoben sie aus dem Wasser des Bodensees. Bis auf die Motorenanlage waren die drei Flugschiffe in Konstruktion und Fertigung identisch. Ob das auch für die Innenausstattung galt, lässt sich nicht mehr sagen, es gibt keine Unterlagen oder Fotos, die uns einen Eindruck vermitteln könnten. Lediglich Anzahl und Anordnung der Bullaugen des Hauptdecks deuten eine andere Einteilung an.

Nach vierteljähriger Erprobung und dem Einfliegen durch Dornier-Werkspilot Richard Wagner folgte mit dem 15. Flug am 28. August 1931 die Überführung der Do X 2 mit dem Namen UMBERTO MADDALENA und dem Kennzeichen I-REDI von Altenrhein nach La Spezia. Benannt nach einem gefallenen italienischen Fliegerhelden und mit italienischer Besatzung schraubte sich das Flugschiff über dem Bodensee auf eine Höhe von 2.600 Metern. Weiter an Höhe gewinnend ging der Flug mit Flugzeugführer Richard Wagner am Steuerrad in Richtung Chur. Kräftig von Böen geschüttelt gelang das Überfliegen des 3.200 Meter hohen Splügenpasses. Auf diesem Flug brauchte Wagner Nerven, denn das Flugschiff hatte wenig Leistungsreserve in einer Höhe von mehr als 3.000 Metern. *„Die Fallböen waren sehr unangenehm, da sie stets starken Höhenverlust mit sich brachten und Wagner am Steuer sehr beanspruchten, was vor den italienischen Fluggästen nicht zu verbergen war. Die Erfahrung zeigt, daß mit der Do X solche Alpenflüge nur bei einwandfreiem Wetter und guter Fernsicht angetreten werden dürfen, da das Wenden mit dem praktisch in Gipfelhöhe fliegenden Flugschiff zwischen den teilweise höheren Berggipfeln kritisch ist"*, so ein Eintrag im Flugbericht.

Privater Abwurfbeleg von der zweiten Überquerung der Alpen durch die Do X 3 mit der Unterschrift von Pilot Richard Wagner. Postabgabe in Scheid am 15 Juni 1932.

Do X 2 im Flug über den Alpen.

Kurz nach 13 Uhr wasserte die Do X 2 vor La Spezia, und die Italiener nahmen sie in Besitz. Die folgende Rundreise vom 16. September bis 12. Oktober 1931 an der italienischen Küste entlang glich in vielerlei Hinsicht dem späteren Deutschlandflug der Do X 1. Die Ressentiments der Öffentlichkeit waren verflogen, und fast 100.000 begeisterte Menschen besuchten die UMBERTO MADDALENA an ihren Reisestationen.

Am 13. Mai 1932 folgte die Do X 3 mit dem Kennzeichen I-ABBN und dem Namen ALLESSANDRO GUIDONI ihrem Schwesterflugschiff nach Italien. Man beachte, dass während dieser Tage in New York die Vorbereitungen für den Rückflug der Do X 1 nach Deutschland auf vollen Touren liefen. Mit der Do X 3 erlebte Wagner diesmal auf derselben Flugstrecke wie mit der Do X 2 eine völlig unproblematische Überquerung der Alpen. Die Do X 3 hatte bei ihrer Dienstgipfelhöhe von 3.200 Metern sogar noch Leistungsüberschuss.

Beide Maschinen wurden kurze Zeit später der italienischen Luftwaffe übergeben. Was mit den italienischen Flugschiffen vom Typ Do X in der Obhut der Luftwaffe weiter geschah, bleibt der Gerüchteküche überlassen. Bis heute konnten trotz vieler Bemühungen die Verwendung und der Verbleib beider Flugschiffe nicht geklärt werden.

Do X 3 mit der Kennung I-ABBN beim Einsatz in Italien.

K-1

Auf den Spuren des Großvaters – Iren Dornier auf Weltflug mit Do 24 ATT

Aus dem Museum um die Welt

Kapitel 6

DO 24 ATT – AUS DEM MUSEUM UM DIE WELT

Die Dornier Do 24 ATT kann im Jahr 2004 bei ihrem Weltflug bereits auf eine bewegte Geschichte zurückblicken.

„Wir haben Schwierigkeiten mit einer Wetterfront vor den Alpen, die wir nicht überfliegen können!“ Mit diesem Hinweis aus Marina de Pisa kündigte sich Anfang Mai 2004 der Besuch von Irenäus, genannt Iren, Dornier und seiner Do 24 ATT in Deutschland an.

Bis dahin hatte der Weltflug des Dornier-Enkels bereits für Furore gesorgt. Nach einer kleinen Verzögerung wegen des schlechten Wetters flog sein Flugboot – wie einst die Do X – unter dem Jubel mehrerer tausend Zuschauer und dutzender von Ehrengästen, darunter viele ehemalige „Dornianer“, über den Bodensee. Ein Schauspiel, das es zuletzt 1971 gegeben hatte, als die spanische Do 24 T, aus Mallorca kommend, auf dem Bodensee gelandet war und damit ihren Seenotrettungsdienst bei der spanischen Luftwaffe beendet hatte. Viele Segelboote hatten sich am Rand der ausgewiesenen Landefläche positioniert, die „Weiße Flotte“ hatte Sonderfahrten angeboten, und die Hafenmole war gefüllt mit Menschen.

Von Friedrichshafen ging es weiter nach Hamburg, Bremen und zum Müggelsee bei Berlin – bekannte Stationen des Do-X-Deutschlandflugs. Fast an den gleichen Stellen wie seinerzeit das Flugschiff wasserten Iren Dornier und seine Crew mit dem historischen Flugboot. Auf der Internationalen Luftfahrt-Ausstellung (ILA) in Berlin galten dem Veteran die bewundernden Blicke der Besucher.

Einer weiteren Tradition ihrer großen Schwester trägt die Do 24 ATT Rechnung. Obwohl an Bord keine offizielle Poststelle eingerichtet ist wie seinerzeit auf der Do X, führt das Flugboot Tages- und Flugbestätigungsstempel mit sich.

Iren Dornier gab seinem Weltflug das Motto *„education and awareness“*. Damit möchte er Vertreter aus Bildung und Wirtschaft sowie die Jugend selbst ansprechen. Es ist ihm wichtig, dass sein Weltflug mit der historischen Do 24 nicht als pure Nostalgie verstanden wird, sondern als Erneuerung der Ideen seines ebenfalls für die Zukunft arbeitenden Großvaters. So sei die stetig wachsende Weltbevölkerung auf Visionen und Fortschrittsglauben angewiesen, weil die Lösung ihrer Probleme in hohem Maße von innovativer Technik abhänge. Den heute vorherrschenden Globalisierungsängsten setzt Iren Dornier entgegen, dass die von

Beleg vom Weltflug der Do 24, der von Iren Dornier an Bord des Flugboots im Mai 2004 von Bremen nach Berlin transportiert wurde, wo er während der Internationalen Luftfahrt-Ausstellung aufgeliefert und gestempelt wurde.

Menschenhand verursachten Umweltschäden weder durch ein Zurück noch durch zögerliche Einstellung behoben werden können. Er vertritt den Standpunkt: „*Eine Ethik der Mäßigung passt nicht in unsere moderne Welt!*“ Das gilt insbesondere für die Schadensverhinderung und -beseitigung.

Iren Dornier während der ILA 2004 in Berlin im Cockpit der Do 24 ATT.

Als das Reichsluftfahrtministerium in den 1930er Jahren den Bau eines fünf- bis sechssitzigen Seefernaufklärers ausgeschrieben hatte, gewann Blohm und Voß mit der Ha 138 den Entwurfswettbewerb. Dornier dagegen sollte seinen Entwurf, die Do 24, grundlegend überarbeiten und zwei Versuchsmuster mit jeweils drei 600 PS starken Dieselmotoren Jumo 205 C bauen. Von den Niederländern wurde die Qualität des Do-24-Entwurfs allerdings wesentlich positiver bewertet. Sie suchten einen Ersatz für ihre Dornier-WAL-Flugboote. Das neue Dornier-Flugboot schien ihnen hierbei ideal für die vorgesehenen Einsatzbereiche. Ohne spezielle Flughäfen, fast überall vom Wasser aus einsetzbar, sollte das Flugboot in Niederländisch-Ostindien, dem heutigen Indonesien, als Post-, Transport- und Verkehrsflugzeug dienen.

Iren Dornier

Claude Dornier kam mit den Holländern ins Geschäft. Sie bestellten 73 Flugboote mit der Bezeichnung Do 24 K, von denen die niederländische Flugzeugindustrie 43 Exemplare in Lizenz herstellen sollte. Natürlich spielte auch die militärische Nutzung als Seeaufklärer, Mannschafts- und Transportflugzeug eine Rolle. Dem deutschen Dilemma, nur zu schwache und zu wenig verfügbare Motoren zu besitzen, entgingen Dornier und die Niederländer durch den Einbau amerikanischer Sternmotoren vom Typ Wright „Cyclone“ mit je 890 PS. Am 3. Juli 1937 startete die erste Do 24 K zu ihrem Erstflug.

Mit dem Einmarsch der deutschen Truppen in die Niederlande im Mai 1940 kamen die Lizenzwerke der Do 24 unter deutsche Kontrolle. 30 Flugboote hatte Dornier bis dahin an die Niederländer ausgeliefert, sieben weitere waren aus der anlaufenden Lizenzproduktion hinzugekommen, und alle hatten bereits ihren Dienst in Niederländisch-Ostindien verrichtet, als der Zweite Weltkrieg ausbrach. Unter der Regie der Weser Flugzeugbau produzierten die Niederländer mit ihren Firmen Aviolanda, De Schelde und Fokker das Flugboot weiter, nunmehr als Do 24 T mit deutschen Motoren des Typs Bramo 323 R 2, die je 1.000 PS leisteten. Über 200 Exemplare kamen in der Folgezeit bei der deutschen Luftwaffe zum Einsatz.

Die erste Do 24 K startete im Juli 1937 zu ihrem Erstflug.

Ab 1937 hatte die niederländische Luftwaffe im früheren Niederländisch-Ostindien die Dornier Do 24 K im Einsatz.

Als Seenotrettungsflugzeug bewährte sich die Do 24 hervorragend. Sie konnte bei hohem Seegang mit Wellenhöhen bis zu einem Meter noch starten und landen. Gut 11.000 ins Wasser geratene deutsche und gegnerische Soldaten verdankten den Do-24-Maschinen und ihren mutigen Besatzungen ihr Leben. Auch Spanien erwarb zwölf solche Flugboote, die noch bis in die 1970er Jahre in den Sommermonaten zur Seenotrettung eingesetzt wurden. Eine dieser Maschinen des Typs Do 24 T, die bei der Seenotrettungsstaffel auf Mallorca stationiert war, kehrte am 6. August 1971 nach Friedrichshafen zurück

Der erfolgreiche Einsatz der Do 24 hatte Ende der 1960er Jahre bei Dornier zu Projektstudien für ein modernes Fluggerät zur Seenotrettung geführt, da dem Hubschrauber, der diese Rolle später übernehmen sollte, damals noch die Leistungsstärke fehlte. Bei Dornier entstand zunächst das dreimotorige Amphibien-Flugboot Do 324 mit einziehbarem Bugrad-Fahrgestell und einem Laderaum für 30 Personen. Diese Projektstudie wurde mit dem Amphibien-Flugzeug Do 24/72 fortgeschrieben.

Nun kam den Konstrukteuren bei Dornier die noch flugfähige, eben aus Spanien zurückgekommene Do 24 T gelegen, die für weitere praktische Tests ein Bugrad-Fahrwerk und einen neuen abgestrebten Rechteckflügel mit fortschrittlichem aerodynamischen Profil erhielt. Drei Turboproptriebwerke von Pratt & Whitney mit einer Stärke von jeweils 1.125 PS lieferten die nötige Motorenleistung, und am 25. April 1983 startete die nun Do 24 ATT genannte Maschine auf dem Werksflugplatz in Oberpfaffenhofen zu ihrem Erstflug. Trotz hervorragender Erprobungsergebnisse wurde die Entwicklung am „amphibischen Technologie-Träger“ nicht fortgesetzt, und er „landete“ schließlich im Deutschen Museum in München. Ab 1992 konnten die Besucher in der Flugwerft Schleißheim die Do 24 ATT besichtigen.

Als Ende 2002 bekannt wurde, dass die in der Flugwerft Schleißheim ausgestellte Do 24 ATT auf die Philippinen überführt würde, wurde dies von den Freunden klassischer Flugzeuge mit einem lachenden und einem weinenden Auge betrachtet. Mit einem weinenden Auge, weil mit der Do 24 ATT eines der schönsten und exotischsten Ausstellungsstücke Deutschland verließ, mit einem lachenden Auge, weil die Do 24 ATT auf den Philippinen von ihrem neuen Besitzer, Iren Dornier, wieder flugfähig gemacht werden sollte. Mit umgerechnet fünf Millionen Euro war er dabei, das Flugboot für einen Weltflug um- und auszurüsten.

Dornier SUPERWAL, der „Pottwal“ der Luft Hansa, landet in den 1930er Jahren auf dem Wannsee bei Berlin. Solche Flugboote waren die Vorläufer des Typs Do 24.

Schon seit 1995 betreibt Iren Dornier mit einigen Partnern in Manila die Fluglinie South East Asian Airlines (Seair), die Verbindungen zwischen den vielen Inseln der Philippinen unterhält. Bevor das Flugboot auf den Philippinen als VIP-Shuttle und für Sightseeing-Flüge wieder in Dienst gestellt wird, soll es die Gedanken von Iren Dornier in die Welt hinaustragen: „*Die Do 24 ist die Seele unserer Familie. Sie steht für Engagement, Qualität und Klasse. Sie ist der Geist meines Großvaters!*“

Im Cockpit der restaurierten Do 24 ATT hat heute moderne Technik Einzug gehalten.

Iren Dornier und seine junge Besatzung starteten im April 2004 zu einem spektakulären Flug um die Welt zu Gunsten des Kinderhilfswerks der Vereinten Nationen, der UNICEF. Die Reise für den guten Zweck soll 87 Stationen in 60 Ländern haben. In Erinnerung an die genialen technischen Leistungen seines Großvaters und an den weltbewegenden Flug der Do X steuert die Do 24 ATT streckenweise auf der Route ihrer großen Schwester. Diesmal allerdings in umgekehrter Richtung. Nach vielen Stationen in Deutschland und Europa sieht die Planung den Weg über den Nordatlantik nach Kanada, in die USA und von dort nach Südamerika vor. Der Weiterflug ist über den Südatlantik mit den Kapverdischen Inseln als Zwischenstation geplant. Entlang der afrikanischen Küste, über Südafrika, Madagaskar, Indien, Sri Lanka, Indonesien und Australien führt der Weg dann Richtung Philippinen.

Bei der großen Schwester Do X wurde häufig von einem Weltflug gesprochen, obwohl es streng genommen keiner war. Mit ihrer Ankunft in Manila kann aber die Do 24 ATT den Begriff „Weltflug“ mit Fug und Recht für sich in Anspruch nehmen.

Auch wenn Iren Dornier und seine Crew mit der Do 24 ATT nur kurz in Deutschland verweilten und sein Flugboot anschließend nur auf den Philippinen im Liniendienst fliegen wird, gibt es trotzdem noch eine Möglichkeit, dieses Highlight der Flugbootgeschichte in Augenschein zu nehmen: Eine zweite Do 24 T wurde in den Werkstätten der Flugwerft Schleißheim restauriert und wird ab Herbst 2004 den Besuchern präsentiert werden. Bevor sie in die Flugwerft kam, stand sie auf dem Dornier-Werksflugplatz in Oberpfaffenhofen. Rumpf und Tragflügel stammen von zwei verschiedenen Flugzeugen, die in Spanien flogen, und auch einige Originalteile der von Iren Dornier generalüberholten Do 24 ATT fanden in dieser Maschine Verwendung. Im Anstrich der spanischen Do 24 T, die 33 Jahre zuvor auf dem Bodensee wasserte, wird das Flugboot die Dauerausstellung des Deutschen Museums in der Flugwerft Schleißheim bereichern.

Iren Dornier vor einem der beeindruckenden Propellertriebwerke der Do 24 ATT.

Danksagung

Nur durch Kooperation mit unzähligen Sammlern, Sammlerverbänden, Firmen und Historikern konnte dieses Buch entstehen. Autoren und Redaktion danken allen Personen und Institutionen, die bei der Beschaffung von Quellenmaterial behilflich waren. Dieser Dank gilt selbstverständlich auch den wenigen, die ungeachtet aller Bemühungen nicht zu ermitteln waren.

Privatsammlungen

Folgende Personen haben für die Realisierung dieses Buches ihre umfangreichen privaten Sammlungen geöffnet und philatelistische und zeithistorische Dokumente zur Verfügung gestellt:

Helmut Fürer, Diepoldsau (Do-X-Belege)
Reinhard Hofrichter, Kaufbeuren (Do-X-Belege)

Texte und Abbildungen

Trotz größter Sorgfalt konnten die Urheber von Texten und Abbildungen nicht in allen Fällen ermittelt werden. Ebenso konnten nicht alle widersprüchlichen Angaben in historischem Quellenmaterial zweifelsfrei geklärt werden. Es wird gegebenenfalls um Mitteilung gebeten. Zur redaktionellen Aufbereitung dieses Buches trugen die folgenden Personen und Institutionen mit Anregungen, Texten und Abbildungen tatkräftig bei:

Dornier-Archiv, Friedrichshafen
Dr. Klaus Daser, Friedrichshafen
Camilo Dornier, Starnberg
Iren Dornier, Manila
Stadtmuseum Meersburg, Abteilung Dornier
Auktionshaus Ulrich Felzmann, Düsseldorf
Auktionshaus Corinphila, Zürich
Auktionshaus Nordphila GmbH, Kiel
Hermann W. Sieger, Lorch
Bernd Gericke, Deutsche Dienststelle (WAST), Berlin
Frau C. Kapitza, Deutsche Lufthansa AG, Köln
Prof. Dr. Joachim Kallinich, Museum für Kommunikation, Berlin
Irmgard Krause, Museum für Kommunikation, Berlin
Frauke Kruch, See-Krankenkasse, Hamburg
Lutz-Ulrich Kubisch, Deutsches Technik Museum, Berlin
Karl H. Lefherz, Rastede
Lena Niemann, Hamburg
Jürgen Niemann und Frau, Ellingstedt
Dr. Pia Parth, Starnberg
Edelgard Piroth, Dornier GmbH Friedrichshafen
Klaus D. Patzwall, Norderstedt
Eva Thirring-Winter, Carl-und-Liselott-Diem-Archiv, Köln
Daniel Wiedermann, Berlin
Frau K. Wagner, Bundesarchiv, Berlin
Franz Selinger, Ulm
Cynthia Long, Toronto

Autoren

Jörg-Michael Hormann. Jahrgang 1949. Nach Abitur und Architekturstudium in Hannover Quereinstieg in den Journalismus. Redakteur und Redaktionsleiter, Blattmacher, Herausgeber und Fachbuchautor. Seit 1977 parallel zur beruflichen Tätigkeit Buchveröffentlichungen und Fachbeiträge zu maritimen Themen.

Reinhard Hofrichter. Jahrgang 1951. Nach einer Ausbildung zum Großhandelskaufmann Studium der Kunstgeschichte, Geschichte und geschichtlichen Hilfswissenschaften in München. Seit 2001 Mitglied im Bund Philatelistischer Prüfer BPP e.V., Prüfgebiete u. a. Zeppelin- und Do-X-Flugpost. Betreiber der Webseite www.aerophilatelie.de.

Philatelie-Adressen

Adressen und Ansprechpartner, die für die weiterführende Beschäftigung mit dem philatelistischen Sammelthema der Do-X-Post von Nutzen sein können. Der BDPh gibt darüber hinaus gerne auch Auskunft zu seinen mehr als 200 weiteren themenbezogenen Arbeitsgemeinschaften.

Bund Deutscher Philatelisten e.V.
Mildred-Scheel-Str. 2, 53175 Bonn
Tel.: 0228/30858-0, Fax: 0228/30858-12
Internet: www.bdph.de
E-Mail: info@bdph.de

Bundesarbeitsgemeinschaft Luftpost
Kontakt: Hans Kaps
Lloyd-G.-Wells-Str. 18, 14163 Berlin
Tel.: 030/32604597, Fax: 030/32604598
Internet: www.aerophila.com
E-Mail: hkaps@t-online.de

Motiv-Arbeitsgemeinschaft Luftfahrt e.V.
Kontakt: Dr. Dietmar Steidel
Kemtauer Str. 7, 09423 Gelenau
Tel.: 037297/7489
Internet: www.arge-luftfahrt.de
E-Mail: dsteidel@arge-luftfahrt.de

Beilage

Dem Buch liegt das Faksimile einer Postkarte bei, auf der am 31. Januar 1931 an Bord der Do X der Bordpoststempel und der rote Flugbestätigungsstempel abgeschlagen wurden. Postmeister Wilhelm Niemann startete an diesem Tag vor und während des Fluges von Lissabon nach Las Palmas mit Hilfe von Funkoffizier Henry Kiel die umfangreichste Entwertungsaktion der ganzen Reise.

Es handelt sich um einen typischen Sammlerbeleg, der bis in das kleinste Detail gestaltet wurde. Auffällig ist die symmetrische Anordnung der postalischen Bestandteile auf der Vorderseite. Die Frankatur wurde in vier Bogenteilen zu je vier Marken aufgeklebt, wobei sich der für das korrekte Porto von 4 Reichsmark für Karten notwendige Rest als Einzelmarke von 8 Pfennig auf der Rückseite befindet, da er nicht in das optische Konzept passte. Ebenfalls im Sinne der Symmetrie wurden zwei Luftpostaufkleber verwendet.

Literaturverzeichnis

Braunburg, Rudolf: „Kranich in der Sonne, Die Geschichte der Lufthansa“ (München 1980).

Brembach, Hellmuth (Hrsg.): „Adler über See, Fünfzig Jahre deutsche Marineflieger“ (Oldenburg 1962).

Brütting, Georg: „Segelflug erobert die Welt“ (München 1940).

Deutsche Post AG: „Das Jahrhundert der Zeppeline“ (Bonn 2000).

Dischl, Stahel u. a.: „Schweizerischer Luftpost-Katalog, Handbuch“. 2. Aufl. (Zürich 1949).

Dornier, Claudius und Tilgenkamp, Erich: „Do X, Das größte Flugschiff der Welt“ (Zürich 1931).

Dornier, Marcel: „Palette meiner Jugend, Erinnerungen eines Malers“ (Starnberg 1993).

Dornier GmbH: „Do X 1929“, Jubiläumsreprint der Sonderausgaben der Schweizer „AERO REVUE“ von 1931 und 1932 (Friedrichshafen 1979).

Dornier GmbH: „Dornier, eine Dokumentation zur Geschichte des Hauses Dornier“ (Friedrichshafen 1983).

Gablenz, Carl August Freiherr v.: „D-ANOY bezwingt den Pamir, Ein abenteuerlicher deutscher Forschungsflug“ (Oldenburg 1937).

Grieder, Karl: „Dornier Do X, Geschichte eines Riesen-Flugschiffes“, in: „Der Lehrling“, Schweizerischer Metall- und Uhrenarbeitnehmer-Verband (1974).

Harms, Günter: „Katalog der Do-X-Post 1981“ (Stuttgart 1981).

Hindelang, Eduard (Hrsg.): „Marcel Dornier, Gemälde, Zeichnungen, Graphik“, Veröffentlichung des Museums Langenargen (Sigmaringen 1983).

Höker, Paul Oskar: „Im Dornier-Flugschiff Do X“, in: Velhagen & Klasings Monatshefte Heft 4, S. 539–546 (Berlin 1930).

Hofbauer, Leder, Schmelzle: „Die Welt der Überflieger, 75 Jahre Nordatlantikflug Ost-West“ (Bonn 2003).

Hormann, Jörg-M.: „Elite im Dritten Reich, Die Geschichte der Deutschen Akademie der Luftfahrtforschung 1936–1945“ (Garbsen 1988).

Hormann, Jörg-M.: „Zeppeline, Marineluftschiffe und Marineflieger, Museumsführer des Deutschen Luftschiff- und Marinefliegermuseums Aeronauticum, Nordholz“ (Hamburg 2001).

Hormann, Kliem: „Claus Bergen, Marinemaler über vier Epochen“ (Hamburg 2002).

Italiaander, Rolf: „Wegbereiter deutscher Luftgeltung, Neun Lebensbilder“ (Berlin 1941).

Kölln Mühlenwerke: „Do X Weltreise-Bilder“, Album mit 72 Sammelbildern (Elmshorn 1933).

Langsdorf, Werner von: „Flieger und was sie erlebten, Siebenundsiebzig deutsche Luftfahrer erzählen“ (Gütersloh 1935).

Mantey, Eberhard von (Hrsg.): „Die Kapitäne Christiansen, Nach Logbüchern erzählt“ (Berlin 1933).

Matthias, Joachim und Heinz: „Tod und Sieg über den Weltmeeren, Das Buch der Ozeanflieger“ (Berlin 1939).

Museum für Verkehr und Technik, Berlin (Hrsg.): „Hundert Jahre deutsche Luftfahrt“ (Gütersloh 1991).

N.N.: „E-Stelle See, Die Geschichte der Flugerprobungsstellen Travemünde und Tarnewitz“ (Steinebach-Wörthsee o.J.).

Nagel, Alfred: „Die beiden Luftriesen Do X und D 2000, Zwei Wunderwerke deutscher Flugtechnik“, in: Monatshefte für Literatur, Kunst und Wissenschaft Heft 3, September 1930.

Pletschacher, Peter: „Großflugschiff Dornier Do X, Eine Bilddokumentation über das erste Großraumflugzeug der Welt“ (Stuttgart 1979).

Pfister, Gertrud: „Ein Leben zwischen den Welten: Antonie Strassmann – Ein biographischer Versuch“, in: „Olympisch bewegt, Festschrift zum 60. Geburtstag von Prof. Dr. Manfred Lämmer“ (Köln 2003).

Regnat, K.H.: „Vom Original zum Modell: Dornier Do X“ (Bonn 1998).

Saris, Wilhelm: „Deutsche Lufthansa 1926–1945, Geschichte, Bekleidung, Abzeichen“ (Norderstedt 1999).

Tilgenkamp, Erich: „Das Dornier-Flugschiff Do X“, Sonderdruck der Schweizer „AERO REVUE“ (Zürich 1931).

Tilgenkamp, Erich und Dornier, Maurice: „Dornier Do X D-1929, Mit dem ersten Flugschiff der Welt über drei Kontinente“, Sonderdruck der Schweizer „AERO REVUE“ (Zürich 1932).

Wachtel, Joachim: „Claude Dornier. Ein Leben für die Luftfahrt“ (Planegg 1989).

Wuest, Walter: „Sie zähmten den Sturm, 75 Jahre Aerodynamische Versuchsanstalt Göttingen“ (Göttingen 1982).

1. DO.X POSTFLUG i.d. SCHWEIZ
ZÜRICH-ALTENRHEIN
WELCOME
DO-X
AUG 27 1931
NORFOLK-PORTSMOUTH
CHAMBER OF COMMERCE
NORFOLK, VA.
FRIEDRICHSHAFEN 1
CLAUDE DORNIER
14.-5.1984
FESTAKT
100. GEBURTSTAG
7990
DORNIER-FLUGSCHIFF
DOX
30 JAN. 31.
D 1929
DORNIER-FLUGSCHIFF
DOX
22 MAI 32
D 1929
Flugschiff Do X
Deutschlandflug 1932
DORNIER-FLUGSCHIFF
DOX
30 JAN. 31.
Südfunk an Bord Do X
AMERICA EUROPA
FLUGSCHIFF DO-X
Seconda Traversata Aerea
delle Alpi
con DO-X
Altenrhein-La Spezia
AN BORD DES
Do. X
10 NOV. 1930
DOX FIRST LANDS IN UNITED STATES
AT MIAMI - FLORIDA AUG 22 31
MIAMI EXCHANGE CLUB
Zur
Erinnerung
Do X
1932
DOX
SPECIAL FLIGHT
PAN AMERICAN AIRWAYS
CO-OPERATING SPECIAL
AGENT
TRINIDAD to U.S.A.
Südfunk an Bord Do X
17 XI 29 13-14
Erinnerungskarte
DO.X
1932
FROM ANTIGUA
D-1929
SPECIAL FLIGHT DO-X
PAN-AMERICAN AIRWAYS
COOPERATING AS SPECIAL AGENTS